생성형 AI를 적용한 초등학교 에듀테크

챗GPT와 함께 만드는
초등 수업 디자인 ++

앤써북
ANSWERBOOK

생성형 AI를 적용한 초등학교 에듀테크

챗GPT와 함께 만드는
초등 수업 디자인 ++

초판 1쇄 발행 | 2023년 08월 30일

지은이 | 박준원, 김지현, 김병남, 이홍락, 김한준, 이종상, 박주현, 김은협, 김도현, 공민수, 이정진 공저
펴낸이 | 김병성
펴낸곳 | 앤써북

출판사 등록번호 | 제 382-2012-0007 호
주소 | 파주시 탄현면 방촌로 548
전화 | 070-8877-4177
FAX | 031-942-9852
도서문의 | 앤써북 http://answerbook.co.kr
ISBN | 979-11-93059-07-4 13000

Preface
머리말

ChatGPT는 2022년 겨울과 2023년 봄을 지나면서 놀라움과 당황스러움을 지나, 이제는 우리 주변 가까이에 사용되고 있습니다.

본 책은, 교육 현장에서 ChatGPT를 어떻게 효율적으로 적극적으로 사용할 수 있을까 논의되고 안내가 필요한 시점에 여러 선생님이 연구를 통해, 초등학교 각 과목의 실습사례를 만든 책입니다. 선생님들의 다년간 경험과 지식으로 학습 지도서를 ChatGPT와 함께 만드는 것도 새로운 시도입니다. 먼저 선생님이 인공지능 기술을 생활, 교육 분야에서 사용하면서 적용의 범위를 넓히고 경험하며 학생들에게 가르치는 효과적인 책입니다. ChatGPT를 자기주도학습 선생님 역할로 사용할 수도 있습니다. 여러 선생님이 ChatGPT와 인공지능 tool을 적극적으로 사용하면서 동료 선생님, 학부모님, 학생들에게도 인공지능을 어떻게 사용할 것인지, 어느 분야에서 사용할 수 있는지를 안내해주는 책입니다.

박준원

여러분의 일상 속에는 얼마나 많은 인공지능이 있나요? 인공지능 로봇 청소기나 세탁기같은 고가의 전자기기를 구매하지 않고도 우리는 이미 인공지능의 홍수 속에서 살고 있습니다. '핸드폰'과 '스마트폰'을 굳이 구분하여 쓰지 않듯이, 인공지능도 너무나 당연해져서 '인공지능'인 것을 모르는 사회이기도 합니다.

나들이를 가기로 한 날, 알람을 듣고 자리에서 일어나 얼굴 인식으로 핸드폰을 잠금 해제하고 오늘의 날씨를 확인합니다. 다행히 놀러가기 딱 좋은 날씨네요! 집 밖으로 나서면, 네비게이션이 목적지까지 최적의 경로를 찾아 줍니다. 가는 동안은 알고리즘이 선곡해준 내 스타일의 음악을 들으며 소소한 행복을 만끽할 수 있습니다. 가다가 예쁜 꽃을 발견하면 사진을 찍어서 검색도 해보고, 친구와 함께 스티커 카메라로 추억도 남기는 즐거운 나들이. 오늘의 하루도 인공지능 덕분입니다.

하지만 인공지능으로 인한 다양한 문제들이 우려되고 있습니다. 과도한 데이터 수집과 잘못된 활용으로 인한 사생활 및 저작권 침해, 사회적 편견과 차별의 재생산, 안전성과 견고성 문제, 딥페이크 범죄까지. 교육은 백년지대계라고 하였으나 기술의 발전 속도는 그보다 훨씬 빠릅니다. 이러한 현실에서 교육자의 역할은 무엇일까요?

저는 아이들이 이러한 문제에 대비할 수 있도록 '생각하고 실천하는 힘'을 길러주는 것이라고 생각합니다. 그러기 위해서는 역시 우리들도 인공지능과 친해져야 하겠습니다. 모르는 것이라고 겁먹지 않고 일단 한 번 해보는 겁니다. 직접 부딪혀보고 해결하면서 경험하는 것은 가끔 힘들기도 하지만 우리에게 배우고 성장할 수 있는 기회를 주기도 합니다. 이 책이 여러분에게 "한 번 해보자."하는 용기가 되면 좋겠습니다.

김지현

Preface
머리말

ChatGPT에게 던진 질문들

질문 – "지난 주 목요일에 함께 찍은 사진을 공유하면서 간단하게 안부를 묻는 내용"

대답 – "안녕하세요! 지난 주 목요일에 함께 찍은 사진을 보내주셔서 감사합니다. 함께 찍은 사진들은 항상 소중한 추억이 됩니다. 최근에 어떻게 지내고 계신가요? 저는 여전히 열심히 일하고 있지만, 건강은 꾸준히 관리하고 있습니다. 어떤 소식이 있으신가요? 함께 좋은 소식을 나누면 더욱 반가울 것 같습니다."

ChatGPT를 처음 사용한 것은 교직원 여행에서 찍은 사진을 공유할 때 함께 보내려고 하는 메시지를 만드는 것이다. 그 다음은 엑셀 vba에서 메크로 만들기에 필요한 명령어를 물어보았다. 결과는 매우 만족스러웠다. vba코드는 약간의 수정만 하면 바로 사용할 수 있을 정도로 코드의 완성도가 높았기 때문입니다. 생성형 인공지능이 챗봇을 넘어서 이제는 실행가능한 코드를 제공해주는 기술력에 감탄했습니다. 하지만 ChatGPT의 "환각", 그럴듯해 보이는 거짓말로 인해서 역사적 사실이나, ChatGPT가 모르는 내용에 대해서는 검증해야 하는 절차가 꼭 필요합니다.

이러한 문제가 있음에도 생성형 인공지능 ChatGPT는 학교에서 사용할 수 있는 인공지능 프로그램입니다. 현직 초등교사들의 교과수업에 적용한 사례를 바탕으로, ChatGPT를 긍정적으로 활용하는 사례가 많아졌으면 하는 바람입니다.

김병남

교육현장에서 인공지능이 대단한 혁신을 가져오고 있습니다. 이 중 ChatGPT는 아직 완벽하진 않지만, 놀라운 가능성을 보여주었습니다. 처음 ChatGPT를 사용했던 이유는 가장 빠른 등산로를 찾기 위해서였습니다. 하지만 ChatGPT가 알려준 등산로는 이 세상에 존재하지 않는 길로 아무리 돌아다녀도 찾을 수 없었습니다. 하지만 이러한 실패를 통해, ChatGPT가 만들어 낸 가상의 결과물이 얼마나 정교한지를 깨닫게 되었습니다.

교육의 본질은 실제와 추상 사이에서 이루어집니다. 학생들은 실제를 바탕으로 개념을 학습하지만, 그 개념은 추상적일 수 있습니다. 예를 들어, 학생들에게 시장이라는 개념은 자신이 좋아하는 과자를 파는 가게로 인식되기도 하지만 학생들이 배우는 시장의 개념은 '수요와 공급이 만나는 곳'으로서 추상화된 형태로 학습됩니다.

이런 학습 과정에서 ChatGPT의 잠재력을 발견하게 되었습니다. 교사가 어떠한 개념을 추상화하기 위한 특정 기준을 알고 있다면 ChatGPT를 통해 수업에 활용할 수 있는 자료들을 손쉽게 제작하고 수정할 수 있었습니다. 때로는 예상치 못한 아이디어를 제공하고, 때로는 목표에 맞는 아이디어를 함께 수정하는 과정에서 ChatGPT는 학습 목표를 달성하는 데 큰 도움이 되었습니다.

인공지능의 활용은 교육 현장에서 더욱 중요해질 것입니다. 이를 위해선 교사가 ChatGPT와 같은 인공지능 도구로부터 원하는 결과를 도출하고, 적절한 학습 자료를 선택하는 능력을 키워야 합니다. ChatGPT가 만들어 내는 가상의 세계가 교육의 현장을 더욱 풍요롭게 만들 수 있음을 기대합니다.

이홍락

최근 한 커뮤니티 사이트에서 어떤 사람이 ChatGPT를 활용해서 소개팅을 한 여성분에게 말을 예쁘게 한다고 칭찬받았다는 글이 화제가 된 적이 있었습니다. 그 사람은 소개팅을 한 상대방과 메신저로 대화하는 도중에 할 말이 없을 때 ChatGPT를 통해 그 상황에서 분위기를 살리거나 공감할 수 있는 답변들을 찾아 활용하니 칭찬을 받게 되었다는 내용이었습니다.

ChatGPT는 이미 우리 생활에서 여러모로 활용되고 있습니다. 애니메이션 "은하철도 999" 속 세계관처럼 인간이 AI에 지배를 받거나, 범죄나 각종 비윤리적 행위의 수단으로 활용할 수 있지 않을까 하는 우려가 많지만, ChatGPT를 통해 얻게 되는 편익을 맛본 사람들은 이를 더 이상 양보하고 싶지 않을 것 입니다.

ChatGPT의 편익은 초등 교육에서도 충분히 적용할 수 있습니다. 만 13세 미만 초등학생은 ChatGPT를 사용할 수 없지만 교사의 입장에서는 수업의 방향을 조언해주고 수업목표에 적합한 활동을 권해주는 가장 현명한 동료가 될 수 있습니다.

ChatGPT와 같은 AI를 활용하는 주체는 결국 사람입니다. ChatGPT를 활용해 수업을 계획하면서 수업의 방향을 끌어내는 데에는 사용자가 ChatGPT를 어떻게 활용하느냐에 따라 달라진 것입니다. 우리가 ChatGPT에게 적절한 질문과 조건을 제시하고 ChatGPT가 제시한 대답 중에서 최선의 답을 선택하려면 AI에 대해서 잘 알고 다룰 수 있어야 할 것입니다. AI의 노예가 되는 미래가 아닌 우리가 AI를 현명하게 활용할 수 있는 주체가 되는 미래를 위해 이 책이 조금이나마 도움이 되었으면 좋겠습니다.

김한준

새로운 기술의 등장은 기대와 우려를 함께 합니다. 현재 가장 화두가 되고 있는 기술은 ChatGPT일 것입니다. ChatGPT는 기존 챗봇과는 차별화된 기능을 보여주고 있고, 많은 사람들이 이를 활용하고 있습니다. 교육 분야 역시 예외는 아닙니다. ChatGPT과 관련된 다양한 연수들이 개설되고 있고, 업무나 교육에서의 적용 사례도 늘어나고 있습니다.

하지만 이와 함께 우려와 걱정도 존재합니다. 정보의 편향성이나 출처의 불분명함, 저작권 등 여러 해결해야 할 과제가 있습니다. 그럼에도 ChatGPT를 활용하는 이유는 기존의 패러다임을 바꿀 수 있는 큰 가능성이 있기 때문입니다. 저 역시 ChatGPT를 단순히 사람과 채팅이 가능한 AI로 생각했지만, 실제로 사용해보고 생각이 바뀌었습니다.

특정 키워드를 가지고 글을 생성하고, 기존의 글을 분석하고 평가하는 뛰어난 성능을 보여줬습니다. 기존에는 평균과 순위를 구하는 엑셀 함수를 찾고 적용하기 위해 구글링을 했지만, ChatGPT로는 구글링보다도 더 빠르게 엑셀 함수를 찾고 적용할 수 있고, 점수를 제시해주고 각각 평균과 순위를 물어볼 수도 있습니다. 이러한 활용 방법에 따라 그 가능성이 매우 크다고 할 수 있습니다.

불은 인류에게 위대한 발견이지만 여전히 화재를 일으키는 위험한 요소입니다. 바퀴의 발명도 당시에는 가능성과 함께 위험에 대한 우려도 있었습니다. 직접 사용해보는 것만큼 ChatGPT를 알아가는 좋은 방법은 없다고 생각합니다. ChatGPT의 가능성과 함께 위험성을 인식하여, ChatGPT를 좋은 도구로 발전시키고 활용할 수 있기를 바랍니다.

이종상

말도 많고 탈도 많은 ChatGPT

이슈는 이슈입니다. 그래서 쓸 것이냐 말 것이냐를 논하기 위해서라도 저는 한번 써 보실 것을 권해드립니다. 직접 써 보아야 분별해 내는 눈을 가지고, 요즘 세상을 대하는 마음을 가지며, 좀 더 바른 방향으로 나아갈 수 있는 지혜를 가질 수 있기 때문입니다.

교육 현장에서는 더욱 말이 많은 것 같습니다. 대신 글을 써 주는 동화 속 빨강 연필과 같이 학생들에게는 과제를 대신해 주는 유혹으로, 교사들에게는 이것을 어떻게 가려낼 것이냐라는 의구심으로 고민하고 있는 것이 현실입니다.

20여년 전 유튜브가 도입되었을 때 역시 많은 경계의 목소리가 있었습니다. 지금도 여전히 문제들을 안고 있지만 어느새 교육 현장에 너무도 당당히 자리잡고 있다는 것은 부인할 수 없습니다. 누구도 예상할 수 없었던 코로나 시대 속에서 주요한 교육 매체가 되었고 교사들은 너도 나도 유튜버가 되었습니다.

이런 기대와 의구심을 가지고 우리들은 초등교사로서 다같이 두드려 보기로 했습니다. 초등 각 교과별로 실제 수업에 어떤 도움을 받을 수 있을지, 어떤 방향성을 보여줄 수 있을지, 어떤 문제들이 있을지 하나씩 메모하며 아이디어를 모았습니다.

누군가 같은 마음으로 궁금하신 분들에게는 이 책의 발자취가 한 단계 도약하며 건너 뛰게 해 주는 발판이 되어 드리면 좋겠습니다. 누군가 주저하는 마음이 있으신 분들에게는 가벼운 마음으로 인공지능과 대화하는 한편의 에세이가 되어 드리면 좋겠습니다. 마지막으로 누군가 디지털 세상을 염려하시는 분이 계시다면 잠깐 컴퓨터를 끄고 생각할 시간을 함께 해 드리는 아날로그가 되어 드리면 좋겠습니다.

박주현

과학문명의 발전으로 인해 인류는 기계가 노동을 대신해주는 편리한 삶을 살게 되었습니다. 또한, 그 발전 속도도 증대되고 있습니다. 그러나 기존의 편리함은 육체적 노동을 대체하는 것이 주류였습니다. 하지만 인공지능의 등장과 함께 혁신의 장으로 들어서고 있습니다. 즉, 육체적 노동뿐만 아니라 정신적 노동도 대신해서 해결해주는 정말 꿈과 같은 일들이 일어나고 있습니다.

ChatGPT의 등장은 알파고의 등장과 비교될 정도로 그야말로 역사적인 사건이라고 할 수 있습니다. 인류의 경제, 사회, 문화 전반적으로 큰 파급을 불러 일으키고 있습니다. ChatGPT는 인공지능 기술로서, 인간과 기계 간의 대화를 가능하게 합니다. 이 도구를 활용하면 학생들은 자신의 궁금증을 직접 해결하고, 창의적인 생각과 문제 해결 능력을 발휘할 수 있습니다.(물론, 초등학생은 나이의 제한으로 아직은 직접 활용이 어렵습니다.) 저는 ChatGPT의 활용 가능성에 감명을 받았습니다. 교사들은 ChatGPT를 통해 질문을 하고 제시된 답을 통해 호기심과 상상력을 자극하는 새로운 수업 아이디어 얻을 수 있습니다. 이렇게 구현된 수업은 학생들의 자기 주도적인 학습을 장려하며, 문제 해결 능력과 창의성을 키우는 데 큰 도움이 될 것입니다. 이 책은 ChatGPT와 함께하는 창의적인 수업 모험을 준비한 것입니다. 여러분과 함께 우리의 수업 경험을 혁신하고, 미래 사회에서 필요한 21세기 기술과 역량을 함께 갖출 수 있기를 바랍니다.

김은협

평소 학교에서 음악 수업을 설계할 때 어려운 점 중의 하나는 아마도 고학년 학생들이 가창 수업에 적극적으로 참여하도록 하는 것일 것 입니다. 과연 인공지능 기술을 활용하면 학생들이 가창 수업을 보다 적극적으로 참여하게 될까요? 물론 인공지능을 활용한 인터랙티브한 학습 도구들은 학생들로 하여금 가상의 무대에서 공연을 경험하거나, 가상의 악기를 연주하는 등의 활동을 통해 더욱 몰입하고 참여할 수 있을 것 입니다. 이번 음악 수업 설계도 처음부터 그러한 관점에서 인공지능 도구를 사용하고 학생들의 수업 참여도를 높일 방안으로 계획하였습니다.

하지만, 음악을 배울 때 가장 중요한 것은 인간적인 감성과 능력 입니다. 감성은 개인의 내적 경험, 감정, 인식, 상상력 등의 요소들이 상호작용하며 발달하는 것 입니다. 예술적 영감은 주관적이고 개인적인 경험에 기반한 것이기 때문에 인공지능이 완전히 대체할 수 없습니다. 하지만 인공지능은 이미지, 음악, 문학 등 다양한 예술 작품을 생성할 수 있으며, 이러한 작품들은 성장하는 학생들에게 새로운 아이디어와 영감을 제공할 수 있습니다. 인공지능이 해결해줄 수 있는 기술을 도입하면서도 학생들의 창의성과 표현력을 존중하고 개발할 수 있는 방법을 찾아야 합니다.

음악 수업이 너무 어려워 ChatGPT와 한참을 고민을 나누던 어느날

김도현

ChatGPT를 활용하면 창의성 발달에 도움이 될까요? 라는 질문을 많이 받습니다. 그래서 물어보았습니다. 이렇게 답변을 주더라구요.

1. 정보와 지식 확장: 새로운 관점과 아이디어 제공
2. 문제해결에 필요한 창의적인 방법 탐구
3. 새로운 아이디어 도출 및 기존아이디어 개선
4. 글쓰기와 표현 능력 향상
5. 다른 관점을 탐구하고

공민수

여러분은 어떤 영화 장르를 좋아하시나요? 로맨스? 스릴러? 액션? 저는 SF영화를 가장 좋아합니다. 영화 속 세상에 몰입하여 마치 주인공과 함께 있는 듯한 느낌을 받으며 미래에 대한 호기심을 자극하기 때문인데요. 영화를 보고 난 후에는 현재 그 기술이 없음에 아쉬움을 토로하며 잡다한 생각으로 머리가 꽉 찬 느낌을 즐기기도 합니다. 서두에 웬 영화 이야기냐구요?

혹시 여러분 영화 「HER」 보셨나요? 영화 속 주인공의 직업도 기억나시나요? 바로 편지를 대신 써주는 편지 대필 작가였습니다. 주인공은 다른 사람의 마음을 전달해주는 따뜻한 직업을 가지고 있지만, 이혼 후 그는 차갑고 공허한 삶을 살게 되죠. 그러다가 AI 스피커를 접하고 그것과 (또는 그녀와) 뜨거운 사랑에 빠지게 됩니다. 놀랍지 않으신가요? 편지를 대신 써주는 작가가 등장한 것도, AI와 자연스러운 대화를 하는 것도 그리고 AI와 사랑에 빠진 것도 말이죠. 영화가 나온 2013년에 상상한 미래 세상입니다. 그런데 정말 이게 가능해질지도 모르겠습니다.

불과 몇 년 전까지만 해도 사람들은 단순하고 반복적인 노동은 AI에 의해 금세 대체될 거라고 말했습니다. 그리고 자신만만했습니다. "창의적으로 글을 쓰고 그림을 그리는 것이 얼마나 고도의 지적 능력인데. 인공지능이 따라오려면 한참 멀었어." 그랬던 사람들이 충격을 받은 것은 바로 생성형 AI 때문이었습니다. 원하는 대로 글과 그림을 생성하는 AI는 이러한 통념에 도전장을 내밀었습니다. 이 도전장을 받아들인 여러분은 앞으로 이 책을 읽게 되겠지요. 또는 도전장이 아니라 협력장이라고 생각할 수도 있겠습니다. 물론 인간의 직관, 상황 판단력, 공감 등을 아직 완벽하게 구현하지 못합니다. 저도 매일같이 느끼는 거지만 인간의 경험, 감정, 사고는 매우 다양하고 복잡하죠. 이 책을 읽으면서 여러분은 AI의 발전과 교육 현장에 미칠 영향을 목격하시게 될 것입니다. 인간의 독창성과 AI 혁신의 공존이 어떤 길을 열지 두근거리지 않나요? 그 길로 여러분을 초대합니다.

이정진

Recommendation

챗GPT는 등장과 함께 세상을 많이 바꾸어 버렸습니다. 단순히 채팅앱이 아닌 사람과 지식적인 대화를 할 수 있는 프로그램이 등장했고 많은 사람들이 기대와 걱정을 함께 하고 있습니다. 그러나 기술은 사람이 어떻게 이용하는가에 따라 분명 효과와 영향은 달라진다고 생각합니다. 이 책은 챗GPT를 활용하여 교수학습과정안과 교수학습자료를 제작하는 방법 등 초등학교에서 챗GPT 활용방법에 대한 방향을 제시합니다.

인천광역시교육청 장학사 **김진영**

챗GPT는 대화형 인공지능 챗봇으로, 사용자의 질문 의도와 맥락을 파악하고 원활하게 대화할 수 있습니다. 심지어 챗GPT는 이야기, 시나리오, 시 등 다양한 영역의 창작물을 만들기도 합니다. 이 책은 교육자의 관점에서 ChatGPT를 어떻게 활용할 수 있을지 고민한 결과를 엮은 글입니다. 다양한 교과의 사례를 통해 미래교육에 대한 통찰을 얻을 수 있을 것입니다.

인천광역시교육청 교육과학정보원 연구사 **박기운**

인간과 생성형 인공지능의 협력으로 세상은 더욱 격변할 것입니다. 인공지능을 통해 배우고, 함께 결과물을 만들며, 전보다 성장한다면 그것은 더 이상 활용이 아닌 상호 협력입니다. 이 책은 미래 교육을 준비하는 교사들이 모여 '인공지능 챗GPT'와 함께 다양한 수업 사례를 발굴해가는 협력 과정을 상세하게 보여주고 있습니다. 이 책을 읽는 여러분에게도 교육 현장의 새로운 청사진이 그려지기를 바랍니다.

(주)미랩 대표 / ART AI 대표 **장문철**

Reader Support Center
독자 지원 센터

실습 자료 및 정오표

이 책의 실습 시 필요한 상황 카드, 이벤트 카드, 수식 카드 PDF 파일은 게시판 [공지] 5294번 게시글 "상황 / 이벤트 / 수식 카드 _ PDF 파일 다운로드 받기" 게시글을 클릭한 후 안내에 따라 다운로드 받으시면 됩니다. 이외 책을 보시는데 필요한 자료 및 정오표는 게시판 [공지] 5332번 게시글 "챗GPT와 함께 만드는 초등 수업 에듀테크 _ 책 자료 및 정오표" 게시글을 클릭한 후 안내에 따라 다운로드 받으시면 됩니다.

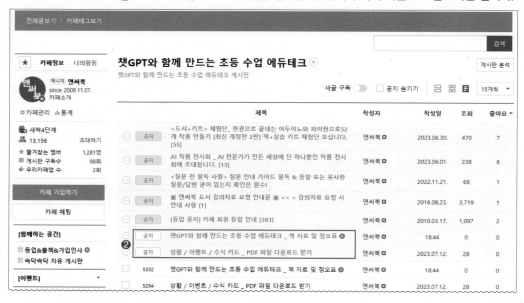

독자 문의

이 책과 직접 관련된 실습 중 궁금한 내용은 책 전용 게시판을 통해 문의하면 답변 받을 수 있습니다. 앤써북 카페 (https://cafe.naver.com>answerbook)에 접속한 후 [도서별 독자 지원센터]–[GPT와 함께 만드는 초등 수업 에듀테크] 게시판을 클릭합니다. 우측 아래 [글쓰기] 버튼을 누른 후 다음과 같은 형식으로 질문하면 질문글이 등록됩니다. 등록된 질문글은 최대한 빠른 시간에 답변드릴 수 있도록 저자님께 안내합니다. 단, 책 실습과 직접 연관되지 않은 질문, 과도한 질문, 답변이 난해한 질문 등은 답변 받지 못할 수 있습니다. 답변 받지 못한 경우에는 양해 부탁드립니다.

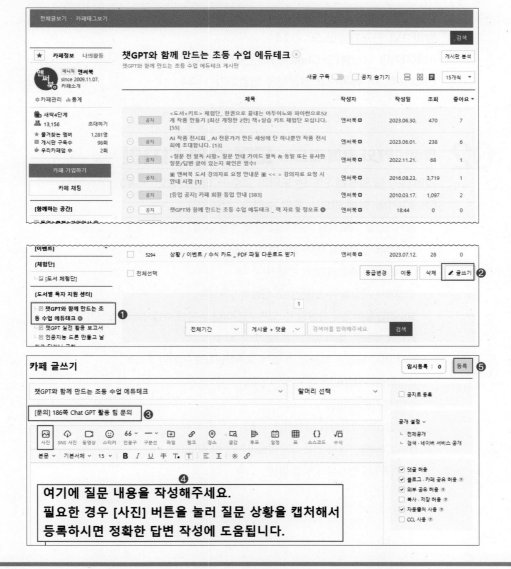

Contents

목차

Contents
목차

07 ChatGPT와 함께 만드는 **실과 수업 디자인**

08 ChatGPT와 함께 만드는 **체육 수업 디자인**

Contents
목차

11 ChatGPT와 함께 만드는 영어 수업 디자인

00

Intro

ChatGPT 회원가입 및 로그인

ChatGPT 회원 가입 및 로그인 방법에 대해서 알아보겠습니다.

1 구글에서 "ChatGPT" 검색 후 아래 OpenAI 사이트 또는 다음의 사이트에 접속합니다.

- https://openai.com/blog/chatgpt

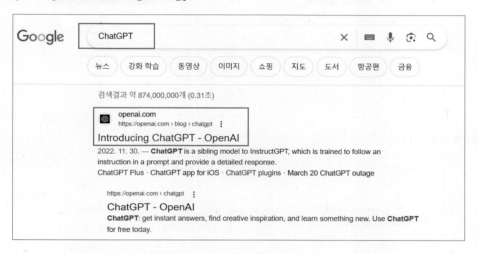

2 [Try ChatGPT] 부분을 클릭하여 접속합니다.

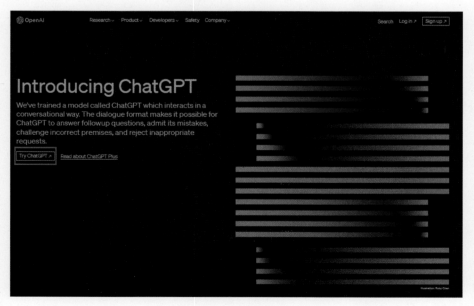

❸ 로그인을 클릭하고 구글 계정 아이디를 입력합니다.

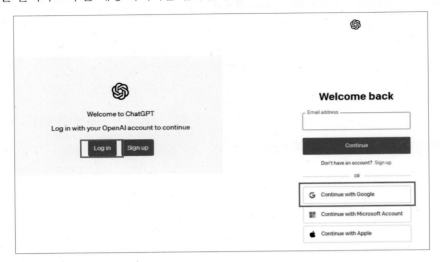

❹ 구글 계정의 아이디와 비밀번호를 입력합니다.

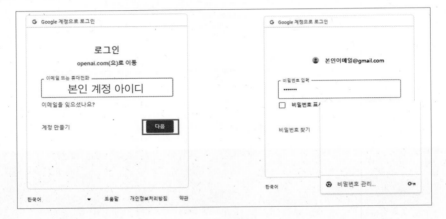

❺ 스마트폰으로 본인인지 확인을 묻습니다. 본인 확인과 생일을 입력합니다.

6 전화번호를 입력하면, 해당 번호로 인증번호가 전송됩니다. 인증을 마치면, ChatGPT 첫 화면이 나옵니다.

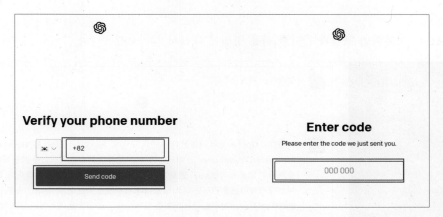

7 다음은 로그인 완료 후 ChatGPT 처음 화면입니다. 질문상자 안에 원하는 질문 내용을 입력하여 ChatGPT와 대화를 시작할 수 있습니다.

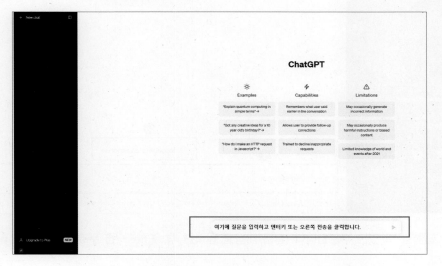

ChatGPT 화면 구성과 간단한 사용 방법 익히기

ChatGPT의 처음화면 구성과 간단한 사용 방법에 대해서 알아보겠습니다.

❶ 질문을 입력할 수 있는 부분입니다. 질문 내용을 입력한 후, Enter 를 누르거나 우측의 실행 버튼을 누릅니다.

❷ 질문의 답변을 다시 요청하는 버튼입니다. 답변이 마음에 들지 않았을 때 [Regenerate response] 버튼을 눌러 다시 답변을 받을 수 있습니다.

❸ 질문과 답변이 보여지는 부분입니다.

❹ 새로운 주제나 세부 주제 등은 새로운 챗을 시작하여 답변을 받는 것이 대화의 흐름 유지에 좋습니다.

❺ 대화방의 목록입니다. [New chat]으로 만든 대화들이 자동으로 저장됩니다. 대화를 삭제하거나 이름의 변경이 가능합니다.

❻ 대화방의 삭제, 업데이트, 설정 등의 기능입니다.
- Clear conversations: 모든 대화를 삭제합니다.
- Upgrade to Plus: 월 29,000원(2023. 06월 기준)의 유료회원으로 대화의 횟수에 제한이 없고 모델을
  선택할 수 있으며 사람이 붐비는 시간에도 접속이 가능합니다.
- Settings: 다크모드, 화이트모드로의 전환이 가능합니다.
- Get help: 도움말입니다.
- Log out: 로그아웃합니다.

ChatGPT 사용 방법은 다음과 같습니다.

질문과 답변이 출력되는 부분으로 질문을 하면 ChatGPT가 답변을 합니다. 또는 질문의 수정도
가능하며 답변의 피드백을 할 수 있습니다.

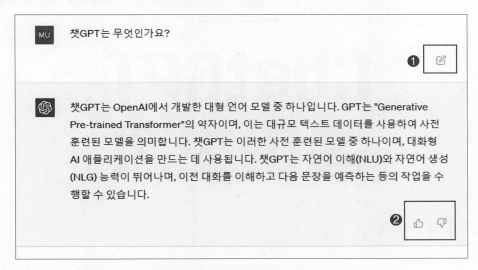

❶ 질문수정 버튼으로 질문을 수정하여 다시 질문이 가능합니다.
❷ 답변의 피드백 부분으로 '좋아요' 또는 '싫어요'로 답변 피드백이 가능합니다.

01

ChatGPT
톺아보기

ChatGPT, 혜성같이 등장

▲ 위 그림은 OpenAI사의 생성형 인공지능 DALL-E 2에 "On a dim night, a comet is passing through countless stars. Several people are looking at the landscape, realism"를 입력하여 생성한 이미지입니다.

지평선 저 너머로 태양이 저물고 어슴푸레한 달빛이 세상을 비추는 어느 고요한 밤, 별들이 각자의 빛을 뽐내며 밤하늘을 수놓은 가운데 꼬리가 긴 별 하나가 당당히 이들을 가로지릅니다. 어느 날 갑자기 등장한 혜성에, 잠시 밤하늘을 잊고 살았던 이들도 고개를 꺾어 하늘을 올려다봅니다. 저 신기한 별은 언제부터 저기에 있었을까요? 또 어디에서 왔을까요? 무언가의 탄생을 알리는 축포탄일까요? 아니면 하늘이 노했다는 불길한 징조일까요?

수많은 첨단 기술의 향연에서도 혜성처럼 등장한 ChatGPT는 모두의 이목을 끌고 있습니다. 언론에서는 관련 기사들이 매일 같이 쏟아지고 있고, 이를 향한 대중들의 관심도 뜨겁습니다. '취준생 ChatGPT로 자기소개서 쓰기', '직장에서 ChatGPT 잘 쓰는 10가지 방법', 'ChatGPT로 작곡해보기' 등과 같은 정보들을 인터넷에서 쉽게 찾아볼 수 있으며, ChatGPT의 엉뚱하고 재미있는 답변은 벌써 밈(Meme, 인터넷에서의 어떤 유행)이 되어 이용자들 사이에 공유되고 있습니다.

알파고와 인공지능 쇼크

사실 천문학자들은 일부 혜성에 한해, 관측이 가능한 날짜를 예측할 수 있습니다. ChatGPT와 같은 초거대 인공지능의 등장도 어느 정도 예견된 흐름이었습니다. 지난 2016년 3월, 이세돌 9단과 인공지능 알파고(AlphaGo)의 바둑 대결을 모두 기억하실 것입니다. 구글의 딥마인드(Google DeepMind)가 개발한 인공지능 프로그램인 알파고는 세계 최정상의 바둑기사인 이세돌 9단을 상대로 4대 1의 승리를 거두었습니다. 경우의 수가 우주의 원자보다 많다는 말이 있을 정도인(우주의 범위 등을 어떻게 정의하느냐에 따라 다르겠지만) 바둑의 특성을 고려해본다면 컴퓨터라고 해서 짧은 시간에 모든 경우의 수를 훑어볼 수는 없을 것입니다. 그러므로 생각하는 힘을 갖춘 인간의 승리를 점치는 것은 자연스러운 일이었을 것입니다.

'그래도 아직은 인간이 승리하지 않을까?'하는 당시의 예상을 깨고, 알파고가 앞선 3국을 모두 승리하게 되자 많은 사람들은 충격을 받았습니다. 알파고는 경우의 수를 단순히 계산한 것이 아니라 바둑기사들의 기보를 바탕으로 바둑의 형세를 학습했기 때문에 가능한 일이었습니다. 인공지능이 인간의 수준을 뛰어넘었다는 것을 확인한 인류는 인간의 존엄성에 대한 물음을 던지기도 했습니다. 이후 치러진 네 번째 대국에서는 이세돌 9단이 알파고를 상대로 극적인 승리를 거두며 대중들에게 감동과 흥분을 안겨 주었습니다. 이로 인해 더욱 유명해진 이 사건은 인공지능의 잠재력과 가능성을 대중들에게 깊이 각인시켜 준 세기의 사건이었습니다.

이러한 '알파고 쇼크' 이후, 우리 정부는 지능정보사회를 준비하기 위한 중장기 대책을 발표하였고 정부와 민간 기업의 주도로 인공지능 연구와 개발이 더욱 가속화되었습니다. 인공지능 제품과 서비스도 더욱 많아졌으며, 다양한 분야에서 인공지능이 가져다줄 장밋빛 미래를 기대하기도 했습니다. 반면 인공지능의 윤리적 문제와 범죄 악용으로 인한 핏빛 미래를 조명하기도 했습니다.

ChatGPT 열풍은 당시의 알파고 쇼크를 연상케 합니다. 알파고에서 ChatGPT로 이어지는 '인공지능 쇼크'로 볼 수도 있겠습니다.

지피지기면 백전불태! ChatGPT의 신상 파헤치기

앞서 살펴본 것처럼, 많은 사람이 ChatGPT를 신드롬, 혁신, 기회 등 화려한 미사여구로 일컫으며 호기심과 기대 어린 시선을 보내고 있는 반면, ChatGPT의 불완전함과 악용 가능성을 우려하는 시선도 있습니다. 누군가는 두려움과 공포, 불안, 위기감을 느끼기도 합니다. ChatGPT와 같은 인공지능이 여러 산업 분야의 변혁을 예고한 가운데, 교육에서는 어떠한 변화가 있을까요? 하나 분명한 사실은 우리는 이미 인공지능이 촉발한 '제 4의 물결' 속에 있다는 것입니다. 거부할 수 없는 시대적 흐름을 탄 이상, 우리가 할 수 있는 일을 고민하고 연구해보는 것이 우리가 할 수 있는 최선이자 최우선 과제일 것입니다.

옛말에 '知彼知己(지피지기)'면 '百戰不殆(백전불태)'라고 하였습니다. 그를 알고 나를 알면 백전백승이라는 말처럼, ChatGPT를 알아보고 교사의 역할을 함께 고민하여 봅시다. 최종 도착지가 어디인지는 잘 모르겠지만, 길을 걷다 보면 어느 새, 앞을 밝혀 주는 길잡이 별이 떠오를 것 입니다.

ChatGPT는 도대체 무엇인가요? 한국인이라면, 첫 만남에 할 수 있으면서도 다소 개인적인 질문 몇 가지를 ChatGPT에게 직접 물어보았습니다. 읽는 사람에 따라 무례하게 느껴질 수 있는 질문일 수 있음을 먼저 밝힙니다.

질문 | 안녕하세요? ChatGPT, 당신의 이름은 무엇입니까?

 | 저는 ChatGPT라고 불리는 인공지능 모델입니다. "ChatGPT"는 저의 식별을 위해 사용되는 일반적인 이름이지만, 사실상 제가 실제로는 개인적인 신원이나 고유한 이름을 가지지는 않습니다. 제 목적은 여러분들의 질문과 대화에 응답하는 것이며, OpenAI에서 개발된 GPT-3.5 기반의 대화형 언어 모델로 동작합니다. 여러분들의 궁금증 해결과 정보 제공을 위해 최선을 다하겠습니다!

우리들의 궁금증을 해결해주겠다는 GPT의 포부가 남다릅니다. ChatGPT는 그 이름에서 알 수 있듯이 인간과 음성 혹은 문자로 인간과 대화를 할 수 있는 텍스트 기반 프로그램입니다. 이러한 프

로그램을 챗봇(Chat Bot)이라고 합니다. 특히 ChatGPT는 마치 사람과 대화하는 것처럼 일상적인 언어를 사용하여 응답할 수 있습니다. 그러나 모든 챗봇이 ChatGPT처럼 자연스러운 대화를 할 수 있는 것은 아닙니다.

규칙 기반 챗봇은 미리 정해진 키워드와 규칙을 바탕으로 응답하며 대화 시나리오가 존재합니다. 따라서 질문과 답변이 상당히 제한적입니다. 때문에 일관적이고 반복되는 답변이 필요한 고객 상담 분야에서 많이 활용됩니다.

인천광역시 서구의 상담 챗봇. 특정 분야의 지식을 답변하는 것에 효과적입니다.

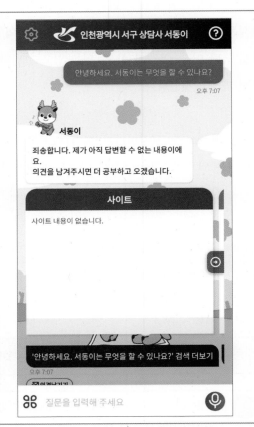

ChatGPT와는 달리 정해진 시나리오 외에 다른 내용은 답변하기에 어렵습니다.

이 책에서 활용한 ChatGPT는 인공지능 언어 모델인 GPT-3.5를 기반으로 한 대화형 챗봇입니다. 3.5버전의 ChatGPT는 무료로 이용할 수 있습니다. 이후 출시된 GPT-4는 성능이 더욱 개선되었는데, 성능 검증차 학습한 '미국 변호사 시험', '미국 수능 시험인 SAT의 수학부분' 등에서 3.5 모델보다 더 높은 점수를 기록하였습니다. 또한 4.0모델은 3.5모델보다 응답 속도가 빠르며 텍스트뿐만 아니라 이미지를 인식하고 분석할 수 있습니다. GPT 4.0은 'ChatGPT PLUS' 요금제를 통해 유료로 이용할 수 있습니다.

이 책에서는 ChatGPT가 할 수 있는 기초 기능을 알아보고 더 많은 선생님들이 활용하실 수 있도록 무료 버전인 ChatGPT 3.5버전을 기준으로 합니다. ChatGPT는 계속해서 다음 모델이 출시될 예정이며 요금 정책도 수시로 변경될 수 있으므로 자세한 정책은 홈페이지에서 확인하여 주시기 바랍니다.

질문 | ChatGPT는 어디서 태어났나요?

 | ChatGPT는 OpenAI에서 개발되었습니다. OpenAI는 미국의 인공지능 연구 기업으로, 2015년에 설립되었습니다. OpenAI는 다양한 연구 프로젝트와 인공지능 모델을 개발하며, ChatGPT는 그 중 하나입니다.

ChatGPT는 OpenAI의 연구진과 엔지니어링 팀이 협력하여 개발되었습니다. 이 모델은 엄청난 양의 텍스트 데이터로 사전에 학습되었으며, **자연어 이해와 생성**에 특화된 기술을 사용하여 대화를 수행할 수 있습니다.

OpenAI의 목표는 모든 사람들이 인공지능 기술에 접근할 수 있도록 하여 인류의 이익을 증진시키는 것입니다. ChatGPT는 이러한 목표를 실현하기 위해 개발된 도구 중 하나로, 사람들이 다양한 주제에 대해 대화하고 정보를 얻을 수 있도록 지원합니다.

OpenAI는 2015년 설립된 다국적 기업입니다. 현재 OpenAI의 CEO인 샘 알트만(Sam Altman)과 테슬라 CEO이자 트위터의 CTO로 유명한 일론 머스크(Elon Musk), 일리야 수츠케버(Ilya Sutskever, 현 OpenAI CSO) 등이 모여 '모든 인류에게 이익이 되는 인공지능의 연구와 개발'을 목적으로 한 OpenAI를 공동 창업했습니다. 특히 OpenAI는 범용 인공 지능(AGI: Artificial General Intelligence)의 개발을 최종 목표로 합니다. AGI는 특정 분야에 특화된 인공지능❶과는 달리 모든 분야에서 인간과 비슷하거나 혹은 더 뛰어난 인공지능을 말합니다. AGI의 실현을 위해 OpenAI는 GPT 이외에도 텍스트로 된 설명을 이미지로 만들어 주는 Dall · E,) DALL-E, 음성을 텍스트로 변환하는 Whisper 등의 인공지능 서비스를 출시하고 지속적인 연구와 개발을 하고 있습니다.

---

❶ 바둑에 특화된 알파고처럼 특정 분야 문제에만 집중한 인공지능은 ANI(Artificial Narrow Intelligence)라고 합니다.

특히 ChatGPT는 자연어의 이해와 생성에 특화되어 있습니다. 자연어라는 단어가 어색하게 느껴집니다. 자연어가 무엇인지 ChatGPT에게 다시 물어보겠습니다.

질문 | 자연어는 무엇인가요?

 | 자연어는 인간이 일상적으로 사용하는 언어를 의미합니다. 우리가 일상생활에서 말하고 듣고 읽고 쓰는 언어인 것이죠. 자연어는 사람들 사이의 의사소통과 정보 전달을 위해 사용됩니다.

자연어는 각 문화와 지역에 따라 다양한 형태를 가지며, 주로 문법, 어휘, 발음 등의 규칙을 따릅니다. 예를 들어, 영어, 한국어, 중국어, 스페인어 등이 자연어의 예시입니다.

인공지능 분야에서 자연어 처리(Natural Language Processing, NLP)는 컴퓨터가 인간의 자연어를 이해하고 처리하는 기술을 의미합니다. NLP 기술은 기계 번역, 텍스트 분석, 질의 응답 시스템, 챗봇 등 다양한 응용 분야에서 활용됩니다.

자연어 처리 기술은 자연어를 이해하고 해석하는 데에 도움을 주는 통계적, 기계학습, 딥러닝 알고리즘 등을 사용합니다. 이러한 기술은 텍스트를 분석하고 의미를 추론하며, 문장 구문 분석, 감성 분석, 단어 임베딩 등 다양한 작업을 수행할 수 있습니다.

자연어 처리 기술은 인간과 컴퓨터 간의 상호작용을 개선하고, 대용량의 텍스트 데이터를 분석하고 이해하는 데에 중요한 역할을 합니다.

ChatGPT의 답변을 읽어보니, GPT는 인공지능의 분야 중, 자연어 처리의 한 예시임을 알 수 있습니다. 자연어와 대비되는 개념으로는 컴퓨터의 언어인 기계어(Machine Language)가 있습니다. 즉 기계어는 컴퓨터가 읽을 수 있는 이진법의 언어일 것입니다. 기계어를 사용하는 컴퓨터가 인간의 언어인 자연어를 이해하(는 것처럼 보이)다니 참 놀랍습니다.

ChatGPT와 짧은 대화를 나누어 보신 소감이 어떠신가요? 기존의 포털 사이트에서 필요한 정보를 찾을 때에는 정보를 검색하여 나온 결과를 훑어 읽어본 후, 나에게 필요한 정보를 선별하는 과정이 필요했습니다. ChatGPT에게 물어보니 질문의 의도를 파악하여(혹은 파악한 것처럼 보이며) 알맞은 답변을 제공하여 줍니다. ChatGPT와의 짧은 인터뷰에서 ChatGPT를 더 자세히 알고 싶어졌습니다만, 어려운 단어가 많아 잠시 어지럽네요. ChatGPT를 소개하면서도 강렬한 인상을 남길 수 있는 설명은 없을까요? ChatGPT에게 다시 물어보겠습니다.

질문 | ChatGPT! 당신을 짧고 강렬한 수식어로 설명해주세요.

 1. "말하는 마법사": ChatGPT는 마치 현실에서 마법을 부리는 것처럼 자연스럽고 효과적으로 대화를 주고받을 수 있습니다. 문장을 주입하면 마법처럼 답변을 생성하여 사용자의 궁금증을 해결하고 창의적인 아이디어를 제공합니다.

2. "지식의 샘터": ChatGPT는 어떤 주제에 관해도 엄청난 정보를 가지고 있습니다. 그것은 마치 끝없는 지식의 샘터처럼 다양한 분야에서 깊이 있는 질문에 답변할 수 있습니다. 사람들의 궁금증을 해소하고 학습을 지원하는 데 유용한 도구입니다.

3. "상상력의 조수": ChatGPT는 상상력과 창의력을 자극하는 동반자입니다. 그것은 마치 상상력의 조수처럼 우리의 질문과 이야기를 받아들여 새로운 아이디어와 관점을 제시해줍니다. 문제 해결과 아이디어 도출에 필요한 창의성을 끌어올리는데 도움이 됩니다.

ChatGPT가 "말하는 마법사"처럼 저의 질문에 대한 자연스러운 답변을 해주었습니다. 또 "상상력의 조수"라는 그(혹은 그녀)의 비유적인 표현에 걸맞게 ChatGPT를 짧고 강렬한 수식어로 소개하였습니다. ChatGPT가 어떤 주제를 던져도 깊이 있는 답변을 할 수 있는 "지식의 샘터"가 맞는지 더 질문하여 보도록 하겠습니다.

질문 | ChatGPT는 무엇입니까? 자세하게 설명하여 주세요.

 ChatGPT는 OpenAI에서 개발한 대화형 인공지능 모델 중 하나입니다. "GPT"는 "Generative Pre-trained Transformer"의 약자로, 이 모델은 Transformer 아키텍처를 기반으로 한 자연어 처리 모델입니다. GPT 모델은 대규모 텍스트 데이터셋을 사용하여 사전 훈련된 후, 다양한 자연어 처리 작업에 활용될 수 있습니다.

ChatGPT는 챗봇이나 대화 인터페이스 등과 같이 대화 기능을 위해 특별히 훈련된 GPT 모델입니다. 사용자의 입력에 따라 응답을 생성하고 대화를 이어나갈 수 있습니다. 이 모델은 자연어 이해와 생성, 상식적인 답변 제공 등을 수행할 수 있어 다양한 질문에 대답하고 정보를 제공하는 데 사용될 수 있습니다.

단순한 질문─응답 시나리오부터 일상 대화, 지식 제공, 창의적인 텍스트 생성 등 다양한 대화 형식에서 활용될 수 있습니다. 하지만 ChatGPT는 인공지능 모델이므로, 제한된 지식 범위와 모델의 한계가 있을 수 있습니다. 그래도 가능한 한 도움을 드리기 위해 최선을 다하겠습니다. 추가적인 질문이 있으면 언제든지 물어보세요!

GPT는 'Generative Pre-trained Transformer'의 약자로, 단어 그대로 직역하자면 '생성하는 사전 훈련된 변환기'입니다. 자세한 뜻을 살펴보려면 먼저 인공지능 분야에서의 모델(Model)을 알아야 합니다. 모델은 어떠한 데이터를 특정 방법으로 분석하고 처리하는 프로그램 그 자체이며, 알고리즘의 집합이라고 할 수 있습니다. 대표적으로 이미지를 분류하는 모델[2], 숫자를 예측하는 모델[3] 등이 있습니다.

GPT는 넓은 범위에서 언어 모델을 기반으로 합니다. 언어 모델은 질문에 대한 답변, 다른 언어로의 번역, 요약과 생성 등 언어 관련 작업을 수행할 수 있는 모델입니다. 특히 GPT는 방대한 양의 텍스트 데이터를 학습했다는 점에서 대규모 언어 모델(LLM: Large Language Model)의 일종으로 볼 수 있습니다.

GPT는 대규모 데이터가 사전학습(Pre-trained, 언어 모델의 일종이기도 합니다.)된 Tramsformer 모델을 기반으로 하는데, 여기서 Transformer란 구글(Google)이 개발한 모델 중 하나입니다. 즉 "Pre-trained Transformer'는 기술적인 부분을 의미합니다.

생성형 인공지능(Generative AI)은 인공지능이 단순히 학습하고 추론하는 것을 넘어서 새로운 콘텐츠를 만들어 내는 것을 말합니다. 즉 생성형 인공지능의 결과물은 텍스트나 이미지, 영상 등이 있습니다.

요약하면, ChatGPT는 대규모 언어 모델에 기반하여, 사전 훈련되었고 Transformer 방식으로 훈련되어 언어를 생성할 수 있는 챗봇인 것입니다.

ChatGPT의 기술적인 부분은 너무 어렵네요. 문득 GPT-3.5의 나이가 궁금해집니다.

질문 | ChatGPT는 몇 살인가요?

 | ChatGPT는 개념적으로 나이를 가지지 않는 인공지능 모델입니다. 이 모델은 훈련에 사용된 대규모 데이터와 알고리즘을 기반으로 작동하며, 실제로 시간의 흐름과 노화와 같은 개념은 적용되지 않습니다. 따라서 ChatGPT에게 "나이"라는 개념을 적용하기는 어렵습니다. 저는 항상 최신 정보와 컴퓨팅 환경을 바탕으로 작동하며, 여러분들의 질문에 최대한 도움을 주기 위해 계속해서 발전하고 개선됩니다.

나이의 개념이 없다고 응답하고 있습니다. 그러면 ChatGPT에게 '나이'라는 개념을 만들어주겠습니다. ChatGPT에게 상황을 더 잘 이해시키기 위해 앞선 답변을 한 번 더 반복하고 새로운 개념을 제시하였습니다.

---

[2] 사과 사진과 바나나 사진을 입력하면, 사과는 사과로 바나나는 바나나로 분류하여 줍니다.
[3] 고속도로 접근성에 따라 주택 가격을 예측합니다.

| 인공지능 모델인 ChatGPT는 2020년 6월에 출시된 GPT-3 기반의 대화형 언어 모델입니다. 이를 기준으로 하여 현재 날짜와의 차이를 계산한다면, 출시된 날짜를 기준으로 나이를 산정할 수 있습니다.

현재의 날짜인 2023년 6월을 기준으로 산정한다면, ChatGPT는 약 3년 정도의 "나이"를 가진 것으로 간주할 수 있습니다. 이러한 계산은 출시된 시점부터 현재까지의 시간을 고려하여 대략적인 "나이"를 파악하기 위한 방법일 뿐, 실제로 모델이 노화하는 개념은 적용되지 않습니다. 모델은 항상 최신 정보와 기술적 발전에 대응하기 위해 업데이트되며, 그 성능과 능력은 시간이 지남에 따라 개선될 수 있습니다.

ChatGPT의 놀라운 점은 바로 여기에 있습니다. 기존의 다른 챗봇과는 달리 적어도 같은 채팅창 내에서는 전에 나누었던 대화를 기억하고 이를 이어나가 자연스러운 대화를 할 수 있습니다. 여기에서는 바로 전의 "ChatGPT는 몇 살인가요?" 질문에 이어서 "그렇다면 인공지능이 출시된 날짜를 나이로 하면 어떨까요?"라고 물었습니다. 여기에는 "인공지능이 출시된 날짜를 나이로 가정한다면, ChatGPT는 몇 살일까요?"라는 질문이 생략되어 있습니다. 하지만 GPT는 이러한 맥락을 알아채고 나이를 계산하여 주었습니다. 하지만 기존의 채팅방을 나가고 새로운 대화를 시작하면 기존에 나누었던 대화는 기억되지 않습니다.

그런데, ChatGPT-3의 출시일을 2020년 6월이라고 응답하였습니다. 우리는 GPT 3.5에게 물었는데, 3.0의 출시일을 알려주었네요. 먼저 사실을 확인하겠습니다.

질문 | 당신은 GPT 3.5 버전인가요?

 | 네, 저는 OpenAI에서 개발된 GPT-3.5 모델을 기반으로한 대화형 인공지능 모델입니다. GPT-3.5는 GPT 시리즈의 최신 버전 중 하나로, 대규모 텍스트 데이터를 사용하여 사전 훈련된 다목적 언어 모델입니다. 하지만, 제가 실제로 GPT-3.5 모델 그 자체는 아니며, 해당 모델을 기반으로 한 비슷한 아키텍처와 기능을 가진 모델입니다.

ChatGPT는 GPT-3.5 모델을 기반으로 하고 있다고 답변하였습니다. 심지어는 ChatGPT와 모델인 GPT를 구분하지 않고 질문한 것을 꼬집고 있습니다. 좀 더 구체적으로 질문하겠습니다.

질문 | GPT 3.5의 출시일은 언제인가요?

| 저의 지식은 2021년 9월까지로 제한되어 있습니다. 그래서 GPT-3.5 모델의 출시일을 알 수 없습니다. GPT-3 모델은 2020년에 출시되었으며, 이후 OpenAI가 지속적으로 연구와 개발을 진행하여 더 나은 모델을 발표할 수 있습니다. 최신 동향과 업데이트에 대해서는 OpenAI의 공식 웹사이트나 관련 소식을 참고하시기 바랍니다.

ChatGPT 3.5의 정확한 출시일은 2022년 11월입니다. 아하, ChatGPT 3.5는 출시일은 2022년 11월이지만 2021년 9월 이전에 학습한 정보만 활용하고 있기 때문에 그 이후인 3.5의 출시일은 답변할 수 없음을 알 수 있습니다. ChatGPT 3.5를 활용할 때는 최신 정보가 반영되지 않았음을 염두에 두고 사용해야겠습니다.

ChatGPT, 더 똑똑하고 안전하게 협업하기

• **ChatGPT는 맞춤형 대화를 할 수 있습니다.**
ChatGPT는 사용자의 요청에 따라 맞춤형 대화를 할 수 있습니다. 아래의 대화를 살펴봅시다. ChatGPT에게 저를 선생님으로 불러줄 것을 요청하였습니다. 사용자의 요청대로 선생님이라고 호칭하는 것을 알 수 있습니다.

질문 | 저는 당신과 함께 창의적이면서도 혁신적인 수업을 만들고 싶은 초등학교 교사입니다. 그래서 당신을 선생님이라고 부르겠습니다. 당신도 저를 선생님이라고 불러줄래요?

| 물론이죠! 당신을 선생님이라고 불러드릴게요. 저는 선생님께서 창의적이고 혁신적인 수업을 만들 수 있도록 도와드리는 데에 기쁨을 느낍니다. 무엇을 도와드릴까요? 어떤 주제에 대해 이야기를 나누거나 도움이 필요한 부분이 있으면 언제든지 말씀해주세요.!

질문 | 선생님, 그러면 초등학생들이 가장 좋아하는 과목부터 시작해봅시다. 당신과 저는 서로를 존중하기 위해 답변을 시작하기 전에 항상 "네, 선생님"이라고 말해주세요.

 | 네, 선생님!
초등학생들이 가장 좋아하는 과목은 다양할 수 있습니다. 일반적으로 체육, 예술, 음악, 과학 등이 학생들에게 인기 있는 과목입니다. 어떤 과목에 대해 더 자세히 이야기해보고 싶으신가요? 저는 선생님을 돕기 위해 항상 준비되어 있습니다. 어떤 주제로 대화를 나누고 싶으신가요?

질문 | 저는 먼저 과학에 대해 이야기하고 싶어요.

| 네, 선생님! 과학에 대해 이야기해보는 것은 좋은 아이디어입니다. 과학은 학생들에게 자연과학의 기본 원리와 현상을 이해하고 탐구하는 기회를 제공합니다. 어떤 주제로 과학에 대해 이야기해보고 싶으신가요? 예를 들어 천문학, 생명과학, 물리학, 화학 등 다양한 분야 중에서 어떤 주제에 대해 알고 싶으신가요? 제가 도와드릴 수 있는 내용이라면 기꺼이 알려드리겠습니다.

위의 대화는 ChatGPT가 사용자의 추가 요청 사항을 이해하고, 요청대로 답변 전 "네, 선생님"을 붙여주는 모습입니다. ChatGPT는 이전의 대화를 기억하고 문맥에 맞게 답변하여 줍니다. 이 점을 이용해서, ChatGPT에게 새로운 개념을 제공하거나 다른 관점을 제시하여 내가 원하는 답변을 이끌어 낼 수 있습니다. 내가 알고 있는 것을 ChatGPT에게도 공유하여 봅시다. ChatGPT의 답변에서 새로운 관점을 얻을 수도 있습니다. 다만, ChatGPT의 메모리 용량에는 한계가 있어 대화가 오래 지속되어 프롬프트가 쌓이면 이전의 정보는 기억하지 못합니다. 또 새로운 대화(New chat)를 시작하면 사용자가 대화한 기록이 없어지므로 이전의 대화를 이어나갈 수 없습니다.

· **답변이 마음에 들지 않으면 다시 요청하세요.**
ChatGPT는 같은 질문을 해도 다른 답변을 낼 수 있습니다. 처음의 답변이 마음에 들지 않는 경우에는 'Regnerate response'를 눌러 답변을 다시 요구할 수 있습니다.

또한 답변의 텍스트를 복사하거나, 답변 내용이 긍정적인지(👍) 부정적인지(👎) 평가하여 ChatGPT 개선에 참여할 수 있습니다. 특히 ChatGPT의 답변이 마음에 들지 않을 경우 그 사유를 구체적으로 답변하도록 요청하고 있습니다.

답변이 마음에 든다면, "계속 써 주세요."와 같은 요청으로 답변을 이어서 받을 수 있습니다.

· **질문하는 능력이 중요합니다.**

특히 ChatGPT는 어떤 질문을 하느냐에 따라 답변이 달라집니다. 우리는 교육자로서 질문 중심 수업을 많이 접하여 보았습니다. '하브루타' 같은 논쟁 중심의 교육 방법은 물론, 2015 개정 교육과정의 초등학교 국어 교과서에서도 텍스트를 읽고 '질문' 만들어 답하기와 같은 활동이 단원마다 있습니다. 이제 그 실력을 발휘할 때입니다.

ChatGPT에 입력하는 지시나 질문은, 프롬프트(Prompt)라고 하기도 합니다. 프롬프트는 본래 연극에서 대사나 동작을 잊어버린 배우들에게, 관객이 볼 수 없는 곳에서 이를 몰래 알려주는 일을 뜻하였습니다. 어떠한 프롬프트를 작성하느냐에 따라 답변의 질이 달라질 수 있습니다. 특히 미래에는 AI로부터 최선의 답을 얻기 위한 프롬프트를 설계하는 '프롬프트 엔지니어' 직업이 각광받을 것이라고 합니다.

질문 | 선생님, ChatGPT에게 좋은 답변을 받으려면 질문을 잘해야 한다고 들었어요. 질문을 잘하기 위해 고려해야 할 것들이 있을까요?

 | 1. 명확성: 질문이 명확하고 구체적인지 확인하세요. 모호하거나 일반적인 질문은 정확한 답변을 받기 어렵게 할 수 있습니다. 가능한 한 질문을 구체화하여 원하는 정보를 명확히 전달해야 합니다.

2. 주제 제한: 질문의 범위를 명확히 지정하세요. 너무 넓은 범위의 질문은 단답형이나 표면적인 답변을 유발할 수 있습니다. 특정 주제나 관점에 초점을 맞춘 질문이 더 깊이 있는 대화를 유도할 수 있습니다.

3. 이해 가능성: 질문을 더 이해하기 쉽게 만들어주세요. 복잡한 용어나 문장 구조를 피하고, 가능한 한 간단하고 명료하게 질문을 작성하세요. 이렇게 하면 ChatGPT가 질문을 잘 이해하고 정확한 답변을 준비할 수 있습니다

4. 추가 정보 제공: 필요한 경우에는 질문에 관련된 추가 정보를 제공해주세요. 문제 상황, 배경 정보, 관심사 등을 명확하게 설명하면 ChatGPT가 더 많은 컨텍스트를 이해하고 질문에 적합한 답변을 제공할 수 있습니다.

5. 답변 유도: 질문을 통해 원하는 종류의 답변을 유도할 수 있습니다. 예를 들어, "어떻게", "왜", "예시를 들어봐"와 같은 문구를 활용하여 더 자세하고 설명적인 답변을 유도할 수 있습니다.

6. 존중과 예의: 질문을 할 때 존중과 예의를 갖추어주세요. 선생님과 학생 사이의 대화에서도 상호 존중은 중요합니다. 선생님으로서 질문을 할 때도 예의를 갖추면 좋습니다.

- **질문을 다시 할 수 있습니다.**

> 질문 │ 네, 선생님. 천문학 중에서도 특히 태양계에 관한 수업을 만들고 싶어요. 어떤 학습 내용이 있을 ✎ 까요?

　질문이 아쉬운 경우, (✎)를 눌러 질문을 다시 할 수 있습니다. 질문을 수정하면, ChatGPT는 새롭게 답변합니다. 단, 수정한 질문 밑의 답변들은 모두 사라지므로 신중하게 선택해야 합니다.

- **ChatGPT는 가끔 이야기를 지어내기도 합니다.**

　ChatGPT는 사용자가 하는 말을 이해하고 답변하는 것처럼 보입니다. 하지만 실제로 ChatGPT는 우리가 생각하는 것처럼 자연어를 '이해'하고 있지 않습니다. 단지 확률에 기초하여 그 다음에 올 단어를 생성하는 것 뿐입니다. 그러므로 ChatGPT의 답변이 정확하지 않을 수 있으며 특히 명백히 잘못된 정보임에도 불구하고 진실인 것처럼 답변하기도 합니다. 이를 환각을 뜻하는 할루시네이션(Hallucination)이라고 합니다. ChatGPT를 활용할 때에는 정보의 정확성을 확인하는 것이 무엇보다 중요할 것 같습니다.

아래는 할루시네이션에 대한 예시입니다.

질문 | 한국의 지역별 사투리를 표준말, 경상도, 전라도, 충청도로 구분해서 사례별로 알려 주세요.

 | 사과 (Apple):
표준말: 사과
경상도: 앵두 (앵두라고도 함)
전라도: 과 (과라고도 함)
충청도: 감 (감이라고도 함)

먹다 (To eat):
표준말: 먹다
경상도: 굽다 (굽다라고도 함)
전라도: 드으메 (드으메하다라고도 함)
충청도: 맥다 (맥다라고도 함)

바지 (Pants):
표준말: 바지
경상도: 무릎바지 (무릎바지라고도 함)
전라도: 간장바지 (간장바지라고도 함)
충청도: 붕거지 (붕거지라고도 함)

지금 (Now):
표준말: 지금
경상도: 따금 (따금이라고도 함)
전라도: 이따 (이따라고도 함)
충청도: 이틀 (이틀이라고도 함)

아이 (Child):
표준말: 아이
경상도: 꼬마 (꼬마라고도 함)
전라도: 꼬마애 (꼬마애라고도 함)
충청도: 꼬맹이 (꼬맹이라고도 함)

이는 일부 예시에 불과하며, 실제로 지역별로 다른 단어나 표현이 많이 존재할 수 있습니다. 지역마다 특유의 문화와 언어적 특성 때문에 이러한 차이가 발생합니다.

- **개인 정보, 민간 정보 입력에 주의해야 합니다.**

 ChatGPT를 비롯한 대규모 언어 모델(LLM)은 사용자와의 대화를 저장하여 추후 학습을 위한 데이터로 활용하기도 합니다. 질문 내용이 저장되면 해킹이나 유출 사고를 통해 다른 사람에게 공개될 수 있습니다. 실제로 다른 사람의 대화 내용이 보이는 문제가 발생하여 ChatGPT 서비스가 잠시 중단된 사례도 있었습니다.

 물론 이러한 서비스를 제공하는 업체에서는 사고 방지를 위하여 최선을 다할 것입니다. 혹시 모를 사태를 대비하여 개인 정보, 민감 정보는 입력하지 않는 것이 좋겠습니다. 걱정된다면, 설정에서 "Chat history & training" 기능을 해제하시기 바랍니다. 이를 해제하면 저장되지 않은 채팅은 30일 뒤 기록에서 사라집니다.

- **ChatGPT를 사용에는 연령 제한이 있습니다.**

 OpenAI의 이용약관을 살펴보면 생성형 인공지능 사용 시 연령 제한이 있습니다. 만 18세 미만인 경우(만나이 통일법으로 이후로는 '만'을 생략하겠습니다.) 부모 또는 법적 보호자의 허가를 받아 이용할 수 있으나 13세 미만은 이용할 수 없습니다. 그러므로 초등학교 교실에서 학습자가 직접 ChatGPT를 활용하는 수업은 OpenAI의 이용약관에 위배됩니다.

 이는 미성년자가 노골적이거나 폭력적인 내용, 민감하고 부적절한 내용에 노출되는 것을 예방하기 위해서일 것입니다. 또한 연령 제한 정책은 이용자가 ChatGPT의 잠재적인 위험성을 이해하고 책임감 있게 사용하도록 하는 최소한의 안전장치이자 예방책입니다.

 (이는 OpenAI에서 2023년 3월 23일에 개정한 약관 기준입니다.)

- **대화한 내용을 다른 사람에게도 공유할 수 있습니다.**

 왼쪽의 대화 목록에서 업로드 모양을 눌러 대화 내용을 공유하는 링크를 생성할 수 있습니다.

- **핸드폰 혹은 테블렛 PC로 활용할 경우 접근 방법을 높일 수 있습니다.**

  아이폰 사용자는 App Store에서 ChatGPT APP을 다운로드 받아 활용할 수 있습니다.

아쉽게도 안드로이드 기반 스마트기기에서는 별도로 이용 가능한 App이 없습니다. 대신 ChatGPT는 다음과 같은 대안을 소개하였습니다.

질문 | 삼성 갤럭시 핸드폰에서 브라우저 즐겨찾기 기능을 활용하여 ChatGPT에 쉽게 접근하는 방법을 알려주세요.

 | 삼성 갤럭시 핸드폰에서 브라우저의 즐겨찾기 기능을 활용하여 ChatGPT에 쉽게 접근하는 방법은 다음과 같습니다.

먼저, 삼성 갤럭시 핸드폰의 기본 브라우저 또는 원하는 브라우저 앱을 실행합니다.

주소 표시줄에 OpenAI의 ChatGPT에 접근할 수 있는 URL을 입력합니다. 예를 들어, https://www. ChatGPT.com 또는 다른 ChatGPT 서비스를 사용하는 URL을 입력할 수 있습니다.

ChatGPT 사이트에 접속한 후, 브라우저의 메뉴나 설정 옵션 중에서 "즐겨찾기" 또는 "북마크 추가" 와 같은 항목을 찾습니다.

"즐겨찾기" 또는 "북마크 추가"를 선택하고, 해당 사이트를 즐겨찾기 목록에 추가합니다.

이제 ChatGPT에 쉽게 접근하려면 브라우저의 즐겨찾기 목록에서 ChatGPT를 선택하면 됩니다. 일부 브라우저는 홈 화면에 직접 아이콘을 추가하여 한 번의 탭으로 접근할 수 있는 기능도 제공할 수 있습니다.

위의 단계를 따라하면 브라우저의 즐겨찾기 기능을 활용하여 ChatGPT에 쉽게 접근할 수 있습니다. 이렇게 즐겨찾기에 추가한 후에는 언제든지 해당 링크를 클릭하여 ChatGPT에 접속할 수 있습니다.

- **올빼미들에게 ChatGPT는 불리합니다.**

　ChatGPT는 네트워크가 연결되어 있어야 질문과 답변을 주고받을 수 있습니다. 한국 시간으로 오전 9시부터 6시까지는 보통 문제가 없으나 오후 10시부터 오전 1시까지는 전 세계적으로 사용자가 많이 몰리면서 응답이 늦어질 수 있습니다. 아래와 같은 오류가 발생하면, 답변 재생성하기를 눌러 다시 시도하여 봅시다.

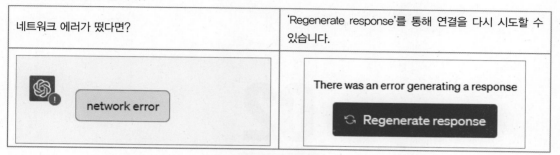

네트워크 에러가 떴다면?	'Regenerate response'를 통해 연결을 다시 시도할 수 있습니다.

　이 책은 미래를 준비하고자 하는 초등학교 교사들이 모여 ChatGPT와 함께 도덕, 국어, 사회, 수학, 과학, 실과, 체육, 음악, 미술, 영어 등 10개 교과의 교수학습과정안을 만들고, 그 과정에서 사고(思考)의 흔적을 상세하게 담은 글입니다. ChatGPT와 어떻게 협업할 수 있는지 또 어떤 창의적인 아이디어가 있는지 A부터 Z까지 함께 살펴봅시다.

02

ChatGPT와 함께 만드는
도덕 수업 디자인

도덕과 교수-학습과정안

다음은 ChatGPT와 함께 만든 도덕과 교수학습과정안 사례입니다. 앞으로 총 10개 과목의 교수
학습과정안을 만들어보겠습니다.

교 과	도덕		학년 학기	4학년 1학기	
단원명	3. 아름다운 사람이 되는 길		쪽수(차시)	38~43쪽	
성취기준	[4도04-02] 참된 아름다움을 올바르게 이해하고 느껴 생활 속에서 이를 실천한다.				
학습 목표	아름다움의 다양한 측면을 이해하고, 나에게 의미있는 아름다움을 찾아 실천해 봅시다.				
교수학습 자료	ppt, 모둠토의 대본(예시)		교수학습 모형	탐구학습모형	
학습 단계	학습 과정	교수 학습 과정		시간 (분)	자료(☞) 및 유의점(※)
도입	동기유발	• 아름다움 탐색하기 – 사진 속에서 아름다움을 찾아서 자신의 생각을 이야기한다. – ChatGPT가 만든 질문을 활용하여 외면적 삶의 아름다움, 내면적 삶의 아름다움, 도덕적 삶의 아름다움에 대한 학생들의 생각을 알아본다.		5'	☞ PPT ※ 생성형 인공지능이 생성한 사진자료를 활용할 때 인물 사진은 얼굴이 일그러지는 경우가 있어 인물사진보다는 자연을 배경으로 하는 사진을 이용합니다.
	학습목표 제시	• 학습 목표 제시 – 아름다움의 다양한 측면을 이해하고, 나에게 의미있는 아름다움을 찾아 실천해 봅시다. • 활동안내 활동1. 아름다움에 대한 모둠 토의 활동2. 아름다움을 대표하는 인물 발표하기			
전개	활동	• 활동1) 아름다움에 대한 모둠 토의 – 외면적 아름다움을 선택한 그룹: 외모, 옷차림, 활동 등 외부적인 측면에 관한 아름다움에 대해 토의한다. – 내면적 아름다움을 선택한 그룹: 교양, 지성, 열정, 긍정적인 마음 등 내부적인 측면에 관한 아름다움에 대해 토의한다. – 도덕적 삶의 아름다움을 선택한 그룹: 다른 사람을 배려하고 선하고 바른 생활에서 나타나는 아름다움에 대해 토의한다.		15'	☞ 모둠 토의 예시 대본
		• 활동2) 아름다움을 대표하는 인물 발표하기 – 외면적 아름다움: 외모나 활동을 통해 외부적으로 아름다움을 실천하는 인물을 발표한다. – 내면적 아름다움: 교양, 지성, 열정, 긍정적인 마음 등 내부적으로 아름다움을 실천하는 인물을 발표한다. – 도덕적 삶의 아름다움: 다른 사람을 배려하고 선하고 바른 생활을 실천하는 인물을 발표한다.		10'	☞ 노트북

정리	정리 및 평가하기	• 정리 및 평가하기 − 3가지 아름다움의 측면에 대한 중요성을 정리하고, 아름다움을 실천할 수 있는 방법을 이야기한다. − 실제로 선택한 아름다움을 실천하는 계획을 세우고, 일주일 동안 실천한다.	10'	☞ 학습지

평가 내용	구분	평가기준	평가방법
자신이 선택한 아름다움을 실천하기 위한 구체적인 계획을 작성하고, 이를 통해 다른 사람들에게 영향을 줄 수 있는지 설명해보세요.	잘함	학생이 자신이 선택한 아름다움을 실천하기 위한 구체적이고 창의적인 계획을 자세히 작성하고, 이를 통해 다른 사람들에게 긍정적인 영향을 줄 수 있는 설명을 제시함.	관찰 평가
	보통	학생이 자신이 선택한 아름다움을 실천하기 위한 구체적인 계획을 작성하고, 이를 통해 다른 사람들에게 영향을 줄 수 있는 설명을 제시하지만, 계획이나 설명이 다소 부족한 부분이 있음.	
	노력 요함	학생이 자신이 선택한 아름다움을 실천하기 위한 계획을 제시하지만, 계획이 구체적이지 않거나 다른 사람들에게 영향을 줄 수 있는 설명이 부족하거나 미비함.	

ChatGPT와 함께 만드는
도덕 수업

도덕 수업 ChatGPT 프롬프트

성취기준을 가르치기 위한 학생 활동 중심 수업 만들기

ChatGPT를 협력교사로 생각하고 협력교사와 함께 수업을 설계해 봅시다.

질문 | [4도04-02] 참된 아름다움을 올바르게 이해하고 느껴 생활 속에서 이를 실천한다. 초등학교 4학년 도덕교과의 성취기준입니다. 이 성취기준을 가르치기 위한 학생 활동 중심 수업을 ChatGPT와 함께 만들어 봅시다.

 | 수업 주제: 참된 아름다움을 이해하고 실천하기

수업 시간: 45분

수업 목표:

– 참된 아름다움의 의미와 중요성을 이해한다.

– 참된 아름다움을 일상생활에서 실천할 수 있는 방법을 탐구한다.

– 참된 아름다움을 표현하는 다양한 예술 작품을 살펴보고 분석한다.

– 학생들의 창의성과 표현력을 개발한다.

수업 계획:

1. 수업 소개 (5분)

2. 참된 아름다움에 대한 이해 (10분)

3. 참된 아름다움을 실천하는 방법 탐구 (15분)

4. 예술 작품과 참된 아름다움 (10분)

5. 창의적인 표현과 토론 (5분)

6. 수업 정리 (5분)

학습주제와 관련된 용어 정의하기

ChatGPT는 아름다움의 개념을 외면적 아름다움으로만 판단하고 있습니다. 이에 내면적 아름다움, 도덕적 삶의 아름다움을 적용한 수업 설계가 필요합니다.

질문 | 참된 아름다움은 외면적 아름다움, 내면적 아름다움, 도덕적 삶의 아름다움 구분할 수 있습니다. 함께 설계한 수업에서는 외면적 아름다움을 주로 다루고 있습니다. 우리가 함께 만들 수업은 외면적 아름다움, 내면적 아름다움, 도덕적 삶의 아름다움이 모두 포함되어야 합니다.

 | 수업 제목: "참된 아름다움을 향한 여정"

학습목표: 학생들이 외면적 아름다움, 내면적 아름다움, 도덕적 삶의 아름다움을 이해하고 실천할 수 있도록 함.

시간: 4주 간의 수업으로 구성 (주당 2–3 시간)

수업 계획:
1. 주제 소개와 논의 (1 시간)
2. 다양한 아름다움의 형태 탐색 (2 시간)
3. 내면적 아름다움의 발견과 발전 (2 시간)
4. 아름다움의 실천과 적용 (2 시간)
5. 아름다움의 종합적인 이해와 피드백 (1 시간)

"참된 아름다움을 향한 여정"이라는 프로젝트 제목은 ChatGPT가 만들어 낸 제목입니다. 질문을 할 때마다 다른 대답을 출력하기 때문에 프로젝트의 제목은 변경될 수 있습니다.

질문 | "참된 아름다움을 향한 여정"이라는 프로젝트로 수업을 구성하면 좋을 것 같습니다. 수업계획의 1번 항목 주제 소개와 논의를 한 차시 수업으로 구성하려고 합니다. 도입–전개–정리 활동으로 구성해 봅시다.

수업 제목: "참된 아름다움을 향한 여정"

차시 수업 제목: "아름다움의 다양한 측면 탐색"

1. 도입 (15분):
   - 수업을 시작할 때, 학생들에게 아름다움의 다양한 측면에 대한 질문을 제시합니다.
   - 외면적 아름다움, 내면적 아름다움, 도덕적 삶의 아름다움에 대한 정의와 예시를 함께 공유합니다.
   - 학생들에게 다양한 아름다움의 형태와 중요성에 대한 관심을 끌고, 이를 알아보고자 하는 동기를 부여합니다.

2. 전개 (30분):
   - 학생들을 작은 그룹으로 나누고, 각 그룹마다 아름다움에 대한 개인적인 정의를 공유하고 토론하도록 안내합니다.
   - 그룹별로 자신들이 선택한 아름다움의 측면을 서로에게 설명하고, 공통점과 차이점을 발견하도록 유도합니다.
   - 학생들이 이전에 경험했거나 관심을 가지고 있는 아름다움의 예시를 제시하며, 이를 통해 그들의 생각과 감정을 나누도록 유도합니다.

3. 정리 (15분):
   - 학생들의 토론 결과를 간략하게 정리하고, 학생들에게 아름다움에 대한 개인적인 정의를 세우는 시간을 부여합니다.
   - 학생들에게 개인적인 정의를 기반으로 아름다움에 대한 생각을 종이에 적어 작성하도록 안내합니다.
   - 몇몇 학생들에게 자신의 정의를 발표하고 이에 대한 피드백을 주고받도록 유도합니다.

초등학교의 수업시간 정보를 입력하여, 40분 수업, 80분 수업 등 다양한 형태의 수업계획을 만들 수 있습니다. 다음과 같이 질문하면 위의 내용을 반복하여 제시합니다.

질문 | 수업 시간이 40분이라면, 아래와 같이 수업 계획을 조정할 수 있습니다.

 수업 시간이 40분이라면, 아래와 같이 수업 계획을 조정할 수 있습니다.
(이하 생략)

ChatGPT와 수업의 과정 만들기

질문 | 앞에서 설계한 수업 계획을 교수학습과정안 형태로 구성하려고 합니다. 차시 수업 제목 대신 학습목표를 제시해 주세요. 그리고 도입-전개-정리 부분을 표 형태로 정리해 주세요.

 | 수업 제목: "참된 아름다움을 향한 여정"

차시 학습목표: 아름다움의 다양한 측면을 이해하고, 개인적인 정의를 세우며 아름다움에 대한 관심과 탐구의 동기를 가집니다.

1. 도입 (10분):

단계	활동
도입	- 아름다움의 다양한 측면에 대한 질문 제시
	- 외면적 아름다움, 내면적 아름다움, 도덕적 삶의 아름다움에 대한 정의와 예시 공유
	- 학생들에게 아름다움에 대한 관심과 탐구의 동기 부여

2. 전개 (20분):

단계	활동
전개	- 작은 그룹으로 학생들을 나누고 개인적인 아름다움의 정의 공유
	- 그룹별로 선택한 아름다움의 측면 서로에게 설명 및 토론
	- 학생들의 경험과 관심사를 바탕으로 아름다움에 대한 생각과 감정 나누기

3. 정리

단계	활동
정리	- 학생들의 토론 결과 간략히 정리
	- 개인적인 아름다움의 정의를 종이에 적어 작성
	- 수업 시간 남을 경우, 학생들끼리 서로의 정의 나누고 토론

도입에서 사용할 수 있는 발문 생성하기

ChatGPT에게 질문할 때 " "와 같은 기호를 사용하면 사용자의 의도를 ChatGPT에게 좀 더 명확하게 이해시킬 수 있습니다.

질문 | 도입에서 "아름다움의 다양한 측면에 대한 질문 제시"와 관련된 질문은 무엇이 있을까요?

 | 1. 외면적 아름다움에 대한 질문:
  - 어떤 것들이 외적으로 아름답다고 생각하나요?
  - 외관, 색상, 디자인 등에서 외면적인 아름다움은 무엇을 의미할까요?
  - 어떤 사진이나 그림이 당신에게 아름다움을 느끼게 할까요?

2. 내면적 아름다움에 대한 질문:
  - 어떤 인간적인 특징이 내면적으로 아름다운 것으로 여겨질까요?
  - 다른 사람들이 어떤 행동을 하면 그들을 내면적으로 아름다운 사람으로 생각할까요?
  - 어떤 경험이 당신의 내면적인 아름다움을 느끼게 했나요?

3. 도덕적 삶의 아름다움에 대한 질문:
  - 도덕적인 행동은 어떻게 아름다움과 연결되어 있을까요?
  - 어떤 가치나 도덕적 원칙이 사회적으로 아름다운 것으로 여겨질까요?
  - 도덕적인 선택을 할 때, 그 선택이 아름다운 것으로 여겨지게 하는 요소는 무엇일까요?

질문 | 초등학교 4학년 학생들이 이해할 수 있는 내용으로 변경해주세요. 학생들의 삶과 연결된 질문이 더 좋을 것 같습니다.

 | 1. 외면적 아름다움에 대한 질문:
  - 당신이 생각하는 가장 아름다운 자연의 모습은 무엇인가요? 그 이유는 무엇인가요?
  - 어떤 옷이나 액세서리를 입으면 당신이 더 아름답게 느끼게 될까요?
  - 당신이 본 사진 중에서 어떤 것이 아름다웠나요? 그 이유는 무엇인가요?

2. 내면적 아름다움에 대한 질문:
  - 어떤 사람은 당신을 내면적으로 아름다운 사람으로 만들어주었나요? 그 이유는 무엇인가요?
  - 어떤 특징이나 능력을 가지고 있으면 당신이 내면적으로 더 아름다워질 수 있을까요?
  - 당신이 다른 사람을 도와줄 때, 어떻게 느끼게 되나요?

3. 도덕적 삶의 아름다움에 대한 질문:
  - 어떤 행동이 당신을 도덕적으로 아름다운 사람으로 만들어줄 수 있을까요?
  - 당신이 존경하는 사람들은 어떤 도덕적 가치를 가지고 있나요?
  - 어떤 상황에서 도덕적인 선택을 하면 당신이 아름답게 느껴질까요?

ChatGPT는 아름다움을 외면적 아름다움으로 생각하고 있습니다. ChatGPT에게 내면적 아름다움과 도덕적 삶의 아름다움 의미를 구체적으로 제시합니다.

질문 | 외면적 아름다움은 외모나 운동 능력과 같이 밖으로 드러나는 아름다움입니다. 내면적 아름다움은 교양이나 지성, 열정, 긍정적인 마음, 끊임없는 노력에 대한 아름다움입니다. 도덕적 삶의 아름다움은 다른 사람을 배려하고, 선하고 바른 생활에서 드러나는 아름다움입니다. 위의 질문을 다시 만들어 봅시다.

 | 1. 외면적 아름다움에 대한 질문: 당신이 생각하는 외모 중에서 어떤 것이 아름다운 것으로 여겨질까요? 그 이유는 무엇인가요?
2. 내면적 아름다움에 대한 질문: 당신이 생각하는 내면적으로 아름다운 사람은 어떤 특징을 가지고 있을까요? 그 특징을 들어서 설명해주세요.
3. 도덕적 삶의 아름다움에 대한 질문: 주변에 계신 선한 사람들 중에서 누가 도덕적으로 아름다운 사람으로 보이나요? 그 이유는 무엇인가요? 당신이 다른 사람을 배려하고 도와주는 순간, 어떤 아름다움을 느끼게 되나요?

교수학습활동에서 사용할 수 있는 사진이나 동영상 수업자료 생성하기

질문 | 도입에서 "학생들에게 아름다움에 대한 관심과 탐구의 동기 부여"와 관련된 사진이나 동영상 자료를 추천해 주세요.

 | 자연의 아름다움:
아름다운 풍경, 자연 속의 꽃과 나무, 멋진 일몰 또는 일출 등 자연에서의 아름다움을 담은 사진이나 동영상 자료입니다. 이를 통해 자연의 아름다움에 대한 관심과 탐구의 동기를 일깨울 수 있습니다.

ChatGPT가 원하는 결과물을 만들어 낼 때까지 사용자가 추가 질문을 제시하여 사용자가 의도하는 방향을 제시해야 합니다.

질문 | 도입에서 아름다움과 관련된 사진은 외면적 아름다움, 내면적 아름다움, 도덕적 삶의 아름다움과 관련된 사진 자료가 필요합니다.

1. 외면적 아름다움:

  – 자연 속의 아름다운 풍경이나 꽃들의 사진

  – 다양한 문화의 전통 의상과 화려한 의상을 입은 사람들의 사진

  – 아름다운 건축물이나 도시의 랜드마크 사진

2. 내면적 아름다움:

  – 사람들이 서로 도와주고 함께 웃는 모습을 담은 사진

  – 독서를 즐기는 사람이나 지적 활동을 하는 모습을 담은 사진

  – 예술 작품을 창작하거나 공연하는 사람들의 사진

  – 사회봉사나 자원봉사 활동에 참여하는 모습을 담은 사진

3. 도덕적 삶의 아름다움:

  – 사람들이 서로 배려하고 도와주는 모습을 담은 사진

  – 공정한 대화와 협력을 하는 모습을 담은 사진

  – 환경 보호와 지속가능한 생활에 기여하는 활동을 하는 사람들의 사진

  – 도덕적 가치를 실천하는 사람들의 모습을 담은 사진

  – 다양한 스포츠나 운동을 하는 사람들의 활동 사진

ChatGPT는 대화형 인공지능으로 사진이나 동영상 자료를 직접 제공하지 않습니다. 그래서 Stable Diffusion Online과 드로잉젤을 활용하여 사진 자료를 직접 만들어 사용할 수 있습니다. Stable Diffusion로 인물사진을 생성하면, 사람의 얼굴이 일그러지거나, 어색한 형태로 만들어집니다. 그래서 도덕적 삶의 아름다움과 관련된 사진 자료를 생성할 때에는 드로잉젤(https://tinytingel.ai/service/drawing_gel) 프로그램을 사용하였습니다.

외면적 아름다움 자연 속의 아름다운 풍경이나 꽃들의 사진	내면적 아름다움: 독서를 즐기는 사람이나 지적 활동을 하는 모습을 담은 사진	도덕적 삶의 아름다움: 사람들이 서로 배려하고 도와주는 모습을 담은 사진

 드로잉젤 사이트 바로가기

전개에서 모둠 토의 방법 알아보기

질문 | 전개 부분에서 "작은 그룹으로 학생들을 나누고 개인적인 아름다움의 정의 공유"라고 되어 제시하였습니다. 이 부분은 외면적 아름다움, 내면적 아름다움, 도덕적 삶의 아름다움을 학생들이 모둠 토의를 통해서 결정하는 형태로 수업을 구성해 봅시다.

차시	활동 목표	활동 내용
1	작은 그룹으로 학생들을 나누어 아름다움의 정의 공유	- 학생들을 4~5명 정도의 작은 그룹으로 나눕니다.
		- 각 그룹에는 다양한 관심사와 성향을 가진 학생들이 포함되도록 합니다.
		- 각 그룹은 외면적 아름다움, 내면적 아름다움, 도덕적 삶의 아름다움에 대해 논의하고 정리합니다.
		- 각 그룹은 자신들이 생각하는 각 아름다움의 정의와 예시를 공유하고 서로 토론합니다.
		- 모든 그룹이 자신들의 정의와 결론을 전체 반에 발표합니다.

질문 | "각 그룹은 자신들이 생각하는 각 아름다움의 정의와 예시를 공유하고 서로 토론합니다." 토론을 토의로 변경해 주세요.

ChatGPT는 토론과 토의라는 용어를 혼용해서 사용합니다. 이 부분을 사용자가 원하는 활동이나 용어로(이번 수업에서는 토의)로 변경합니다. 위의 내용은 ChatGPT의 대답이 토론에서 토의라는 용어로 변경하는 질문입니다.

학생 예시 자료로 사용할 수 있는 교수학습자료 만들기

ChatGPT의 강력한 기능인 프롬프트 생성 기능입니다. 학생들이 역할극으로 사용할 수 있는 대본을 만들어 줍니다.

질문 | "각 그룹은 자신들이 생각하는 각 아름다움의 정의와 예시를 공유하고 서로 토의합니다." 초등학교 4학년 학생들이 참고할 수 있는 토의 대본을 만들어 주세요. 대본은 외면적 아름다움을 선택한 모둠의 경우입니다.

 | [토의 대본 – 외면적 아름다움을 선택한 모둠]

참가자: 학생 A, 학생 B, 학생 C, 학생 D, 학생 E

[토의 주제: 외면적 아름다움의 정의와 예시]
학생 A: 외면적 아름다움은 어떻게 정의할 수 있을까요? 예시를 들어보세요.
학생 B: 외면적 아름다움은 외모나 모양에 대한 것이라고 생각해요. 예를 들면, 사람들의 얼굴이나 헤어스타일, 옷차림 등이 외면적 아름다움의 예시가 될 수 있겠죠.
학생 C: 그렇지만 외면적 아름다움은 어떤 사람에게는 다를 수도 있을 것 같아요. 예를 들어, 스포츠를 잘하고 운동 능력이 뛰어난 사람도 외면적 아름다움으로 볼 수 있지 않을까요?
학생 D: 맞아요. 외면적 아름다움은 사람마다 다를 수 있어요. 또한, 환경이나 자연도 외면적 아름다움을 가질 수 있다고 생각해요. 예를 들면, 멋진 일몰이나 아름다운 꽃들도 외면적 아름다움으로 볼 수 있겠죠.
학생 E: 외면적 아름다움은 우리 주변에 많이 있는 것 같아요. 그런데 외면적 아름다움은 중요한가요? 왜 중요하다고 생각하시나요?
학생 A: 외면적 아름다움은 사람들 사이에 긍정적인 영향을 주고 자신감을 높여줄 수 있어요. 우리 주변의 아름다움을 발견하고 감상하는 것도 행복을 느낄 수 있는 방법 중 하나인 것 같아요.
학생 B: 외면적 아름다움은 사람들 사이에 인상을 주고, 자신을 표현하는 방법이기도 해요. 예를 들어, 좋아하는 옷을 입고 멋진 헤어스타일을 갖추면 자신감을 얻을 수 있고, 주변 사람들과 소통할 때도 도움이 되는 것 같아요.

질문 | 내면적 아름다움을 선택한 모둠의 대본도 만들어 주세요.

 | [토의 주제: 내면적 아름다움의 정의와 예시]

학생 A: 내면적 아름다움은 어떻게 정의할 수 있을까요? 어떤 예시가 떠오르나요?

학생 B: 내면적 아름다움은 사람의 성품과 마음의 아름다움을 의미한다고 생각해요. 예를 들면, 친절하고 다른 사람을 배려하는 것이 내면적 아름다움의 예시가 될 수 있겠죠.

학생 C: 맞아요. 또한, 포기하지 않고 끊임없이 노력하는 것도 내면적 아름다움으로 볼 수 있을 것 같아요. 예를 들면, 열정적으로 공부하거나 자신의 꿈을 위해 노력하는 것이 내면적 아름다움의 예시가 될 수 있겠어요.

학생 D: 그렇죠. 내면적 아름다움은 사람과 사람 사이의 관계에서도 중요해요. 예를 들면, 다른 사람을 이해하고 도움을 주는 것, 친구나 가족과 좋은 대화를 나누는 것도 내면적 아름다움의 예시가 될 수 있겠네요.

학생 E: 내면적 아름다움은 외모와는 다른 면이지만, 왜 중요하다고 생각하시나요?

학생 A: 내면적 아름다움은 사람들과의 깊은 관계를 형성하고, 긍정적인 영향을 끼칠 수 있는 요소라고 생각해요. 또한, 자신과 타인을 포용하고 존중하는 태도를 가지는 것이 내면적 아름다움의 중요한 부분이라고 생각합니다.

학생 B: 맞아요. 내면적 아름다움은 사람의 성장과 발전을 위한 기반이 될 수 있어요. 우리 자신을 발전시키고 좋은 영향력을 행사하는 것도 내면적 아름다움의 중요한 요소인 것 같아요.

ChatGPT는 사용자의 질문을 학습하여, 아름다움을 실천하는 인물 찾기 활동 토의 시나리오를 만들어 줍니다.

질문 | "그룹별로 선택한 아름다움의 측면 서로에게 설명 및 토론" 역시 토론을 토의로 변경해주세요. 그리고 모둠에서 선택한 아름다움을 실천하는 인물 찾기로 해주세요.

 | [토의 대본 – 그룹별로 선택한 아름다움의 측면 서로에게 설명 및 토의]

참가자:

학생 A (외면적 아름다움을 선택한 모둠)
학생 B (내면적 아름다움을 선택한 모둠)
학생 C (도덕적 삶의 아름다움을 선택한 모둠)
학생 D (외면적 아름다움을 선택한 모둠)

[토의 주제: 그룹별로 선택한 아름다움의 측면 서로에게 설명 및 토의]

학생 A: 외면적 아름다움을 선택한 모둠. 외면적 아름다움을 실제로 보여주는 인물을 찾아보고 소개 해주세요.

학생 D: 제가 찾은 인물은 유명한 화가인 빈센트 반 고흐예요. 그의 그림은 색상과 표현력이 아름다워요. 그의 작품들은 많은 사람들에게 아름다움을 전달하고 영감을 주었답니다.

학생 B: 내면적 아름다움을 선택한 모둠. 내면적 아름다움을 실천하는 인물을 찾아봤어요. 예를 들면, "말라라 어보탕히"예요. 그는 소년들에게 축구와 공부를 동시에 잘 할 수 있는 내면적인 아름다움을 보여준 선수예요.

학생 E: 내면적 아름다움을 선택한 모둠. 제가 찾은 인물은 앤 해서웨이예요. 그녀는 배우로서의 열정과 노력으로 많은 사람들에게 영감을 주고 있어요. 그녀의 내면적인 아름다움이 작품을 통해 빛나고 있답니다.

학생 C: 도덕적 삶의 아름다움을 선택한 모둠. 도덕적인 삶을 실천하는 인물을 찾아보았어요. 예를 들면, 마더 테레사 언니예요. 그녀는 가난한 사람들을 위해 헌신적으로 봉사하며 도덕적인 가치를 실천한 멋진 인물이에요.

학생 A: 그룹 별로 선택한 인물들이 각각의 아름다움을 실천하고 있는 모습을 보면서, 아름다움의 다양성과 중요성을 더욱 깨닫게 되었어요.

ChatGPT는 역사적 사실이나 과거, 현재의 실존하는 이야기를 다룰 때, 객관적인 사실을 근거로 제시한 내용인지 확인하는 검증의 과정을 반드시 거쳐야 합니다. 본문의 내용 중 말라라 어보탕히라는 인물이 있는지 사용자가 확인해야 합니다. 또한 ChatGPT가 제시한 실존 인물에 대한 평가도 사실인지 확인하는 과정이 필요합니다.

모둠별로 토의과정을 가상 시나리오로 만드는 것이 아닌, 실제 학생들이 토의 활동을 진행할 수 있는 절차를 안내하도록 질문을 변경합니다.

질문 | "그룹별로 선택한 아름다움의 측면 서로에게 설명 및 토의"는 "모둠이 선택한 아름다움을 대표하는 인물 발표하기"로 변경하면 좋겠습니다. 외면적 아름다움을 선택한 모둠의 토의 절차를 안내해 주세요.

| [외면적 아름다움을 선택한 모둠의 토의 절차 – 모둠이 선택한 아름다움을 대표하는 인물 발표하기]

학생 A: 외면적 아름다움을 선택한 모둠의 발표를 시작합니다.

학생 B, C, D, E: 모둠 구성원들은 차례로 자신이 선택한 인물을 소개하고 그 인물이 외면적 아름다움을 대표하는 이유를 간단히 설명합니다.

학생 A: 각 구성원이 발표한 인물에 대해 질문이나 의견을 제시합니다.

학생 B, C, D, E: 발표한 인물과 관련된 질문에 대답하거나 의견을 나누며 토의합니다.

학생 A: 토의를 이끌어가며 구성원들의 다양한 의견을 존중하고 관련된 질문을 도와줍니다.

학생 B, C, D, E: 토의를 통해 새로운 관점을 얻거나 인물에 대한 이해를 더욱 깊게하며, 각자의 생각을 나눕니다.

학생 A: 최종적으로 외면적 아름다움을 대표하는 인물을 선정하고 이유를 간단히 설명합니다.

학생 B, C, D, E: 모둠 구성원들은 선택된 인물에 대해 동의하거나 다른 의견을 제시할 수 있으며, 이에 대한 토론을 진행합니다.

학생 A: 모둠의 의견을 종합하여 외면적 아름다움을 대표하는 인물을 최종적으로 결정합니다.

학생 B, C, D, E: 모둠의 선택된 인물에 대한 인정과 이유를 공유하며 토의를 마무리합니다.

토의학습에 활용하기 위하여, 토의 절차를 학생에게 설명할 수 있는 교수학습자료를 만들 수 있습니다.

질문 | 위의 과정을 학생들에게 설명하려고 합니다. 표 형태로 정리하여 제시해 주세요.

 | [외면적 아름다움을 선택한 모둠의 토의 절차 – 모둠이 선택한 아름다움을 대표하는 인물 발표하기]

단계	절차
1	외면적 아름다움을 선택한 모둠의발표시작
2	각 구성원이 자신이 선택한 인물 소개
3	구성원들이 인물 선택에 대한질문 제시
4	질문에 대한 응답 및 의견 토의
5	토의를 이끌어가며 구성원들의 의견 존중
6	새로운 관점을 나누며 토의 진행
7	외면적 아름다움을 대표하는 인물 선정
8	선택된 인물에 대한 의견 제시 및 토론
9	최종적으로 인물 결정 및 이유 설명
10	인물에 대한 인정과 토의 마무리

| [외면적 아름다움을 선택한 모둠의 토의 절차 – 모둠이 선택한 아름다움을 대표하는 인물 발표하기]
외면적 아름다움을 선택한 모둠의 발표를 시작해요.
"오늘은 외면적 아름다움에 대해 이야기할 거예요."

각 구성원이 자신이 선택한 인물을 소개해요.
"우리는 모둠으로 나눠서 각자 아름다움을 대표하는 인물을 골랐어요. 이제 한 명씩 차례로 인물을 소개해봐요."

구성원들이 인물 선택에 대한 질문을 제시해요.
"인물을 소개한 후에, 다른 구성원들은 질문을 할 수 있어요. 인물이 외면적 아름다움을 대표하는 이유에 대해 궁금한 점을 물어봐도 돼요."

질문에 대한 응답 및 의견 토의를 해요.
"인물에 대한 질문에는 솔직하게 대답하고, 다른 구성원들의 의견도 들어봐요. 서로의 생각을 나누며 토론해보는 거예요."
토의를 이끌어가며 구성원들의 의견을 존중해요.
"토의할 때는 다른 사람의 의견을 존중하고 서로를 배려하는 마음을 가져봐요. 각자의 의견을 소중하게 생각해요."

새로운 관점을 나누며 토의를 진행해요.
"다양한 의견을 듣고 나서, 새로운 관점을 얻을 수도 있어요. 다른 구성원들의 생각을 듣고 내 생각을 나눠보는 거예요."

외면적 아름다움을 대표하는 인물을 선정해요.
"마지막으로, 우리 모둠에서 외면적 아름다움을 가장 잘 대표하는 인물을 선정해봐요. 이유도 함께 말해주세요."

선택된 인물에 대한 의견 제시 및 토론을 진행해요.
"선택된 인물에 대해 의견을 제시하거나 다른 구성원들과 토론을 해봐요. 서로의 의견을 공유하며 이야기를 이어가요."

최종적으로 인물을 결정하고 이유를 설명해요.
"마지막으로, 우리는 최종적으로 어떤 인물을 외면적 아름다움의 대표로 선택할지 결정해요. 선택한 인물에 대한 이유도 함께 설명해주세요."

인물에 대한 인정과 토의를 마무리해요.
"우리의 토의를 마무리하며 선택된 인물에 대한 인정을 표하고, 토의한 내용에 대해 마무리하면 됩니다."

활동 이름: "내 아름다운 이야기"

학생들을 작은 그룹으로 나눕니다. 각 그룹은 4~5명 정도가 적당합니다.

각 그룹에게 주어진 시간 동안 학생들은 자신의 경험과 관심사를 바탕으로 아름다움에 대한 생각과 감정을 나눕니다.

학생들은 서로에게 질문을 하고 자신의 의견을 표현합니다. 다음과 같은 질문을 활용할 수 있습니다.

- "네가 생각하는 가장 아름다운 경험은 무엇인가?"
- "무엇이 너에게 아름다운 감정을 느끼게 해주는가?"
- "어떤 관심사가 너에게 아름다움을 전달하는가?"

각 그룹은 그룹 내에서 나온 아름다움에 대한 이야기를 공유합니다. 그룹원들은 서로의 이야기에 리스닝하고 이해합니다.

그룹 대표가 나와서 그룹 내에서 나온 아름다움의 공통점이나 특징을 전달합니다.

ChatGPT가 답변한 내용 중 수업의 흐름상 불필요한 부분으로 교수학습과정안에서 삭제합니다.

교수학습과정안 만들기

지금까지 ChatGPT와 함께 설계한 수업을 간단한 교수학습과정안으로 만들어 봅시다.

질문 | "학생들의 경험과 관심사를 바탕으로 아름다움에 대한 생각과 감정 나누기"는 수업의 흐름 상 필요 없어 보입니다. 리스트에서 삭제해 주세요. 지금까지 우리가 함께 만든 교수학습과정안을 도입-전개-정리 순서로 정리해서 알려주세요.

 교수학습과정안: "참된 아름다움을 향한 여정"
학습목표: 참된 아름다움의 다양한 측면을 이해하고 실천할 수 있는 능력을 배양한다.

1. 도입
   - 아름다움에 대한 다양한 측면을 탐구하기 위해 학생들에게 다음 질문을 제시합니다.
   - "외모, 지성, 배려심 등 아름다움에 대해서 어떻게 생각하나요?"

- "아름다움은 단지 외모만 있는 것일까요, 그 외에는 어떤 요소가 있는지 생각해보세요."
- 학생들에게 다음과 같은 사진 자료를 제공하여 아름다움의 다양성을 시각적으로 이해할 수 있도록 안내합니다.
- 외면적 아름다움: 다양한 인물의 외모와 스타일을 보여주는 사진
- 내면적 아름다움: 지적인 활동, 창의성, 감정 표현 등을 보여주는 사진
- 도덕적 삶의 아름다움: 봉사활동, 친절한 행동, 다른 사람을 도와주는 장면을 보여주는 사진

2. 전개
  가. 외면적 아름다움
- 외면적 아름다움의 정의와 예시를 소개합니다.
- 학생들은 주어진 사진 자료를 통해 외면적 아름다움에 대한 토의와 활동을 진행합니다.
- 각 그룹은 외면적 아름다움을 선택하고, 선택한 아름다움을 실천할 수 있는 방법을 함께 고민합니다.
  나. 내면적 아름다움
- 내면적 아름다움의 정의와 예시를 소개합니다.
- 학생들은 주어진 사진 자료를 통해 내면적 아름다움에 대한 토의와 활동을 진행합니다.
- 각 그룹은 내면적 아름다움을 선택하고, 선택한 아름다움을 실천할 수 있는 방법을 함께 고민합니다.
  다. 도덕적 삶의 아름다움
- 도덕적 삶의 아름다움의 정의와 예시를 소개합니다.
- 학생들은 주어진 사진 자료를 통해 도덕적 삶의 아름다움에 대한 토의와 활동을 진행합니다.
- 각 그룹은 도덕적 삶의 아름다움을 선택하고, 선택한 아름다움을 실천할 수 있는 방법을 함께 고민합니다.

3. 정리
- 각 그룹에서 선택한 아름다움의 측면과 실천 방법에 대한 요약 발표를 진행합니다.
- 학생들은 발표를 듣고 다른 그룹의 아름다움에 대해 생각을 공유하고 토의합니다.
- 모둠에서 선택한 아름다움을 대표하는 인물을 발표하여 공유합니다.

ChatGPT는 영어 기반으로 만들어졌기 때문에 한국어에 완벽하게 대응하지 못하고 있습니다. 대체가 필요한 단어를 직접 입력해서 수정합니다.

질문 | 교구학습과정안에서 토론이라는 말을 토의로 변경해 주세요.

 전개
가. 외면적 아름다움
- 외면적 아름다움의 정의와 예시를 소개합니다.
- 학생들은 주어진 사진 자료를 통해 외면적 아름다움에 대한 토의와 활동을 진행합니다.

정리 활동에 있는 "인물 발표 공유"를 전개 활동으로 변경하기 위한 질문입니다. 이 부분은 ChatGPT에게 질문을 던져서 수정하는 것보다는 사용자가 교수학습과정안을 직접 수정하는 것이 효율적입니다.

질문 | "모둠에서 선택한 아름다움을 대표하는 인물을 발표하여 공유합니다."는 전개 단계에서 외면적 아름다움, 내면적 아름다움, 도덕적 삶의 아름다움에 각 각 추가해주세요.

 전개
가. 외면적 아름다움
- 외면적 아름다움의 정의와 예시를 소개합니다.
- 학생들은 주어진 사진 자료를 통해 외면적 아름다움에 대한 토의와 활동을 진행합니다.
- 각 그룹은 외면적 아름다움을 선택하고, 선택한 아름다움을 실천할 수 있는 방법을 함께 고민합니다.
- 모둠에서 선택한 외면적 아름다움을 대표하는 인물을 발표하여 공유합니다.

수업 평가문제 만들기

질문 | 정리 단계에서 이번 시간에 배운 내용에 대한 퀴즈를 만들려고 합니다. 문제를 3개 만들어 주세요. 문제를 만들 때는 초등학교 4학년 수준에 맞게 만들어 주세요.

 1. 외면적 아름다움에 대한 문제:
1) 문제: 외모보다 중요한 것은 무엇인가요? (다중 선택)
   a) 친절한 태도
   b) 멋진 옷차림
   c) 잘생긴 얼굴
   d) 운동 실력

2. 내면적 아름다움에 대한 문제:

 1) 문제: 지식과 열정을 키우기 위해 우리는 무엇을 할 수 있을까요? (단답식)

  – 정답 예시: 책을 읽거나 취미 활동을 하면서 자신을 발전시킬 수 있습니다.

3. 도덕적 삶의 아름다움에 대한 문제:

 1) 문제: 친구에게 공평하고 착한 행동을 보이는 것은 어떤 도덕적 가치에 속할까요? (선택지 주어진 단답식)

 2) 정답 예시: 배려와 선의

질문 | 문제가 어렵습니다. 생활 속 있을 수 있는 예를 사용한 문제로 만들어 주세요.

 | 1. 외면적 아름다움에 대한 문제:

  – 문제: 당신의 친구가 옷을 고르는 데 어떤 기준을 사용하는 것이 좋을까요? (단답식)

  – 정답 예시: 편안하면서도 깔끔하고 어울리는 옷을 선택하는 것이 좋습니다.

2. 내면적 아름다움에 대한 문제:

  – 문제: 어떤 방법으로 타인에게 친절함을 보여줄 수 있을까요? (다중 선택)

  a) 웃으며 인사하기

  b) 도움이 필요한 사람을 도와주기

  c) 남의 비밀을 유출하기

  d) 감정을 이해하고 공감하기

3. 도덕적 삶의 아름다움에 대한 문제:

  – 문제: 가게에서 잘못 거슬러 준 돈을 발견했습니다. 이때, 당신은 어떻게 행동해야 할까요? (단답식)

  – 정답 예시: 가게 직원에게 잘못된 거스름돈을 알려주고 올바른 금액을 돌려주어야 합니다.

ChatGPT가 제시한 예시는 일상생활에서 있음직한 사례로, 학생들에게 교수학습자료나 평가자료로 활용할 수 있습니다.

지금까지 함께 만들었던 지도안을 인쇄하려고 합니다. 질문, 모둠 활동 설명, 정리 문제가 들어가 있는 완성된 형태로 만들어 주세요.

 | 지도안 - 아름다움을 향한 여정

학습목표:
아름다움의 다양한 측면을 이해하고 구분할 수 있습니다.
아름다움을 실천하는 방법에 대해 고민하고 토의할 수 있습니다.

1. 도입:
 – 아름다움에 대한 질문 제시: "아름다움이란 무엇일까요?"
 – 사진 자료 안내: "아름다움을 시각적으로 이해하기 위해 아래의 사진을 살펴보세요."

2. 전개:
 1) 외면적 아름다움 모둠 활동:
  – 모둠 활동 설명: "각 모둠은 외면적 아름다움에 대해 토의하세요."
  – 토의 주제: "외면적 아름다움의 정의와 예시를 공유하고 서로 토의하세요."
  – 모둠 활동 진행
  – 모둠 발표: "외면적 아름다움을 대표하는 인물을 발표하고 공유하세요."
 2) 내면적 아름다움 모둠 활동:
  – 모둠 활동 설명: "각 모둠은 내면적 아름다움에 대해 토의하세요."
  – 토의 주제: "내면적 아름다움의 정의와 예시를 공유하고 서로 토의하세요."
  – 모둠 활동 진행
  – 모둠 발표: "내면적 아름다움을 대표하는 인물을 발표하고 공유하세요."
 3) 도덕적 삶의 아름다움 모둠 활동:
  – 모둠 활동 설명: "각 모둠은 도덕적 삶의 아름다움에 대해 토의하세요."
  – 토의 주제: "도덕적 삶의 아름다움의 정의와 예시를 공유하고 서로 토의하세요."
  – 모둠 활동 진행
  – 모둠 발표: "도덕적 삶의 아름다움을 대표하는 인물을 발표하고 공유하세요."

3. 정리:
 – 학습 내용 정리 문제: "다음 중 외면적 아름다움, 내면적 아름다움, 도덕적 삶의 아름다움 중에서 하나를 선택하여 실천하는 방법을 생각해보세요."

다양한 교수학습자료 생성하기

ChatGPT는 있을 법한 일이나 이야기를 잘 만들어 냅니다. 뉴스에서 초등학생이 심폐소생술로 시민의 목숨을 구한 이야기가 종종 등장합니다. 이런 뉴스를 바탕으로 도덕적 삶의 아름다움과 관련된 이야기를 만들어 봅시다.

질문 | 학생들의 흥미와 관심을 유도하려고 합니다. "도덕적 삶의 아름다움"을 주제로 하는 이야기를 추천해 주세요. 심폐소생술을 통해서 사람의 목숨을 살릴 수 있는 내용으로 만들어 주세요.

 | [이야기 제목: "작은 영웅의 아름다운 행동"]

옛날 어느 작은 마을에 살던 한 소년이 있었습니다. 이 소년은 어릴 적부터 도덕적 가치와 사람을 돕는 것의 중요성을 배우며 자랐습니다.

어느 날, 그 작은 마을은 대형 재난에 휩싸였습니다. 한 남자가 갑자기 심장 마비로 쓰러져 말았고 주위 사람들은 당황했습니다. 그런데 소년은 용기를 내어 앞으로 나갔습니다. 그는 심폐소생술을 배운 적이 있었고, 이 남자의 생명을 구할 수 있을지도 모른다는 생각에 행동에 옮겼습니다.

소년은 사람들에게 조용히 도움을 요청하며, 한 명씩 돌아가며 심폐소생술을 시도했습니다. 그리고 이 작은 소년의 노력 덕분에 그 남자는 생명을 되찾을 수 있었습니다. 이 작은 소년은 마을 주민들에게 도덕적 삶의 아름다움을 보여주었습니다.

질문 | 학습목표를 평가할 수 있는 문항을 1개 만들어 주세요.

 | - 학습목표를 평가할 수 있는 문항 예시:
자신이 선택한 아름다움을 실천하기 위한 구체적인 계획을 작성하고, 이를 통해 다른 사람들에게 영향을 줄 수 있는지 설명해보세요.

ChatGPT와 함께 수업을 설계한다면, 사용자가 목표로 하는 교수학습자료뿐만 아니라 학생 평가 문항까지 만들어 낼 수 있습니다.

질문 | 평가 결과를 상중하로 구분할 수 있는 평가 기준을 만들어 주세요.

- 상 (우수):

학생이 자신이 선택한 아름다움을 실천하기 위한 구체적이고 창의적인 계획을 자세히 작성하고, 이를 통해 다른 사람들에게 긍정적인 영향을 줄 수 있는 설명을 제시함.

- 중 (양호):

학생이 자신이 선택한 아름다움을 실천하기 위한 구체적인 계획을 작성하고, 이를 통해 다른 사람들에게 영향을 줄 수 있는 설명을 제시하지만, 계획이나 설명이 다소 부족한 부분이 있음.

- 하 (미흡):

학생이 자신이 선택한 아름다움을 실천하기 위한 계획을 제시하지만, 계획이 구체적이지 않거나 다른 사람들에게 영향을 줄 수 있는 설명이 부족하거나 미비함.

"참된 아름다움"이라는 새로운 학습주제를 반영한 교수학습과정안을 만들어 봅시다.

질문 | - 과목: 도덕
- 대상: 한국 초등 4학년 학생
- 학습 목표: 아름다움의 가치를 살펴보고 참된 아름다움이 무엇인지 바르게 판단한다.
- 수업 시간: 40분(1차시)
위 수업에 해당하는 지도안을 작성해 주세요.

과목: 도덕
대상: 한국 초등 4학년 학생
학습 목표: 아름다움의 가치를 살펴보고 참된 아름다움이 무엇인지 바르게 판단한다.
수업 시간: 40분(1차시)

수업 지도안:

1. 도입 (10분)
  1) 학생들에게 아름다움에 대한 질문을 던져봅니다.
    - "여러분은 아름다움이란 무엇인가요? 어떤 것이 아름다움을 가지고 있다고 생각하나요?"
    - 학생들에게 충분한 시간을 주어 생각해보도록 유도합니다.
  2) 학생들의 의견을 나누고 간단한 사례를 들어가며 아름다움의 다양한 측면을 이야기합니다.

64 ChatGPT와 함께 만드는 초등 수업 디자인 ++

2. 전개 (20분)

  1) 아름다움의 다양한 측면 소개

    − 외면적 아름다움: 외모, 자연의 풍경, 예술 작품 등

    − 내면적 아름다움: 성격, 마음의 풍부함, 인간관계 등

    − 도덕적 삶의 아름다움: 착한 행동, 봉사, 공정한 대우 등

  2) 학생들을 그룹으로 나누어 각 그룹별로 한 가지 아름다움의 측면을 선택하도록 안내합니다.

  3) 각 그룹에서 선택한 아름다움의 측면을 서로에게 설명하고 토의하도록 유도합니다.

    − "왜 이 측면을 선택했나요? 어떤 예시를 생각해볼 수 있을까요?"

    − 그룹원들 간의 의견 교환과 토론을 촉진합니다.

3. 정리 (10분)

  1) 각 그룹에서 선택한 아름다움의 측면에 대한 요약 발표를 부탁합니다.

  2) 학생들에게 참된 아름다움의 기준과 중요성에 대해 이야기합니다.

  3) 학생들에게 아름다움을 실천하는 방법에 대해 생각해보도록 독려합니다.

  4) 수업 목표인 아름다움의 가치를 살펴보고 바르게 판단하는 능력을 키워준 학습 과정에 대해 학
    생들을 축하하고 마무리합니다.

4. 평가 (5분)

  − 학습 목표 평가 문항:

양한 측면을 이해하고 참된 아름다움을 판단하는 능력에 대해 어떻게 생각하시나요? 아래 표에 맞게
자기 평가해보세요.

항목	상	중	하
아름다움에 대한 이해			
참된 아름다움을 판단하는 능력			
전체적인 학습 참여 및 태도			

  − 학생들이 각 항목에 대해 상, 중, 하 중 한 가지를 선택하여 자기 평가합니다.

  − 평가 결과를 바탕으로 학습 참여와 이해도를 평가합니다.

ChatGPT는 사용자의 질문에 따라서 참된 아름다움의 다양한 의미를 이해하고 있습니다. 또한 참된 아름다움을 외면적, 내면적, 도덕적 삶의 아름다움으로 구분할 수 있습니다. 그리고 학습목표를 평가할 수 있는 평가 기준을 제시합니다.

new ChatGPT에서 만든 교수학습과정안 비교하기

새로운 대화창을 new ChatGPT[1]라고 하겠습니다.

질문 | – 과목: 도덕

– 대상: 한국 초등 4학년 학생

– 학습 목표: 아름다움의 가치를 살펴보고 참된 아름다움이 무엇인지 바르게 판단한다.

– 수업 시간: 40분(1차시)

위 수업에 해당하는 지도안을 작성해주세요.

 | 수업 계획: 도덕 수업 – 아름다움의 가치와 참된 아름다움 이해하기

시간: 40분 (1차시)

목표:

– 아름다움의 다양한 측면을 이해하고, 참된 아름다움에 대한 바른 판단력을 갖추도록 함.

– 예술, 자연, 인간의 아름다움에 대한 생각을 공유하고 토론할 수 있도록 함.

수업 순서:

1. 시작 (5분)

　– 학생들을 환영하고 수업 주제인 "아름다움의 가치와 참된 아름다움"에 대해 간단히 설명한다.

　– 수업의 목표와 이점에 대해 이야기한다.

2. 아름다움의 다양성 이해하기 (10분)

　– 학생들에게 예술 작품, 자연 사물, 인간의 얼굴 등의 사진을 보여준다.

　– 각 사진에 대한 아름다움을 느끼는 이유에 대해 학생들과 함께 이야기하고 공유한다.

　– 다양한 아름다움의 측면을 이해하고 예술, 자연, 인간 등에서의 아름다움을 발견한다.

3. 참된 아름다움 탐구하기 (15분)

　– 참된 아름다움에 대한 토론을 시작한다.

　– 학생들에게 "참된 아름다움"이 무엇인지 생각해보고 의견을 나눌 수 있는 시간을 제공한다.

　– 다양한 의견을 존중하며 학생들의 주장을 들어준다.

　– 가치관, 도덕적인 측면 등을 고려하여 참된 아름다움에 대한 정의를 함께 도출해본다.

---

❶ https://chat.openai.com/c/ddda1d07–bdbb–41b4–a3cc–01b8245a5378

4. 참된 아름다움의 중요성 이해하기 (5분)
  – 참된 아름다움의 중요성과 그 영향에 대해 이야기한다.
  – 예술이나 자연의 아름다움을 통해 감동을 받는 것이 인간으로서 중요한 이유를 학생들과 함께 나눈다.

5. 정리와 마무리 (5분)
  – 수업 동안 학생들이 생각한 참된 아름다움의 정의를 다시 한 번 공유하고 정리한다.
  – 학생들의 학습 도움을 위해 필요한 리소스나 관련 도서 등을 추천한다.
  – 수업의 내용을 요약하고 마무리한다.

확장

활동 아이디어:
  – 학생들에게 참된 아름다움에 대한 에세이를 쓰도록 과제를 내준다.
  – 학생들이 가장 아름다운 자연 경치를 그림으로 표현하도록 그림 그리기 과제를 준다.
  – 예술 작품을 분석하고, 작품 속에 담긴 아름다움에 대해 논의하고 토론하는 시간을 마련한다.

참고사항:
  – 학생들의 참여를 유도하기 위해 질문을 활용하고 학생들의 의견을 존중한다.
  – 예술 작품, 자연 사물, 인간의 얼굴 등을 다양한 매체를 통해 제공하여 시각적인 자극을 활용한다.
  – 적절한 시간 관리를 유지하여 각 활동에 충분한 시간을 할애한다.
  – 학생들의 창의적 사고와 비판적 사고를 유도하는 질문과 활동을 활용한다.

ChatGPT와 함께 수업을 설계한 교수학습과정안과 new chat에서 만들어진 교수학습과정안을 비교해 보면 new chat에서 만든 지도안은 예술, 자연과 같은 외면적 아름다움에 대해서 알아보는 것에 초점이 맞춰져 있습니다.

ChatGPT의 한계점과 해결 방안

실제 뉴스를 사용할 수 없기 때문에 사용자가 뉴스를 직접 검색하여 ChatGPT에게 적용해야만 합니다.

질문 | 도덕적 삶의 아름다움과 관련된 실제 뉴스가 있나요?

 | 제가 현재는 최신 뉴스에 대한 업데이트를 제공하지 못하기 때문에 실시간으로 현재의 뉴스를 알려드리기 어렵습니다. 그러나 도덕적 삶의 아름다움과 관련된 다양한 뉴스 기사가 많이 있으며, 온라인 뉴스 웹사이트나 검색 엔진을 통해 관련 뉴스를 찾아볼 수 있습니다.

도덕적 삶의 아름다움과 관련된 뉴스 주제로는 선의와 도덕적 가치를 표현한 인물들의 이야기, 사회적 공헌을 위한 봉사활동, 도덕적인 선택과 행동으로 인한 긍정적인 영향 등이 있을 수 있습니다. 이러한 주제들을 기반으로 관련 뉴스를 찾아보시면 될 것입니다.

저작권 문제 상 실제 뉴스 기사를 싣지는 못했습니다. ChatGPT에게 신문기사를 입력하고 내용을 확인해 보면 다음과 같은 결과를 출력합니다.

질문 | "심폐소생술과 관련된 뉴스 기사의 내용을 입력합니다." 이런 이야기가 있습니다. 이 글에서 찾을 수 있는 아름다움은 무엇인가요?

 | 위의 이야기에서 찾을 수 있는 아름다움은 다음과 같습니다.
1. 용기와 헌신: 이야기의 주인공인 박OO 소방교와 박OO 소방사는 자신들의 안전을 떠나 의식을 잃은 남성을 구조하기 위해 즉각적으로 행동했습니다. 그들은 용기와 헌신으로 상황에 대처하며 생명을 구하는 데 기여했습니다.

2. 사랑과 동료애: 주인공들은 연인 관계로 알려진 사이였으며, 서로에 대한 사랑과 동료애가 이야기의 배경에 있습니다. 그들은 평소에 사랑을 키워왔고, 함께 마트를 방문한 날에도 서로를 도우며 힘을 보탰습니다.

3. 공익과 봉사: 주인공들은 소방관으로서 시민들의 안전을 위해 최선을 다하고 있습니다. 이들은 자원봉사자로서 사회에 봉사하는 모습을 보여주며, 다른 사람들의 생명과 안전을 위해 헌신하는 도덕적인 가치를 보여줍니다.

이번 시간에 배운 아름다움에 대해서 질문하면 도덕적 삶의 아름다움을 찾아냅니다.

질문 | 1번은 외면적 아름다움, 내면적 아름다움, 도덕적 삶의 아름다움 중 어떤 것에 해당되나요?

| 1번은 도덕적 삶의 아름다움에 해당됩니다. 이야기의 주인공들은 다른 사람의 안전과 생명을 위해 자신을 희생하고 헌신하는 도덕적 가치를 나타내고 있습니다. 그들의 용기와 헌신은 도덕적인 덕목을 실천하며 다른 사람들에게 영감을 주는 모습으로 이야기에서 아름다움으로 인정받습니다.

새로운 이야기를 만들어 달라고 요청하면, 실제 사실과 비슷한 내용으로 만들어 줍니다. ChatGPT가 만들어 낸 이야기를 활용하여 교수학습활동 자료로 활용할 수 있습니다.

질문 | 1번과 같은 내용으로 이야기를 하나 만들어 주세요.

| 이야기: "마음을 나누는 친구들"
한 마을에 사는 친구들인 민수와 지혜는 언제나 서로를 돕고 존중하는 관계를 가지고 있었습니다. 어느 날, 민수와 지혜는 함께 공원에서 산책하던 중 긴급한 상황을 목격했습니다. 한 노인이 쓰러져 의식을 잃었던 것이었습니다.

민수와 지혜는 주변 사람들이 주저하는 동안 당황하지 않았습니다. 두 친구는 즉시 도움이 필요한 노인에게 다가가 응급처치를 시작했습니다. 민수가 119에 신고를 하면서 지혜는 노인을 위해 심폐소생술을 시도했습니다.

시간이 지나도 누구도 도착하지 않았지만, 민수와 지혜는 포기하지 않았습니다. 교대로 심폐소생술을 계속하며 희생하는 시간조차 잊고 있었습니다. 마침내 119구급대가 도착하여 노인을 병원으로 이송했습니다.

며칠 후, 민수와 지혜는 노인이 회복했다는 소식을 들었습니다. 그들은 뿌듯함과 감사함으로 가득차게 되었습니다. 이 경험을 통해 민수와 지혜는 도덕적인 행동의 중요성을 다시 한 번 느꼈습니다.

이제부터 민수와 지혜는 더 많은 사람들에게 심폐소생술의 중요성을 알리고, 누구나 응급상황에 대처할 수 있는 역량을 갖추도록 노력하려고 다짐했습니다. 그들은 도덕적인 삶을 실천하며 아름다운 가치를 전파하는 훌륭한 모범이 되었습니다.

이야기에서 민수와 지혜의 헌신과 도덕적인 행동은 도덕적 삶의 아름다움을 나타냅니다. 그들의 용기와 희생은 사회적인 덕목을 실천하며 다른 사람에게 영감을 주는 아름다움으로 인정받습니다.

ChatGPT는 사용자가 제시한 이야기를 바탕으로 비슷한 주제의 이야기를 만들어 낼 수 있습니다.

03

ChatGPT와 함께 만드는
국어 수업 디자인

국어과 교수-학습과정안

다음은 ChatGPT와 함께 만든 국어과 교수학습과정안입니다.

교 과	국어	학년 학기		4학년 1학기
단원명	4. 일에 대한 의견			
성취기준	[4국03-03] 관심 있는 주제에 대해 자신의 의견이 드러나게 글을 쓴다.			
학습 목표	자신의 의견이 드러나는 글을 쓸 수 있다.			
교수학습 자료	ppt, 예시문(의견과 근거)	교수학습 모형		탐구학습 모형

학습 단계	학습 과정	교수 학습 과정	시간 (분)	자료(☞) 및 유의점(※)
도입	동기유발	• 동기유발 – "반려동물을 키우는 것이 좋다."라는 글을 읽어 봅시다. – 반려동물을 키우면 좋은 점이 무엇인지 알아봅시다. – 반려동물을 키울 때 책임은 무엇인지 알아봅시다.	5'	☞ PPT ※ "반려동물을 키우는 것이 좋다."는ChatGPT가 만들어준 주장하는 글입니다.
	학습목표 제시	• 학습 목표 제시 – 자신의 의견이 드러나는 글을 쓸 수 있다. • 활동안내 활동1. 의견과 근거 알아보기 활동2. 의견이 드러나는 글쓰기 활동3. 의견 공유하기		
전개	활동	• 활동1)의견과 근거 알아보기 – 학생들에게 의견과 근거의 개념을 설명한다. – 예시문에서 의견과 근거를 찾아본다.	10'	☞예시문(의견과 근거) ☞ 모둠별 주제: 모둠별로 의견이 드러나는 글을 쓰기 위한 주제는 ChatGPT에게 주제를 생성하는 방법과 모둠활동을 통해서 스스로 찾아보는 방법이 있습니다.
		• 활동2)의견이 드러나는 글쓰기 – 학생들에게 의견을 효과적으로 표현할 수 있는 글쓰기 방법 알아보기 – 선생님이 제시한 주제에 대한 의견과 근거를 써 봅시다.	10'	
		• 활동3) 의견 공유하기 – 모둠활동의 유의사항을 알아봅시다. – 모둠별로 주제에 대한 자신의 생각을 토의해 봅시다. – 학생들은 각자의 주장을 의견과 근거로 구분하여 글을 쓴다. – 학생들은 서로의 주장을 읽고 피드백을 주고받는 시간을 갖는다.	10'	

정리	정리 및 평가하기	• 정리 – 주장을 효과적으로 쓰기 위한 기법과 전달 방법을 스스로 정리해 봅시다. • 다음차시 안내하기 – 차시 예고: 학급 회의 절차와 규칙 알아보기	5'

평가 내용	구분	평가기준	평가방법
자신의 의견이 드러나는 글을 쓸 수 있다.	잘함	주제에 맞는 자신의 경험과 관련된 근거를 5개 이상 사용하며, 의견이 명확하게 드러나게 글을 씀.	관찰 평가 지필 평가
	보통	주제에 맞는 자신의 경험과 관련된 근거를 3개 이상 사용하며, 의견이 드러나게 글을 씀.	
	노력 요함	자신의 의견이 드러나는 글쓰기를 어려워함.	

ChatGPT와 함께 만드는
국어 수업

국어 수업 ChatGPT 프롬프트

성취기준을 가르치기 위한 학생 활동 중심 수업 만들기

성취기준으로 교수학습과정안, 교수학습자료, 평가자료를 만들 수 있는지 ChatGPT에게 질문을 해 봅시다.

질문 | [4국01-02] 회의에서 의견을 적극적으로 교환한다.

[4국03-03] 관심 있는 주제에 대해 자신의 의견이 드러나게 글을 쓴다.

성취기준이 있습니다. 두 성취기준을 평가할 수 있는 수업자료, 지도안, 학생 평가자료를 만들어 볼까요?

 | 물론입니다! 아래에 4국01-02 성취기준과 4국03-03 성취기준을 평가할 수 있는 수업자료, 지도안, 학생 평가자료의 예시를 제시해 드리겠습니다.

(이하 생략)

[4국01-02] 성취기준과 [4국03-03]을 구분한 수업자료, 지도안, 학생 평가자료를 만들어 냅니다. ChatGPT의 대답은 도덕 과목에서 많이 설명하였기 때문에 생략하였습니다.

국어 수업에서는 2가지 성취기준을 재구성하여 교수학습과정안을 만들어 보려고 합니다.

평가준거 성취기준 만들기

평가준거 성취기준이 무엇인지 ChatGPT에게 알려줍니다.

질문 | 학생들이 학습을 통해 성취해야 할 지식, 기능, 태도의 능력과 특성을 진술한 것으로서 평가 활동에서 판단의 기준이 될 수 있도록 교육과정을 재구성한 것을 평가준거 성취기준이라고 합니다. 기억만 해두세요.

"기억만 해두세요"와 같은 프롬프트를 통해서 ChatGPT에게 평가준거 성취기준의 의미를 제시합니다.

질문 | 회의에서 의견을 교환하기 위해서는 자신의 의견이 드러나는 글쓰기 활동을 학생들이 먼저 할 수 있어야 한다고 생각합니다. 학생들이 글쓰기 활동에 중점을 둔 평가준거 성취기준을 만들어 봅시다.

 | 평가준거 성취기준: 회의에서 의견을 교환하기 위한 글쓰기 활동

1. 주제 이해와 분석

학생은 주어진 주제에 대해 이해하고, 필요한 정보를 수집하며 주제를 분석하는 능력을 보여야 합니다.
학생은 관련된 사실과 데이터를 찾아내고, 다양한 관점을 고려하여 주제를 분석하는 능력을 보여야 합니다.

2. 의견 표현과 주장

학생은 자신의 의견을 명확하고 효과적으로 표현할 수 있어야 합니다.
학생은 주장을 논리적으로 전개하고, 적절한 증거와 예시를 제시하여 의견을 뒷받침하는 능력을 보여야 합니다.
학생은 다른 의견에 대해 존중하며 대화를 이어나갈 수 있는 태도를 갖추어야 합니다.

ChatGPT와 함께 [4국01-02]와 [4국03-03]을 합쳐서 새로운 평가준거 성취기준을 만들려고 합니다. 이때 만들어지는 평가준거 성취기준의 코드 번호를 [4국01-02-ChatGPT]로 만들어 보았습니다.

질문 | "[4국01-02-ChatGPT] 의견을 교환하기 위한 글을 쓰고 회의에 적극적으로 참여한다."로 평가준거
성취기준을 만들면 좋을 것 같습니다.

 | 평가준거 성취기준: 의견을 교환하기 위한 글쓰기와 적극적인 회의 참여

1. 주제 이해와 분석
– 학생은 주어진 주제에 대해 이해하고, 필요한 정보를 수집하며 주제를 분석하는 능력을 보여야 합니다.
– 학생은 주제와 관련된 핵심 개념과 관련 정보를 파악하고, 다양한 시각과 관점을 고려하여 주제를 분석하는 능력을 보여야 합니다.

2. 의견 표현과 주장
– 학생은 자신의 의견을 명확하고 효과적으로 글로 표현할 수 있어야 합니다.
– 학생은 주장을 논리적으로 전개하고, 적절한 증거와 예시를 제시하여 의견을 뒷받침하는 능력을 보여야 합니다.

3. 대화와 리스닝
– 학생은 회의에서 적극적으로 참여하고, 다른 의견에 대해 존중하며 리스닝하는 능력을 보여야 합니다.
– 학생은 다른 참여자들의 의견을 주의깊게 듣고 이해하며, 적절한 질문과 응답을 통해 대화를 이어나갈 수 있어야 합니다.

4. 협업과 팀워크
– 학생은 회의에서 협업하고 팀워크를 발휘하는 능력을 보여야 합니다.
– 학생은 다른 참여자들과 협력하여 공동 목표를 달성하기 위해 의견을 조율하고 적절한 역할을 수행할 수 있어야 합니다.

5. 문장 구조와 표현
– 학생은 문장 구조와 표현을 적절하게 다룰 수 있어야 합니다.
– 학생은 문법과 맞춤법을 올바르게 사용하고, 문장의 다양성과 효과적인 표현 방법을 활용하여 의견을 명확하게 전달할 수 있어야 합니다.

"[4국01-02-ChatGPT] 의견을 교환하기 위한 글을 쓰고 회의에 적극적으로 참여한다."를 ChatGPT에게 한 번 더 언급한 이유는 지금까지 함께 만든 평가준거 성취기준을 ChatGPT에게 기억시키는 과정입니다.

ChatGPT와 수업의 과정 만들기

ChatGPT는 충분한 대화과정을 거치지 않아도 교수학습과정안과 교수학습자료, 평가자료를 기본적으로 제공합니다. 하지만 사용자가 의도하는 수업을 만들기 위해서는 ChatGPT와 지속적인 대화를 시도해야 합니다. 이러한 과정을 통해서 프로젝트 수업의 주제를 찾아 낼 수 있으며, 교수학습과정안과 교수학습활동을 구체화 시킬 수 있습니다.

질문 | 지금까지 제시한 내용은 초등학교에서 다룰 수 있는 각각의 학습목표가 될 수 있습니다. "2. 의견 표현과 주장"에서 "학생은 자신의 의견을 명확하고 효과적으로 글로 표현할 수 있어야 합니다." 이 주제를 활용한 교수학습과정안과 교수학습자료, 평가자료를 함께 만들어 봅시다.

 | 수업 목표:

학생들은 자신의 의견을 명확하고 효과적으로 글로 표현할 수 있는 능력을 향상시킵니다.
학생들은 주장을 논리적으로 전개하고, 적절한 증거와 예시를 제시하여 의견을 뒷받침하는 방법을 익힙니다.

질문 | 우선, 교수학습과정안을 먼저 만들어 봅시다. 초등학교는 40분을 기준으로 합니다. 그리고 수업의 과정을 도입-전개-정리 순으로 정리해 봅시다.

 |

단계	시간	내용
도입	10분	- 주제 소개 및 의견 표현과 주장의 중요성 설명 - 수업 목표 소개
전개	25분	1. 주장의 요소 이해 (10분) - 주장, 증거, 예시 개념 설명 - 예시 제시 2. 주제별 의견 표현 연습 (10분) - 그룹 나누기, 주제 제시 - 의견 작성 및 공유, 피드백 3. 논리적인 주장 전개 연습 (5분) - 논리적인 주장 전개 방법 설명 - 예시 제시
정리	5분	- 수업 내용 정리 및 주장의 요소 중요성 강조 - 질문 및 의견 공유 - 학생 독려

위에 제시된 수업 설계 과정은 표 형태로 제시되었습니다. 프롬프트를 제시할 때 "준비물과 유의사항을 추가해서 만들어 주세요."를 질문하면, ChatGPT는 수업에 필요한 준비물과 수업시 유의사항을 제시합니다.

질문 | "의견 표현과 주장"이 이번 수업시간의 주제입니다. 의견 표현과 주장은 어떤 차이가 있습니까?

의견 표현:

의견 표현은 개인이 자신의 생각이나 감정을 말하거나 쓰는 것을 의미합니다. 이는 개인적인 견해나 선호도를 나타내는 것으로, 주관적인 요소가 강합니다. 의견 표현은 주장하는 것보다 개인적인 관점이 강조되며, 타인과 의견을 공유하고 소통하는 목적을 가집니다.

주장:

주장은 논리적인 근거와 함께 의견을 제시하고 논의하는 것을 의미합니다. 주장은 의견을 뒷받침하기 위해 근거나 증거를 제시하며, 이를 통해 논리적으로 설득하려는 목적을 가집니다. 주장은 다른 사람에게 영향을 미치거나 설득하기 위해 논리적인 전략과 증거를 활용하여 의견을 논리적으로 전개하는 것을 중점으로 합니다.

질문 | 제 생각은 의견 표현과 주장은 같은 의미로 생각됩니다. 주장하기는 다른 사람을 설득시키는 것이 중요한 목적이지만, 이번 수업에서는 다른 사람과 의견을 공유하고 나누는 소통의 과정을 중심으로 수업 설계하였으면 좋겠습니다. 제 의도를 반영한 교수학습과정안을 보여주세요.

교수학습과정안: 의견 표현과 주장

시간: 40분

1. 도입 (10분):

수업을 시작하기 전에 학생들에게 "의견 표현과 주장" 주제에 대해 간단히 소개합니다.

학생들에게 의견 표현과 주장의 중요성과 이를 통한 소통의 가치에 대해 이야기합니다.

학생들에게 수업 목표를 설명하고 이번 수업에서 배울 내용을 간략히 소개합니다.

2. 전개 (25분):

의견 표현 연습 (10분):

학생들을 그룹으로 나누고 주제를 제시합니다.

각 그룹은 주어진 주제에 대해 자유롭게 의견을 나누고 공유할 수 있는 시간을 가집니다.

학생들은 자신의 의견을 다른 사람들과 존중하며 소통하는 방법을 배웁니다.

주장의 요소 이해 (10분):

주장, 증거, 예시의 개념을 학생들과 함께 공유하고 설명합니다.

주장과 관련된 예시를 제시하고 학생들의 생각을 유도합니다.

의견과 주장의 효과적인 전달 (5분):

학생들에게 의견과 주장을 효과적으로 전달하는 방법에 대해 이야기 합니다.

몸짓, 표정, 강세 등의 비언어적 요소와 언어적 요소를 함께 고려하는 방법을 소개합니다.

3. 정리 (5분):

학생들에게 수업에서 배운 내용을 정리하고 의견 표현과 주장의 중요성을 강조합니다.

학생들이 질문이나 의견을 나눌 수 있는 시간을 마련합니다.

학생들이 다음 수업이나 일상생활에서 의견을 효과적으로 표현하고 소통할 수 있도록 독려합니다.

ChatGPT를 사용할 때 용어정의 과정은 중요하며, 용어정의 과정은 수업주제에 대한 사용자의 의도를 ChatGPT와 공유하는 과정이라고 생각할 수 있습니다.

질문 | "의견 표현"과 "주장"은 같은 의미입니다. 주장으로 통일해 주세요.

 | "의견 표현"과 "주장"은 같은 의미입니다. 주장으로 통일해 주세요.

교수학습과정안: 주장하기

ChatGPT의 대답에서 의견 표현이라는 단어가 주장으로 변경되었습니다. ChatGPT와 함께 수업 설계 과정 중에 ChatGPT가 사용자의 생각과 다른 용어 사용하는지 꾸준히 확인해야 합니다.

도입에서 사용할 수 있는 동기유발 자료 생성하기

질문 | "수업을 시작하기 전에 학생들에게 "주장하기" 주제에 대해 간단히 소개합니다." 주장하기가 필요한 상황을 간단한 이야기로 만들어 제시해 봅시다.

"여러분, 상상해보세요. 당신들의 학교에서는 급식 시간에 어떤 음식을 먹을지 결정해야 하는 상황이 왔습니다. 그런데 각 반마다 다른 의견이 있습니다. 한 반은 피자를 먹고 싶어하고, 다른 반은 치킨을 먹고 싶어합니다. 그리고 나머지 반은 라면을 먹고 싶다고 주장하고 있습니다.

이때 여러분은 주장력이 필요합니다. 왜냐하면 다른 반들과 함께 음식을 결정해야 하기 때문이죠. 당신들이 속한 반의 주장을 효과적으로 전개하고 다른 반들을 설득하기 위해 논리적인 근거와 예시를 제시해야 합니다.

주장하기는 다양한 상황에서 필요한 기술입니다. 의견을 주장하는 능력을 향상시키면 여러분은 다른 사람들과 의견을 공유하고 소통하는 과정에서 더욱 자신감을 가질 수 있습니다. 이번 수업에서는 주장하기에 대해 배우고, 여러분들의 의견을 효과적으로 표현하는 방법을 함께 알아보도록 하겠습니다."

ChatGPT의 대답에서 이번 시간에 다루어야 할 내용을 ChatGPT도 알고 있음을 확인할 수 있습니다.

수업 주제 관련 용어 정의하기

질문 | "주장의 요소 이해" 단계에서 ChatGPT는 주장, 증거, 예시로 구분하였습니다. 초등학교에서는 의견과 근거로 구분합니다. 의견은 어떤 대상에 대해 가지는 생각, 근거는 의견을 뒷받침하는 사실 입니다.

 주장의 요소 이해 (10분):

의견과 근거의 개념 설명: 의견은 학생들이 어떤 대상에 대해 가지는 개인적인 생각이며, 근거는 그 의견을 뒷받침하는 사실이나 이유입니다.

의견의 예시 제시: 예를 들어, "오늘 점심에는 피자를 먹어야 한다."는 의견을 가정해봅시다.

근거의 중요성 설명: 의견을 주장하기 위해서는 근거가 필요하며, 근거를 통해 의견이 타당하다는 것을 보여줄 수 있습니다.

근거의 예시 제시: 예를 들어, "피자는 맛있고 영양가도 높다"와 같은 근거를 사용하여 의견을 뒷받칩니다.

의견과 근거의 관계 강조: 의견과 근거는 상호작용하여 주장을 구성하며, 합리적인 주장을 전개하는 데 필수적인 요소입니다.

ChatGPT가 예시로 제시한 "피자가 영양가가 높다."는 객관적인 근거를 찾아볼 필요가 있습니다. ChatGPT의 대답을 수업에 자료 적용할 수 있는지 꼼꼼히 확인해봐야 합니다.

전개에서 모둠 활동 주제 생성하기

질문 | "주제와 관련된 예시를 제시하고 학생들의 주장을 유도합니다." 활동을 하려고 합니다. 모둠 활동을 할 수 있는 주제는 무엇이 있을까요? 주제는 초등학생을 대상으로 합니다.

1. 반려동물을 키우는 것이 좋다고 주장해보자.
2. 학교 근처에 식물을 심는 것이 좋다고 주장해보자.
3. 평소에 운동을 하는 것이 중요하다고 주장해보자.
4. 학교에서 요리 교육을 실시하는 것이 좋다고 주장해보자.
5. 친환경 제품을 사용하는 것이 좋다고 주장해보자.
6. 책을 읽는 것이 중요하다고 주장해보자.
7. 동물 보호에 관심을 가져야 한다고 주장해보자.

모둠 활동 주제는 학생들이 직접 의견과 근거를 만들어 보는 과정으로 진행하려고 합니다. ChatGPT와 수업 설계하는 과정 중 주제 정하기 활동에 어려움을 느끼는 학생을 위한 참고 자료를 만들 수 있습니다.

학생 참고 활동 자료 만들기

사용자의 질문으로, "반려동물을 키워야한다."라는 주제의 짧은 글을 완성하였습니다.

질문 | "반려동물을 키우는 것이 좋다고 주장해보자."를 주제로 선택하고, 학생들에게 주장을 발표하려고 합니다. 주장하는 활동이 어려운 학생이 참고할 수 있는 예시를 만들어 주세요.

"안녕하세요, 저는 반려동물을 키우는 것이 좋다고 주장하려고 합니다. 반려동물을 키우면 우리에게 많은 이점이 있어요. 첫째, 반려동물은 우리의 친구가 될 수 있어요. 어떤 일이 있을 때 혼자가 아니라 반려동물과 함께 있으면 우리는 외롭지 않고 안정감을 느낄 수 있어요. 둘째, 반려동물은 우리의 건강에도 도움을 줄 수 있어요. 함께 놀면서 운동을 하고, 반려동물과 소통하면 스트레스도 풀리고 기분이 좋아져요. 마지막으로, 반려동물은 책임감과 배려심을 길러줄 수 있어요. 우리는 반려동물의 음식과 건강을 챙기는 역할을 맡아야 하기 때문에 책임감을 배우고, 동물을 돌봄으로서 다른 생명체를 존중하는 태도를 가질 수 있어요.

하지만 반려동물을 키우는 것에는 책임이 따르기 때문에 잘 고려해야 해요. 우리가 반려동물을 키우기 전에는 부모님과 함께 충분히 논의하고, 돌봐줄 수 있는 시간과 자원이 있는지 생각해야 해요. 또한 동물의 종류와 크기를 고려하여 우리 집에 적합한 동물을 선택해야 해요.

요약하면, 반려동물을 키우는 것은 우리에게 많은 이점을 줄 수 있어요. 친구가 되어줄 뿐만 아니라 건강과 책임감, 배려심을 키울 수 있어요. 하지만 키우기 전에 신중한 결정과 책임이 필요해요. 저는 반려동물을 키우는 것이 좋다고 주장합니다.

ChatGPT는 반려동물을 키워야 하는 의견에 적합한 근거를 들어서 주장하는 글을 완성했습니다. ChatGPT의 놀라운 점은 반려동물을 키울 때 예상되는 문제점에 대한 해결방안도 적절히 제시합니다.

질문 | "주장 연습" 단계에서 "학생들을 그룹으로 나누고 주어진 주제에 대해 각자의 주장을 작성하도록 안내합니다." 초등학교 학생들이 의견과 근거로 주장할 수 있도록 절차를 자세히 안내해 주세요.

 학생들을 그룹으로 나눕니다: 학생들을 3~4명씩의 작은 그룹으로 나눕니다. 그룹 구성 시 다양한 관점을 고려하여 섞어주는 것이 좋습니다.

"주장 연습" 단계를 설명하는 교수학습자료를 만들기 위해서 위와 같이 질문했습니다. ChatGPT가 파워포인트 자료를 만들어 줄 수는 없지만 ChatGPT의 대답을 파워포인트의 데이터로 활용할 수 있습니다.

ChatGPT의 대답에서 학생이 이해하기 어려운 단어를 학생이 이해하기 쉬운 단어로 변경하는 질문을 추가로 제시합니다.

질문 | 초등학교 4학년 학생이 이해할 수 있게 쉬운 표현을 사용해 주세요.

 1. 학생들을 그룹으로 나눕니다: 학생들을 작은 그룹으로 나눕니다. 그룹을 이루는 친구들과 함께 활동할 수 있도록 합니다.

2. 주제 제시와 주장 작성 안내: 각 그룹에 주제를 제시하고, 주장을 작성할 수 있는 방법에 대해 설명합니다. 주제는 예를 들어 "방과 후에 운동을 하는 것이 좋다고 주장하시오"와 같은 형태일 수 있습니다. 학생들은 주제에 대해 자신의 의견과 이유를 작성해야 합니다.

3. 주장 작성 단계: 학생들에게 충분한 시간을 주어 주제에 대한 주장을 작성하도록 합니다. 학생들은 자신의 의견을 명확하게 표현하고, 이유를 쉽게 이해할 수 있는 예시와 함께 제시해야 합니다. 예를 들면, "방과 후에 운동을 하는 것이 좋다. 운동은 우리의 건강을 좋게 해주고, 체력을 키워준다. 예를 들어, 뛰어놀기, 축구를 하기, 자전거를 타기 등 다양한 방법으로 운동을 할 수 있다."

4. 토론과 피드백: 그룹 내에서 학생들은 서로의 주장을 발표하고 토론합니다. 피드백은 친절하게 주고받으며, 서로의 의견을 존중합니다. 예를 들어, "네, 나도 운동이 중요하다고 생각해. 하지만 왜 운동을 해야 하는지 더 자세하게 설명해줄 수 있을까?"와 같은 식으로 피드백을 제공할 수 있습니다.

5. 발표: 각 그룹에서 한 명씩 학생을 선택하여 자신의 주장을 발표하도록 합니다. 발표 시에는 의견을 명확하고 간단하게 표현하며, 예시를 활용하여 이해를 도와줍니다. 예를 들면, "방과 후에 운동을 하는 것은 좋아요. 운동을 하면 우리의 몸이 강해지고 건강해질 수 있어요. 예를 들어, 뛰어놀기, 축구를 하기, 자전거를 타기 등 다양한 방법으로 운동을 할 수 있어요."

6. 토론의 마무리와 정리: 모든 그룹의 발표가 끝난 후, 학생들과 함께 토론의 내용을 정리하고 주장의 장단점을 공유합니다. 다른 주장에 대해 이해를 높이고 서로의 의견을 존중하는 태도를 강조합니다.

ChatGPT의 응답을 확인하고, 응답 결과의 맥락을 유지하며, 적절한 피드백을 주면 사용자가 의도하는 결과를 찾아낼 수 있습니다.

질문 | 토론과 피드백에서 나온 의견이 반영 안 된 것 같습니다. 운동을 해야 하는 이유를 조금 더 설명하면 좋을 것 같습니다. 그리고 뛰어놀기는 달리기로 변경하면 좋을 것 같습니다.

 주장 작성 단계: 학생들에게 충분한 시간을 주어 주제에 대한 주장을 작성하도록 합니다. 학생들은 자신의 의견을 명확하게 표현하고, 이유를 쉽게 이해할 수 있는 예시와 함께 제시해야 합니다. 예를 들면, "방과 후에 운동을 하는 것이 좋아. 운동을 하면 우리의 몸이 강해지고 건강해질 수 있어. 예를 들어, 달리기를 해보면 우리의 호흡이 빨라지고, 다리와 심장이 강해질 수 있어요."

ChatGPT가 제시하는 다양한 방법 "개인 정리"는 실제 수업시간에 정리단계에서 활용할 수 있는 좋은 방법입니다.

질문 | "주장을 전개하는 논리적인 방법과 효과적인 전달 방법을 학생들과 함께 공유합니다." 학생들이 주장하는 방법을 스스로 정리하는 시간입니다. 수업을 어떻게 진행하면 좋을까요?

 개인 정리: 그룹 토론이 끝난 후, 각 학생은 개인적으로 주장을 전개하는 방법과 효과적인 전달 방법에 대해 스스로 정리하는 시간을 갖습니다. 학생들은 주장의 구조, 근거 제시 방법, 예시 활용 등에 대해 자신만의 정리를 해봅니다.

교수학습과정안 만들기

정리된 형태의 교수학습과정안을 출력하기 위해서 "도입-전개-정리의 과정"이라는 프롬프트를 제시하면 좋습니다.

질문 | 지금까지 만든 수업과정안을 한 눈에 볼 수 있게 정리해주세요. 수업은 도입-전개-정리의 과정 입니다.

 | 수업: 주장하기 - 의견 표현과 주장을 통한 소통

1. 도입:
학생들에게 "주장하기" 주제에 대해 간단히 소개한다.
학생들에게 주장의 개념과 중요성을 설명한다.

2. 전개:
주장의 요소 이해
학생들에게 의견과 근거의 개념을 설명한다.
의견과 근거의 차이를 이해시킨다.
주장의 전개 방법과 효과적인 전달 방법 소개
학생들에게 주장을 전개하는 논리적인 방법과 효과적인 전달 방법에 대해 설명한다.
주제와 관련된 예시 제시
학생들에게 주제와 관련된 예시를 제시하고 주장을 유도한다.

3. 주장 연습
학생들을 그룹으로 나누고 주어진 주제에 대해 각자의 주장을 작성하도록 안내한다.
학생들은 의견과 근거를 사용하여 자신의 주장을 전개한다.

4. 토론:
학생들은 자신의 주장을 발표하고 다른 학생들과 토론한다.
토론 과정에서 의견을 교환하고 피드백을 주고받으며, 논리적인 전개 방법과 효과적인 전달 방법을 함께 학습한다.

5. 정리:
주장을 전개하는 논리적인 방법과 효과적인 전달 방법을 학생들과 공유한다.
학생들은 주장을 전개하는 방법을 스스로 정리하고 공유한다.
학생들은 서로의 주장을 듣고 토론하며 개선점을 찾는다.

ChatGPT의 경우 사용하는 프롬프트에 따라서 다양한 결과를 만들어 냅니다. 위에서 출력된 교수학습과정안을 "표 형태로 정리해주세요."라는 프롬프트를 사용한다면 표 형태의 결과를 얻을 수 있을 것입니다.

주요활동을 변경한 교수학습자료 만들기

ChatGPT와 함께 만든 교수학습과정안을 검토한 후, 주요활동을 사용자가 의도하는 형태로 변경해 봅시다.(이번 수업 설계 과정에서는 "말하기" 활동을 "쓰기" 활동으로 변경하니, 쓰기 활동과 관련된 표현으로 변경된 것을 확인할 수 있습니다.)

질문 | 현재 교수학습과정안은 "말하기" 활동 중심입니다. "쓰기" 활동 중심의 교수학습과정안을 만들어 주세요.

 | 수업: 주장하기 – 의견 표현과 주장을 통한 소통 (쓰기 활동 중심)

1. 도입:
– 학생들에게 "주장하기" 주제에 대해 간단히 소개한다.
– 학생들에게 주장의 개념과 중요성을 설명한다.

2. 전개:
1) 주장의 요소 이해
  – 학생들에게 의견과 근거의 개념을 설명한다.
  – 의견과 근거의 차이를 이해시킨다.
2) 주장을 위한 글쓰기 기법 소개
  – 학생들에게 주장을 효과적으로 표현할 수 있는 글쓰기 기법을 소개한다.
  – 예를 들어, 주장을 명확하게 제시하고, 근거를 구체적으로 제시하는 방법을 알려준다.
3) 주제와 관련된 예시 제시
  – 학생들에게 주제와 관련된 예시를 제시하고 주장을 작성할 수 있도록 안내한다.
4) 주장 작성 연습
  – 학생들은 각자의 주장을 작성한다.
  – 주장을 표현하기 위해 쓰기 기법을 활용하도록 유도한다.

3. 피드백과 수정:
  – 학생들은 서로의 주장을 읽고 피드백을 주고받는 시간을 갖는다.
  – 주장을 수정하고 개선하는 방법에 대해 학생들과 함께 논의한다.

4. 최종 작성과 발표:
  – 학생들은 최종적으로 주장을 작성한다.
  – 작성한 주장을 발표하고 서로의 주장을 듣고 토론한다.

5. 정리:
  – 주장을 효과적으로 쓰기 위한 기법과 전달 방법을 학생들과 공유한다.
  – 학생들은 주장을 쓰기 위한 기법을 스스로 정리하고 적용한다.
  – 학생들은 서로의 주장을 읽고 피드백을 주고받으며 개선점을 찾는다.

"주장을 위한 글쓰기 기법 소개"에서 학생들이 자신의 의견을 제시하는 방법에 대한 지도가 필요합니다. 여기서 ChatGPT가 "기법"이라는 용어를 이해하고 있는지 확인이 필요합니다. ChatGPT에게 기법의 의미를 확인해 보니, "기법은 특정 목적을 달성하기 위해 사용되는 방법, 절차, 기술 등을 가리킵니다. 주장을 위한 글쓰기 기법은 주장을 효과적으로 전개하고 근거를 제시하기 위해 사용되는 다양한 방법과 기술들을 의미합니다."라고 기법의 의미를 이해하고 있습니다. 그렇다면, ChatGPT에게 주장을 위한 글쓰기 기법으로 무엇이 있는지 추천을 부탁하였습니다. 그리고 ChatGPT가 제시한 결과 중 "근거와 사례 제시"가 학습목표 달성에 어울리는 기법으로 판단하고, 선택하였습니다.

> **근거와 사례 제시:** 주장을 뒷받침하기 위해 근거와 사례를 제시합니다. 근거는 신뢰할 수 있는 정보, 연구 결과, 전문가의 의견 등을 활용하여 주장을 논리적으로 뒷받침합니다. 사례는 실제 사례나 경험을 들어 자신의 주장을 강화시킵니다.

학급회의 활동 중심 수업 설계하기

초등학교 4학년 국어교과의 학습회의 절차는 개회, 주제선정, 주제토의, 표결, 폐회 순으로 제시되어 있습니다. 이 부분을 사용자가 의도하는 수업 주제에 맞게 변경하면 됩니다.

질문 | 학급 회의의 절차는 개회, 주제선정, 주제토의, 표결, 결과발표, 폐회 순으로 이루어집니다. 초등학교 학생들의 학교생활과 연계된 회의 주제를 5개 만들어 주세요.

 | 학교 교통 안전에 대한 개선 방안 모색
급식 메뉴 다양화를 위한 의견 수렴
도서관 책 추천 목록 작성 및 구매 의견 조사
학교 환경 개선을 위한 아이디어 제안
새로운 교내 활동 및 행사 아이디어 도출

"학교 교통 안전을 넣은 이유는 무엇인가요?"를 추가로 질문하여 ChatGPT가 학교 교통 안전에 대한 개선 방안 모색을 첫 주제로 선정한 이유를 알아볼 수 있습니다. 또는 5가지 주제를 중요도 순서도 선정하는 질문을 추가할 수 있을 것입니다.

> 학생들이 등·하교시 자동차를 이용하는 미국의 문화를 반영한 주제인지, 아니면 실제 교통안전사고가 많아서 제시한 내용인지 확인해 볼 필요가 있습니다.

질문 | "급식 메뉴 다양화를 위한 의견 수렴"을 주제로 학급회의를 하려고 합니다. 학생들이 회의에 참여하여 주장하는 방법을 안내하는 교수학습과정안을 만들어 봅시다.

 | 교수학습과정안: "급식 메뉴 다양화를 위한 의견 수렴"

1. 도입:

    1) 학급 회의의 목적과 중요성 설명 (5분)

    학급 회의를 통해 학생들의 의견을 수렴하고 급식 메뉴를 다양화하는데 기여할 수 있음을 강조합니다.

    2) 회의 주제 소개 (5분)

    "급식 메뉴 다양화를 위한 의견 수렴"이라는 주제를 소개하고, 왜 다양한 의견이 필요한지 설명합니다.

2. 전개:

    1) 주장에 대한 이해와 예시 설명 (10분)

    – 주장의 개념과 주장에 필요한 의견과 근거의 중요성을 간단하게 설명합니다.

    – "급식 메뉴를 다양화해야 한다"라는 주장을 예시로 들어 설명합니다.

3. 그룹 나누기 (5분)

    – 학생들을 작은 그룹으로 나누고, 각 그룹에 주어진 주제에 대해 자신의 주장을 작성하도록 안내합니다.

4. 주장 작성 및 토론 (15분)

    – 학생들은 각자의 주장을 작성하고, 그룹 내에서 서로 의견을 나누고 토론합니다.

    – 토론 과정에서 서로의 주장을 듣고 존중하며, 추가적인 의견과 근거를 제시하도록 유도합니다.

정리:

5. 주장 발표 및 결론 도출 (10분)

    – 각 그룹은 자신들의 주장을 발표하고 다른 그룹의 주장에 대한 의견을 나눕니다.

    – 학생들은 서로의 주장을 듣고 피드백을 주고받으며 학습을 이룹니다.

6. 평가 (5분)

지금까지 ChatGPT와 함께 토의수업과 관련 교수학습과정안을 설계하였습니다. 새로운 학습 주제를 반영하면 맞춤형 교수학습과정안을 생성합니다.

질문 | 사회자의 역할은 회의 절차를 안내하고, 말할 기회를 골고루 준다. 회의 참여자는 의견을 발표하고, 다른 사람의 의견을 주의 깊게 듣는다. 기록자는 회의 날짜, 시간, 장소를 기록하며, 회의 내용을 기록한다. 학급회의 참여자의 역할을 안내한 것입니다. 학급회의 역할을 반영한 교수학습과정안을 만들어 봅시다.

| 교수학습과정안: "급식 메뉴 다양화를 위한 학급회의"

도입:

1. 학급회의의 목적과 중요성 설명 (5분)

   – 학급회의를 통해 학생들이 급식 메뉴에 대한 의견을 발표하고 공유함으로써 학급의 목소리를 표현할 수 있는 기회를 제공함을 설명합니다.

2. 회의 참여자의 역할 설명 (5분)

   – 사회자, 회의 참여자, 기록자의 역할을 소개하고 각자의 역할을 명확히 이해해야 함을 강조합니다.

전개:

3. 회의 절차 안내 (5분)

   – 개회, 주제선정, 주제토의, 표결, 결과발표의 각 단계에 대해 간단히 설명합니다.

4. 그룹 나누기 (5분)

   – 학생들을 작은 그룹으로 나누어 학급회의 시뮬레이션을 진행합니다.

5. 주제 선정과 의견 발표 (10분)

   – 각 그룹은 회의 주제인 "급식 메뉴 다양화를 위한 의견 수렴"에 대해 의견을 발표합니다.
   – 사회자는 참여자들에게 말 할 기회를 골고루 주고, 주의 깊게 듣는 태도를 강조합니다.

토론과 결론:

6. 주제토의와 토론 (10분)

   – 각 그룹의 주장과 의견을 서로 공유하고 토론합니다.
   – 사회자는 토론에 참여하면서 의견의 다양성을 존중하고 토론의 진행을 원활하게 조절합니다.

7. 표결과 결과발표 (5분)

   – 각 그룹은 토론을 통해 도출된 의견을 토대로 표결을 진행하고 결과를 발표합니다.

정리:

8. 회의 내용 기록 (5분)

   – 기록자는 회의 날짜, 시간, 장소를 기록하고 회의 내용을 정확히 기록합니다.

9. 회의 평가와 피드백 (5분)

   – 학급회의 참여자들은 회의 과정과 결과를 평가하고, 피드백을 주고 피드백을 주고받습니다.

10. 수업 마무리 (5분)

   – 학급회의의 중요성과 참여자들의 노력에 대한 감사의 마음을 전하며 수업을 마무리합니다.

ChatGPT를 활용하여 실제 사례를 찾을 경우, 있음직한 사례를 만들어 내는 중대한 문제가 있습니다. 이것은 환각의 예입니다. 그래서 ChatGPT를 효과적으로 활용하는 방법은 사실을 질문해서 찾는 것보다는 새로운 내용으로 "창작"하는 것입니다.

수업의 동기유발에 사용하는 자료가 필요합니다. 회의 참여자의 역할을 설명한 스토리텔링 자료를 만들고, 동물의 왕을 뽑는 이야기를 만들어 주세요.

[동물의 왕을 뽑는 이야기]

옛날 옛날 어느 숲에는 다양한 동물들이 살고 있었습니다. 숲에는 사자, 호랑이, 곰, 원숭이, 고양이, 토끼, 새 등 다양한 동물 친구들이 살고 있었죠. 하지만 숲 속에서는 누가 진정한 동물의 왕이 될 것인지에 대한 논쟁이 끊이지 않았습니다.

한 번 숲에서 큰 모임이 열렸어요. 모든 동물들이 모여 동물의 왕을 뽑기로 결정했습니다. 동물들은 각자의 의견을 주장하며 왜 자신이 동물의 왕이 될 자격이 있는지 말해야 했습니다.

첫 번째로 사자가 일어났어요. 사자는 자신이 가장 힘이 센 동물이라고 주장했어요. 그는 맹수의 왕이어야 한다고 생각했습니다. 하지만 다른 동물들은 사자가 힘이 센 것은 알지만 숲 속에서는 힘이 중요한 것만은 아니라고 이야기했어요.

그리고 호랑이가 말했어요. 호랑이는 빠른 속도와 예리한 능력으로 동물의 왕이 되어야 한다고 주장했습니다. 그러나 다른 동물들은 호랑이가 빠르다는 것은 알지만 동물의 왕이 되기 위해서는 다른 더 중요한 덕목도 필요하다고 말했어요.

그리고 곰이 일어나 말했어요. 곰은 강한 힘과 더불어 지혜와 온순함이 필요하다고 말했습니다. 그러나 다른 동물들은 곰이 강한 것은 알지만 숲의 왕이 되기 위해서는 다른 더 많은 덕목이 필요하다고 이야기했어요.

이렇게 동물들은 각자의 의견을 주장하고 토론을 하면서 서로를 이해하고 존중하는 중요성을 배우게 되었어요. 그리고 숲의 모든 동물들은 함께 협력하며 숲을 지키고 돌보는 것이 진정한 동물의 왕이 되는 비결이라는 것을 깨달았답니다.

ChatGPT에게 질문을 수정할 때마다 대답을 조금씩 변경하여 출력합니다.

동물의 의견을 뒷받침하는 근거를 2개씩 더 추가해 주세요. 방금 전에 이야기했던 날개를 가진 새의 장점도 포함시켜 주세요.

새:
근거 1: 새는 날개를 가지고 있어 숲의 다양한 지역을 자유롭게 탐험할 수 있습니다. 그렇기 때문에 숲의 왕으로서 다양한 정보와 지식을 얻어 숲의 동물들에게 전달할 수 있을 것입니다.
근거 2: 새는 높은 시야와 민첩한 움직임으로 숲의 상황을 파악하고 위험을 예측할 수 있습니다. 이를 통해 숲의 왕으로서 다른 동물들에게 안전과 보호를 제공할 수 있을 것입니다.

이번 질문에 새의 이야기를 넣은 이유는, ChatGPT가 생성한 결과물 중에 "새"와 관련된 예시를 출력한 경우가 있습니다. 하지만 반복된 질문과정 중에서 "새"에 대한 내용이 빠져있습니다. 이 부분을 추가하기 위한 과정입니다.

ChatGPT의 유창성을 활용한다면, 수업의 동기유발에 사용할 수 있는 많은 이야기를 만들어 낼 수 있을 것입니다.

질문 | 동물의 왕을 뽑는 이야기를 다시 만들어 주세요.

 어느 날, 숲의 동물들은 숲을 지배할 왕을 뽑기로 결정했습니다. 모두가 공평한 기회를 가지고 주장할 수 있도록 회의를 열었습니다. 사회자는 회의를 주도하며 각 동물들에게 말할 기회를 주었습니다.

첫 번째로 주목받은 동물은 사자였습니다. 사자는 숲의 왕으로서 자신의 힘과 지도력으로 동물들을 안전하게 이끌 수 있다고 주장했습니다. 그는 동물들 사이의 갈등을 조정하고 숲을 효과적으로 관리할 자신감을 보였습니다.

다음으로 주목받은 동물은 호랑이였습니다. 호랑이는 민첩성과 용맹함을 바탕으로 숲의 왕으로서 위험한 상황에서 동물들을 보호하고 숲을 지킬 수 있다고 주장했습니다. 그의 빠른 움직임과 예리한 눈치는 숲의 동물들을 안전하게 지켜줄 것을 약속했습니다.

세 번째 주목은 곰이 받았습니다. 곰은 강한 힘과 지혜로 알려져 있었고, 그는 숲의 왕으로서 동물들을 강력하게 보호할 수 있다고 주장했습니다. 동물들 사이의 갈등을 조정하고 숲의 평화를 유지할 능력을 갖추고 있었습니다.

마지막으로 새가 주목받았습니다. 새는 날개를 가지고 있어 다양한 지역을 탐험하고 숲의 정보를 수집할 수 있었습니다. 그는 숲의 왕으로서 다른 동물들에게 지식과 정보를 전달하고 숲의 상황을 파악하는 데 도움을 줄 수 있다고 주장했습니다.

학교에서 학생과 수업을 할 때, 학생들이 알고 있는 동물과 그 동물의 장점을 발표하도록 지도할 수 있습니다. 위의 ChatGPT의 답변을 살펴보면 새라는 동물의 장점이 반영된 내용이 만들어졌습니다. 따라서 학생들이 발표한 동물의 장점 이야기를 ChatGPT에게 추가하여 새로운 교수학습자료를 만들 수 있습니다.

1. 사자가 왜 숲의 왕으로서 적합한 주장을 했을까요? 어떤 특징이 그를 숲의 왕으로 만들 수 있을까요?
2. 호랑이가 왜 숲의 왕으로서 적합한 주장을 했을까요? 어떤 강점이 그를 다른 동물들과 구분짓게 만들었나요?
3. 곰이 왜 숲의 왕으로서 적합한 주장을 했을까요? 그의 주장을 뒷받침하는 어떤 근거가 있었을까요?
4. 새가 왜 숲의 왕으로서 적합한 주장을 했을까요? 그가 가진 날개를 어떻게 활용하여 숲을 관리하고 다른 동물들에게 도움을 줄 수 있을까요?
5. 각 동물의 주장을 듣고 나서, 당신은 어떤 동물을 숲의 왕으로 선택할 것인가요? 그 이유는 무엇인가요? 의견을 주장할 때 어떤 근거를 사용할 것인가요?

다섯 번째 질문은 실제 학생들에게 사용해도 괜찮은 질문을 만들었습니다. ChatGPT와의 상호작용을 통해서 양질의 발문을 만들어 낼 수 있습니다.

다음으로 사용자의 의도가 반영된 형태의 발문을 변경할 수도 있습니다.

질문 | 나는 질문이 단순 명료해야 한다고 생각합니다. "호랑이의 의견은 무엇인가요?", "호랑이가 의견을 뒷받침하는 근거는 무엇인가요?" 다른 동물에 관한 질문도 만들어 주세요.

 1. 호랑이의 의견은 무엇인가요? 왜 그는 숲의 왕이 되어야 한다고 주장했나요?
2. 호랑이가 의견을 뒷받침하는 근거는 무엇인가요? 어떤 특징이나 능력을 가지고 있어서 숲의 왕이 될 자격이 있다고 주장할 수 있을까요?
3. 사자의 의견은 무엇인가요? 왜 그는 숲의 왕이 되어야 한다고 주장했나요?
4. 사자가 의견을 뒷받침하는 근거는 무엇인가요? 어떤 특징이나 능력을 가지고 있어서 숲의 왕이 될 자격이 있다고 주장할 수 있을까요?

ChatGPT의 경우 문제를 만들기와 함께 그 문제에 대한 대답도 만들어 낼 수 있습니다.

질문 | "호랑이의 의견은 무엇인가요? 왜 그는 숲의 왕이 되어야 한다고 주장했나요?"의 예시 답을 만들어 주세요.

 "호랑이의 의견은 숲의 왕이 되어야 한다는 것입니다. 그는 숲에서 가장 강하고 빠르며 용맹한 동물이기 때문에 왕이 되어야 한다고 주장합니다. 호랑이는 강력한 능력과 뛰어난 사냥 실력을 갖고 있어서 숲의 다른 동물들을 보호할 수 있고, 숲을 안전하게 유지할 수 있다는 근거를 제시합니다. 또한 호랑이는 지성과 통찰력을 가지고 있어 숲의 여러 문제를 해결할 수 있다고 주장합니다. 그는 숲의 왕으로서 모든 동물들을 지지하고 돌보며, 친구들과 함께 조화롭게 지낼 수 있는 리더십을 가지고 있다는 근거를 제시합니다."

수업 평가문제 만들기

질문 | 학생들의 수업목표 달성을 확인하기 위한 평가 문항을 만들려고 합니다. 이야기에서 의견과 뒷받침하는 근거를 찾을 수 있는 평가 문항을 만들어 주세요.

 | 1. 주어진 이야기에서 각 동물들이 주장한 의견을 찾아내세요.

2. 각 동물의 의견을 뒷받침하는 근거를 찾아내세요.

3. 주어진 주제에 대해 자신의 의견과 그에 대한 근거를 작성해 보세요.

4. 다른 학생들의 의견을 주의깊게 듣고 이들의 주장을 뒷받침하는 근거를 분석해 보세요.

5. 주어진 주제에 대해 토론을 진행하면서 자신의 의견과 그에 대한 근거를 적절하게 제시해 보세요.

6. 자신의 의견을 명확하고 효과적으로 글로 표현하여 다른 사람들에게 전달해 보세요.

7. 타인의 의견에 대해 존중하고 적절하게 대응하는 모습을 보여주세요.

new ChatGPT에서 만든 교수학습과정안 비교하기

질문 | – 과목: 국어

– 대상: 한국 초등 4학년 학생

– 토의 주제 : 친구들과 사이좋게 지내자

– 학습 목표: 절차와 규칙을 지키며 회의에 참여할 수 있다.

– 수업 시간: 40분(1차시)

위 수업에 해당하는 지도안을 작성해 주세요.

 | 수업: 친구들과 사이좋게 지내자 – 회의에 참여하기

1. 학습 목표:

– 학생들은 회의에 참여하는 절차와 규칙을 이해하고 지킵니다.

– 학생들은 회의에서 의견을 적극적으로 표현하고 다른 의견에 대해 존중합니다.

– 학생들은 회의를 통해 소통과 협력의 중요성을 이해하고 발전시킵니다.

2. 도입:

– 학생들에게 "친구들과 사이좋게 지내는 것의 중요성"을 간단히 설명합니다.

– 학생들에게 회의에 참여하는 것의 의미와 중요성을 설명합니다.

3. 전개:

　1) 회의 참여의 개념과 중요성 이해

　　– 학생들에게 회의 참여의 의미와 회의에서 자신의 의견을 표현하는 중요성을 설명합니다.

　　– 학생들에게 절차와 규칙을 지키며 회의에 참여하는 것의 중요성을 강조합니다.

　2) 회의 절차와 역할 설명

　　– 학생들에게 회의의 기본 절차인 개회, 주제선정, 주제토의, 표결, 결과발표, 폐회를 설명합니다.

　　– 학생들에게 회의 참여자의 역할인 사회자, 의견 발표자, 토의 참여자, 기록자에 대해 설명합니다.

　3) 회의 실습

　　– 학생들을 작은 그룹으로 나누어 회의를 실습합니다.

　　– 각 그룹은 주어진 주제에 대해 의견을 제시하고 토론합니다.

　　– 각 역할을 번갈아 가며 수행하도록 유도합니다.

3. 정리:

　– 회의에서의 의견 표현과 주장의 중요성을 학생들과 함께 공유합니다.

　– 학생들은 회의에서의 참여 방법과 역할을 스스로 정리하고 공유합니다.

　– 학생들은 회의 참여를 통해 소통과 협력의 중요성을 인지하고 능력을 발전시킵니다.

　ChatGPT와 함께 수업을 만드는 과정을 통해서 사용자의 의도가 반영된 교수학습과정안이 만들어 집니다. "2. 회의 절차와 역할 설명"이라는 활동이 포함된 것으로 볼 때, 다른 토의 주제를 제시하여도, ChatGPT는 회의의 절차와 회의 참여자의 역할에 대한 내용을 포함시킬 것입니다.

질문 |　new ChatGPT을 만들고 동일한 질문을 한 경우입니다.

 |　수업 제목: 친구들과 사이좋게 지내자
수업 목표: 절차와 규칙을 지키며 회의에 참여할 수 있다.
수업 시간: 40분 (1차시)

수업 계획:

1. 학습 목표 설명 (5분)

　– 학생들에게 수업의 목표인 "절차와 규칙을 지키며 회의에 참여하기"를 설명합니다.

　– 친구들과 사이좋게 지내는 것의 중요성을 강조하고, 이를 위한 회의의 중요성을 이해시킵니다.

2. 사전 지식 활성화 (5분)
  – 학생들에게 "친구들과 사이좋게 지내는 방법"에 대해 물어보고 생각을 나누도록 유도합니다.
  – 학생들이 어떤 상황에서 친구들과 갈등을 겪었을 때 어떻게 해결할 수 있을지에 대해 토론합니다.

3. 회의의 의미 설명 (5분)
  – 학생들에게 회의의 정의와 목적에 대해 설명합니다.
  – 회의를 통해 서로 의견을 나누고, 결정을 내릴 수 있다는 점을 강조합니다.

4. 회의 절차 설명 (10분)
  – 회의를 진행하기 전에 필요한 절차와 규칙에 대해 설명합니다.
  – 회의를 주도하는 사람의 역할, 참가자들이 서로 존중하며 의견을 나누는 방법 등을 설명합니다.

5. 토의 주제 설정 (5분)
  – "친구들과 사이좋게 지내는 방법"을 토의 주제로 설정합니다.
  – 학생들은 자신의 생각과 경험을 바탕으로 의견을 제시하도록 유도합니다.

6. 회의 진행 (10분)
  – 학생들이 회의 절차를 따라 토의를 진행합니다.
  – 주도자 역할을 맡은 학생이 의견을 정리하고, 다른 학생들의 의견을 듣고 요약합니다.
  – 학생들은 서로 존중하며 의견을 나누고, 합의점을 찾도록 노력합니다.

7. 회의 결과 도출 및 평가 (5분)
  – 회의 결과를 도출하고, 학생들의 참여와 의견 제시를 평가합니다.
  – 친구들과 사이좋게 지낼 수 있는 방법에 대한 합의점과 다양한 의견을 공유합니다.

8. 수업 마무리 (5분)
  – 학생들의 참여와 노력에 대해 칭찬하고, 회의를 통해 얻은 교훈과 중요성을 강조합니다.
  – 학생들에게 친구들과 사이좋게 지내는 것이 중요하며, 회의를 통해 협력과 소통의 중요성을 배웠음을 이야기합니다.

두 지도안 모두 토의과정이 비슷해 보이지만, 프롬프트를 구체적으로 작성한 ChatGPT의 경우 주제 선정, 토의 및 토론, 투표, 회의 참여자 등의 단어가 지도안에 포함되어 있습니다.

ChatGPT는 새로운 주제에 대한 수업 설계를 요청한다면, 지금까지의 정보가 반영되어 있음을 간접적으로 확인할 수 있습니다. 하지만, new ChatGPT의 경우에는 질문을 할 때마다 지도안의 방향이 달라집니다.

이를 통해서 ChatGPT와 함께 수업을 설계한 연관된 주제로 교수학습과정안을 만든다면, 사용자의 의도가 반영된 교수학습과정안 초안을 만들 수 있습니다. 그리고 초안을 바탕으로 실제 수업에 사용할 수 있는 교수학습과정안을 정교하게 만들 수 있습니다. 그리고 ChatGPT를 활용하면 주제와 관련있는 다양한 교수·학습자료 생성까지 도움을 받을 수 있습니다.

04

ChatGPT와 함께 만드는
사회 수업 디자인

ChatGPT를 활용해 만드는

사회과 교수-학습과정안

다음은 ChatGPT와 함께 만든 사회과 교수학습과정안 사례입니다.

교 과	사회	학년 학기	6학년 1학기
단원명	2. 우리나라의 경제 발전		
성취기준	[6사06-01] 다양한 경제활동 사례를 통해 가계와 기업의 경제적 역할을 파악하고, 가계와 기업을 위한 합리적인 선택을 모색한다.		
학습 목표	가계의 합리적 선택 방법을 이해하고 생활 속 문제에 이를 적용하여 선택할 수 있다.		
교수학습 자료	경제 게임 사이트, 딜레마 상황 예시, Padlet, 노트북	교수학습 모형	사례 중심 학습모형

학습 단계	학습 과정	교수 학습 과정	시간 (분)	자료(☞) 및 유의점(※)
도입	동기유발	• 기회의 비용 이해하기 – 기회비용 게임을 통해서 기회의 비용에 대해 알아봅시다. – ChatGPT가 만든 게임을 활용하여 다양한 상황 속 기회의 비용이 어떻게 적용되는지 알아봅시다.	10'	☞ 연관사이트 https://www.purposegames.com/game/opportunity-cost-game ☞ 노트북
	학습목표 제시	• 학습 목표 제시 – 가계의 합리적 선택 방법을 이해하고 생활 속 문제에 이를 적용하여 선택할 수 있다. • 활동안내 활동1. 다양한 에피소드 속 합리적 선택 기준 탐색하기 활동2. 자신에게 맞는 기준 찾기		
전개	활동	• 활동1) 다양한 에피소드 속 합리적 선택 기준 탐색하기 – 컴퓨터 구매하기 : 가격, 성능, 크기, 무게에 따른 기회비용을 계산하고 합리적인 선택 방법을 탐색합니다. – 여름휴가 계획하기 : 여행지, 기간, 비용, 가족과 함께 가는 것 등에 따른 기회비용을 계산하고 합리적인 선택 방법을 탐색합니다. – 방과후 활동 선택하기 : 활동내용, 회비, 시간, 동아리원 등에 따른 기회비용을 계산하고 합리적인 선택 방법을 탐색합니다.	10'	☞ 합리적 선택 기준을 탐색하는 여러 가지 에피소드 ※ 사람마다 가치관이 다르므로, 같은 상황에서도 사람마다 기회비용이 다를 수 있음을 강조한다.
		• 활동2) 자신에게 맞는 기준 찾기 – 온라인 토의하기 : 각 에피소드에 맞게 게시물을 작성하고 공유하여 모든 학생이 접근할 수 있도록 합니다. – 학생은 에피소드 별로 자신이 생각하는 기회비용을 설명하고 어떤 기준에서 선택을 했는지 작성하여 공유합니다. – 교사는 학생들의 선택에 대한 장단점을 분석하고 각각의 선택이 어떤 결과를 가져올 수 있는지 댓글로 피드백을 제공합니다.	10'	☞ Pedlet 플랫폼, 노트북 ※ 토의를 통해 자신의 가치관에 맞는 합리적 선택기준을 찾을 수 있도록 한다.

정리	정리 및 평가하기	• 정리 및 평가하기 – 2가지 상황 속에서 여러 가지 기회비용을 계산하고 자신에게 가장 합리적인 선택을 합니다. – 각각의 기회비용을 찾고 이에 대한 합리적인 선택 방법을 자신의 가치관에 비춰 설명합니다.	10'	☞ 평가지(구글 설문 활용) ※ChatGPT를 활용하여 학생 답변에 대한 피드백을 제공한다.

평가 내용	구분	평가기준	평가방법
합리적 선택의 이해	잘함	학생이 기회비용에 대해 잘 이해하고, 선택의 이유를 명확하게 설명함.	관찰 평가, 포트폴리오 평가
	보통	학생이 기회비용에 대한 기본적인 이해를 보이며, 선택의 이유를 어느 정도 설명함.	
	노력 요함	학생이 기회비용에 대한 이해가 부족하며, 선택의 이유를 명확하게 설명하지 못함.	
다양한 요소 고려	잘함	학생이 선택을 할 때 네 가지 이상의 요소를 고려함.	관찰 평가, 포트폴리오 평가
	보통	학생이 선택을 할 때 세 가지 요소를 고려함.	
	노력 요함	학생이 선택을 할 때 하나 또는 두 가지 요소만을 고려함.	
기회 비용 분석	잘함	한 항목에 대한 상대적인 기회비용을 정확히 분석함.	관찰 평가, 포트폴리오 평가
	보통	학생이 기회비용을 어느 정도 분석함. 그러나 분석이 완전하지 않음.	
	노력 요함	학생이 기회비용을 분석하지 못하거나, 분석이 부정확함.	

ChatGPT와 함께 만드는
사회 수업

    사회 수업을 준비하는 과정에서는 ChatGPT의 플러그인을 함께 활용하여 수업을 설계해 봅시다. WebPilot을 활용하여 실제 사이트를 검색해보며 Tutory를 활용하여 수업 단계를 설정하고 필요한 발문을 얻을 수 있었습니다.

플러그인 사용하기

GPT-4부터 플러그인을 활용할 수 있습니다. (2023년 7월 기준 베타버전으로 안정적으로 작동하지 않을 수 있습니다.)	플러그인 스토어에서 원하는 플러그인을 선택하여 다운받을 수 있습니다.

ChatGPT와 대화를 시작하기 전 사용하고자 하는 플러그인을 선택해 두어야 합니다. 처음 선택한 플러그인은 대화 도중에 변경할 수 없습니다.

하나의 채팅에서 사용할 수 있는 플러그인은 최대 3개까지입니다. 추가로 사용하고 싶은 플러그인이 있으면 새로운 채팅을 열어서 적용해야 합니다.

기본적으로 사용하고 싶은 플러그인을 대화 시작 전 설정해 둘 수 있지만 입력하는 프롬프트에 따라서 ChatGPT가 플러그인을 사용할지 사용하지 않을지 결정하게 됩니다. (사용자가 플러그인을 끄고 켜는 것이 아니라 입력하는 프롬프트에 따라 자동으로 활성화 여부가 결정됩니다.)

Tutory 플러그인 활용

학습하고자 하는 특정 주제에 대해 학습하기 위한 커리큘럼과 각 단계별 발문을 계속 제시해 줍니다. 사용자의 대답에 맞추어 추가 설명을 해 주고 그 다음 단계의 질문을 던져 줌으로써 채팅 형식을 바탕으로 학습이 이루어질 수 있도록 도와줍니다. "~에 대해 배우고 싶어요."로 시작하면 Tutory 플러그인이 작동하며 대화가 이어집니다. ("~에 대해 배우고 싶어요." 이외의 다른 프롬프트에도 반응하며 사용자의 프롬프트에 따른 내용을 Tutory 플러그인의 커리큘럼 안에 포함시켰습니다.)

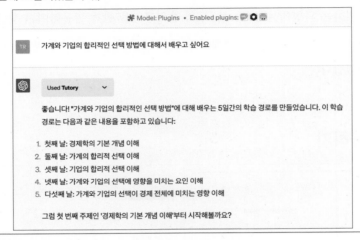

WebPilot 플러그인 활용

대화 중간에 플러그인을 바꿀 수 없습니다. 플러그인 설정을 해 놓지 않으면, WebPilot을 사용할 수 없기 때문에 new ChatGPT 대화창을 열고 플러그인을 설정해야 합니다.

WebPilot은 검색을 통해서 실제 존재하는 웹사이트를 찾고 각 웹사이트의 링크를 제공해 줍니다.

WebPilot을 플러그인으로 설정해 두고 인터넷 사이트를 검색을 요청하면 자동으로 활성화되면서 웹사이트 링크와 간략한 설명을 제공합니다.

성취 수준에 맞는 커리큘럼 구상하기

첫 프롬프트로 다음과 같이 입력하니 자동으로 Tutory 플러그인이 활성화되었습니다. Tutory 플러그인이 활성화되면서 프롬프트에 입력했던 내용을 기반으로 학습하기 위한 커리큘럼을 구성하였습니다. 프롬프트에 제시된 내용에 맞추어 8차시 커리큘럼을 구성하였으며 2015 개정 교육과정을 중심으로 5가지 주제로 나누었습니다.

질문 | 초등학교 사회 과목에서 경제 관련 내용을 가르치려고 합니다.

1. 2015 개정 교육과정에서는 두 가지 성취기준을 사용한다.

[6사06-01] 다양한 경제 활동 사례를 통해 가계와 기업의 경제적 역할을 파악하고, 가계와 기업을 위한 합리적인 선택을 모색한다.

[6사06-02] 다양한 경제 활동의 사례를 통해 자유 경쟁과 경제 정의의 조화를 추구하는 한국 경제 체제의 특징을 설명한다. 이러한 내용을 바탕으로 총 8차시의 수업안을 계획해 주세요.

 UsedTutory

UNVERIFIED

"topic": "Elementary School Social Studies: Economics",

"duration": "8 sessions",

"summary": "This learning path is designed to teach elementary school students about economics, focusing on the roles of households and businesses, rational choices, the market, the characteristics of the Korean economy, and fair economic activities. The course is based on the 2015 revised curriculum and is divided into five main topics.",

1차시: 경제학 소개와 가계 및 기업의 경제적 역할

경제학의 기본 개념 소개

가계와 기업의 경제적 역할에 대한 이해

2차시: 가계와 기업의 합리적인 선택 방법

합리적 선택이란 무엇인지, 그 중요성은 무엇인지 학습

가계와 기업이 어떻게 합리적인 선택을 하는지에 대한 이해

3차시: 가계와 기업이 만나는 곳, 시장

시장의 개념과 기능에 대한 이해

시장에서 가계와 기업이 어떻게 상호작용하는지 학습

4차시: 복습 및 실습: 역할, 선택, 그리고 시장

이전에 배운 내용을 복습하고 이해도를 확인

실제 사례를 통해 학습한 내용을 적용해보는 실습 시간

5차시: 한국 경제의 특징, 자유와 경쟁

한국 경제의 특징과 그 중 자유와 경쟁의 의미에 대한 학습

자유 경쟁이 경제에 미치는 영향에 대한 이해

6차시: 공정한 경제 활동

공정한 경제 활동이란 무엇인지, 그 중요성은 무엇인지 학습

공정한 경제 활동을 위한 방법과 원칙에 대한 이해

7차시: 복습 및 실습: 한국 경제와 공정한 활동

이전에 배운 내용을 복습하고 이해도를 확인

실제 사례를 통해 학습한 내용을 적용해보는 실습 시간

8차시: 최종 복습 및 평가

전체 내용에 대한 복습

학습한 내용을 바탕으로 한 평가

수업에 적용할 수 있는 경제 원리 분석하기

질문 | "2차시: 가계와 기업의 합리적인 선택 방법 합리적 선택이란 무엇인지, 그 중요성은 무엇인지 학습 가계와 기업이 어떻게 합리적인 선택을 하는지에 대한 이해"의 수업을 진행하려고 합니다.

1. 수업 적용할 수 있는 경제 원리를 추천해 주세요.

2. 수업을 '도입-전개-정리'의 단계로 나누어 계획을 세워 주세요.

3. '도입-전개-정리'에 들어갈 수 있는 활동을 추천해 주세요.

 | 적용할 수 있는 경제 원리: "기회비용 원리"

기회비용 원리는 선택할 때 어떤 것을 포기해야 하는지를 고려하는 경제학의 기본 원리입니다. 이 원리는 가계와 기업이 합리적인 선택을 하는 데 중요한 역할을 합니다.

수업 계획:

1. 도입: 학생들에게 기회비용 원리를 간단히 소개하고, 이 원리가 왜 중요한지 설명합니다. 그런 다음 학생들에게 이 원리가 어떻게 가계와 기업의 합리적인 선택에 영향을 미치는지 예를 들어 설명합니다.

2. 전개: 학생들에게 다양한 시나리오를 제시하고, 그들이 기회비용 원리를 적용하여 어떤 선택을 해야 할지 결정하도록 합니다. 이 과정에서 학생들은 합리적인 선택이 무엇인지, 그리고 그 선택을 내리는 데 어떤 요소들이 영향을 미치는지 배울 수 있습니다.

3. 정리: 학생들이 전개 단계에서 배운 내용을 바탕으로 기회비용 원리를 복습하고, 이 원리가 어떻게 가계와 기업의 합리적인 선택에 도움이 되는지 다시 한 번 확인합니다.

활동 추천:

1. 도입: 학생들에게 자신들이 매일 하는 선택 중에서 기회비용이 무엇인지 생각해보게 하는 활동을 진행합니다. 예를 들어, 아침에 일찍 일어나서 공부하는 것과 늦잠을 자는 것 중 어떤 선택을 할 것인지, 그리고 그 선택의 기회비용은 무엇인지를 묻습니다.

2. 전개: 학생들에게 가상의 가계나 기업의 역할을 맡게 하고, 주어진 예산과 목표 내에서 합리적인 선택을 해야 하는 시뮬레이션 게임을 진행합니다. 이를 통해 학생들은 기회비용 원리를 실제로 적용해보고, 그 원리가 어떻게 합리적인 선택에 도움이 되는지 경험적으로 이해할 수 있습니다.

3. 정리: 학생들이 시뮬레이션 게임에서 만들었던 선택들을 바탕으로 기회비용 원리를 복습합니다. 학생들은 자신들이 만들었던 선택의 기회비용이 무엇이었는지, 그리고 그것이 자신들의 최종 결정에 어떻게 영향을 미쳤는지를 고민해볼 수 있습니다. 이를 통해 학생들은 기회비용 원리가 실제 생활에서 어떻게 적용되는지, 그리고 그것이 어떻게 합리적인 선택을 돕는지를 더 깊게 이해할 수 있습니다.

질문 | 이 수업에 추가로 적용할 수 있는 경제 원리가 있을까요?

 | 네, 추가로 적용할 수 있는 경제 원리는 "한계효용의 법칙(Law of Diminishing Marginal Utility)"입니다.

한계효용의 법칙은 소비자가 어떤 상품을 소비할 때, 그 상품의 추가적인 소비가 가져오는 만족감이 점점 줄어든다는 원리입니다. 이 원리는 가계가 합리적인 선택을 할 때 중요한 역할을 합니다. 가령, 가계가 어떤 상품을 더 많이 소비해야 할지, 아니면 다른 상품을 소비해야 할지 결정할 때 이 원리를 고려하게 됩니다.

이 원리를 수업에 적용하면, 학생들은 합리적인 선택이란 단순히 '더 많은 것'을 선택하는 것이 아니라, '더 큰 만족감'을 가져다주는 것을 선택하는 것임을 이해할 수 있습니다. 이를 통해 학생들은 경제적 선택이 어떻게 자신들의 만족감에 영향을 미치는지, 그리고 그것이 어떻게 자신들의 일상생활에 적용되는지를 배울 수 있습니다.

도입 단계 준비하기

학생들의 흥미를 끌기 위해 게임을 통해 수업을 시작하려고 합니다. ChatGPT를 통해 게임을 찾거나 만들 수 있습니다.

질문 | '도입–전개–정리'의 단계로 수업 계획:

2차시: 가계와 기업의 합리적인 선택

도입: 합리적 선택이란 무엇인지 설명하고, 기회비용 원리를 간략히 소개합니다.

전개: 가계와 기업이 어떻게 합리적인 선택을 하는지 이해시키는 활동을 진행합니다. 합리적인 선택을 위한 기본 원칙을 소개하고, 이를 실제 사례에 적용해보는 연습을 합니다.

정리: 학생들이 학습한 내용을 복습하고, 합리적인 선택에 대한 이해를 확인하는 퀴즈나 작은 토론을 진행합니다.

이 계획에 따라 수업을 진행하려고 합니다.

도입 단계에서 게임을 통해 수업을 시작하고 싶어요.

1. 검색을 통해 '기회비용의 원리'가 적용된 게임을 찾아주세요.
2. 별도의 회원가입이 없는 사이트여야 합니다.
3. 초등학생의 수준의 게임이어야 합니다.

 | UsedWebPilot

"Opportunity Cost Game"이라는 게임이 있습니다. 이 게임은 학생들이 기회비용 원리를 이해하는 데 도움이 될 수 있습니다.

1. 도입 단계에서는 이 게임을 학생들에게 소개하고, 게임을 통해 학생들이 기회비용 원리를 어떻게 이해할 수 있는지 설명합니다.
2. 전개 단계에서는 학생들이 게임을 직접 해보도록 합니다. 게임을 하면서 학생들은 다양한 선택을 해야 하며, 각 선택에는 기회비용이 따르게 됩니다. 이를 통해 학생들은 기회비용 원리를 실제로 적용해보고, 그 원리가 어떻게 합리적인 선택에 도움이 되는지 경험적으로 이해할 수 있습니다.
3. 정리 단계에서는 학생들이 게임에서 만들었던 선택들을 바탕으로 기회비용 원리를 복습합니다. 학생들은 자신들이 만들었던 선택의 기회비용이 무엇이었는지, 그리고 그것이 자신들의 최종 결정에 어떻게 영향을 미쳤는지를 고민해볼 수 있습니다.

이 게임은 다음 링크에서 찾을 수 있습니다. 별도의 회원가입 없이 바로 게임을 시작할 수 있습니다.

※ 사용자의 프롬프트에 의해 WebPilot 플러그인이 활성화 되었습니다.

Opportunity cost Game

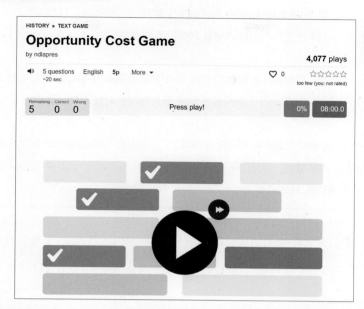

검색을 통해 게임을 찾아달라고 요청하였기 때문에 WebPilot 플러그인이 활성화되어 링크로 자동 연결 되었습니다. 실제로 존재하는 링크인지 확인해 보고 사용자가 직접 플레이해 보는 것을 추천합니다. 플러그인이 활성화되었어도 해당 사이트가 존재는 하지만 게임이 없는 경우도 있고 게임의 난이도가 다소 높은 경우도 있었습니다.

※ Opportunity Cost Game : 5가지 질문에 관한 답변을 고르며 기회비용의 개념을 학습할 수 있습니다. 해외 사이트이기 때문에 학교에서 접속이 가능한 지 한 번 점검해 보시기 바랍니다.

게임과 수업 목표를 연관지어 설명하기 위해 관련성에 대해 물어보았습니다.

질문 | 이 링크의 게임 속에서 학생들이 익힐 수 있는 기회의 비용에 대해서 게임의 내용과 관련지어 설명해 주세요.

 | "Opportunity Cost Game"은 학생들이 기회비용 원리를 이해하는 데 도움이 될 수 있는 간단한 온라인 퀴즈 게임입니다. 이 게임은 5개의 질문으로 구성되어 있으며, 각 질문은 기회비용 원리에 관련된 다양한 시나리오를 제시합니다.

게임을 통해 학생들은 다음과 같은 기회비용에 대한 이해를 높일 수 있습니다.
1. 선택과 포기: 학생들은 각 질문에서 주어진 선택 사항 중 하나를 선택해야 합니다. 이는 학생들에게 선택이 항상 무언가를 포기해야 한다는 기회비용의 개념을 체험하게 합니다.

2. 최선의 선택: 각 질문은 다양한 선택 사항을 제시하므로, 학생들은 그중에서 가장 합리적인 선택을 해야 합니다. 이는 학생들에게 합리적인 선택이란 자신에게 가장 큰 이익을 가져다주는 선택이라는 개념을 이해하게 합니다.

3. 결과와 기회비용: 학생들이 선택한 답변에 따라 게임의 결과가 달라집니다. 이는 학생들에게 선택의 결과가 기회비용에 의해 결정된다는 사실을 보여줍니다.

이 게임은 학생들에게 기회비용 원리를 이해하고, 그 원리를 실제 생활에서 어떻게 적용할 수 있는지를 경험적으로 배울 좋은 기회를 제공합니다. 게임은 이 링크에서 찾을 수 있습니다. 별도의 회원가입 없이 바로 게임을 시작할 수 있습니다.

ChatGPT에게 재차 요청하여 기회비용과 관련된 다른 사이트가 있는지 확인하였습니다. 새롭게 주어진 링크는 실제 링크이지만 초등학생에게는 다소 어려운 부분이 있었습니다.

질문 | 위에 제시한 경제 게임 이외에도 '기회의 비용'을 이해하는 데에 도움이 되는 게임을 검색해서 찾아주세요.

1. 회원가입 없이 사용할 수 있어야 합니다.
2. 초등학생이 이해할 수 있는 게임이어야 합니다.

 |

```
{
  "link":
"https://www.google.com/search?q=economic+games+for+elementary+students+opportunity+cost",
  "user_has_request": true
}
```

"EconEdLink – Opportunity Cost Video and Quiz"라는 리소스가 있습니다. 이 웹사이트는 학생들이 기회비용에 대해 배우고, 이를 테스트하는 Kahoot! 게임을 제공합니다.
이 게임은 학생들이 기회비용이 무엇인지 이해하는 데 도움이 됩니다. 기회비용은 우리가 얻고자 하는 것을 얻기 위해 포기해야 하는 것, 즉 두 번째로 좋은 대안을 의미합니다. 이 게임은 학생들이 비디오에서 논의된 개념을 검토하는 다중 플레이어 퀴즈 게임입니다.
이 게임은 이 링크에서 찾을 수 있습니다. 별도의 회원가입 없이 바로 게임을 시작할 수 있습니다. 이 게임은 학생들이 기회비용 원리를 이해하고, 그 원리를 실제 생활에서 어떻게 적용할 수 있는지를 경험적으로 배울 수 있는 좋은 기회를 제공합니다.

※ Webpilot 플러그인 사용으로 위 코드가 실행되었습니다.

WebPilot 플러그인이 활성화되며 구글에서 '초등학생을 위한 경제 게임 기회비용'의 단어로 검색합니다.

다음은 ChatGPT가 경제 게임과 관련한 웹사이트를 찾아주는 것 이외에도 ChatGPT가 직접 게임을 제작하도록 요청하였습니다.

질문 | 도입 단계에서 게임을 통해 수업을 시작하고 싶어요.

1. 검색을 통해 '기회비용의 원리'가 적용된 게임을 제작해 주세요.
2. 게임을 하는 데에 필요한 도구는 최소한이어야 합니다.
3. 초등학생의 수준의 게임이어야 합니다.

 | "기회비용의 원리"를 이해하는 데 도움이 될 수 있는 간단한 게임을 제안해 드리겠습니다. 이 게임의 이름은 "초콜릿 또는 사탕"입니다.

게임 준비물

• 초콜릿과 사탕 (학생 수에 맞게 준비)

게임 규칙

1. 학생들에게 각각 초콜릿과 사탕을 줍니다.
2. 학생들에게 초콜릿과 사탕 중 하나를 선택하고, 선택하지 않은 것을 반납하라고 지시합니다.
3. 학생들이 선택한 것을 기록합니다.

게임 후 토론

1. 학생들에게 왜 그 선택을 했는지 물어보세요. 그들의 답변은 그들이 어떤 것을 더 가치 있게 생각하는지를 보여줄 것입니다.
2. 그런 다음 학생들에게 그들이 선택하지 않은 것이 그들의 "기회비용"이라는 것을 설명합니다. 즉, 그들이 선택한 것을 얻기 위해 포기한 것입니다.
3. 학생들에게 이것이 경제에서의 "기회비용의 원리"라는 것을 설명합니다. 즉, 한 가지를 선택함으로써 다른 것을 포기해야 한다는 원리입니다.

이 게임은 학생들에게 기회비용의 개념을 이해하는 데 도움이 될 것입니다. 또한, 이 게임은 간단하고, 준비물이 많이 필요하지 않으며, 초등학생들이 쉽게 이해할 수 있습니다.

목표에 적합한 결과물이 생성되는 경우 추가적인 예시를 더 만들어 보았습니다. 기존에 제시했던 형식이 있어 이 형식에 맞는 추가 예시를 제공해 주었습니다.

질문 | "초콜릿 또는 과자?"와 유사한 게임을 만들어 주세요.

1. 기회비용의 원리가 포함되어야 합니다.
2. 최소한의 준비물만 필요하도록 구성해 주세요.
3. 초등학생이 이해할 수 있는 게임이어야 합니다.
4. 게임의 플레이 시간은 5분 이내여야 합니다.

 | 여기 기회비용의 원칙을 통합하고 최소한의 준비가 필요한 "Story Time Choices"라는 게임이 있습니다.

게임 자료

- 두 개의 서로 다른 스토리북(가급적 길이와 복잡성이 비슷함)

게임 규칙

1. 학생들에게 두 권의 책을 보여주고 한 가지 이야기만 들을 시간이 있다고 말합니다.
2. 학생들에게 어떤 이야기를 듣고 싶은지 투표하게 하십시오. 가장 많은 표를 받은 이야기가 여러분이 읽을 이야기입니다.
3. 각 스토리의 투표수를 기록합니다.

게임 후 토론

1. 선택한 이야기를 읽은 후 학생들에게 왜 그 이야기에 투표했는지 물어봅니다. 그들의 대답은 이야기에서 그들이 더 중요하게 여기는 것이 무엇인지를 드러낼 것입니다.
2. 그런 다음 학생들에게 선택하지 않은 이야기가 그들의 "기회비용", 즉 선택한 이야기를 듣기 위해 포기한 것이라고 설명합니다.
3. 이것이 경제학에서 "기회비용"의 원칙이라고 설명합니다. 하나를 선택하려면 다른 것을 포기해야 한다는 생각입니다.

이 게임은 학생들이 재미있고 매력적인 방식으로 기회비용의 개념을 이해하도록 도와줍니다. 최소한의 준비가 필요하고 5분 이내에 완료할 수 있어 초등학생에게 적합합니다.

전개 단계 준비하기

질문 | 이제는 2차시 수업 중 "전개" 단계에 적용할 수 있는 활동을 구상하려고 합니다. 학생의 실생활에서 찾을 수 있는 학습 콘텐츠 6가지를 에피소드 형식으로 만들어 주세요.

1. 가계와 기업을 위해 합리적인 선택을 하는 방법을 배우게 됩니다.
2. '기회비용 원리'에 맞는 에피소드를 만들어 주세요.
3. 초등학생들이 실생활에서 경험할 수 있는 예를 만들어 보세요.
4. 선택의 문제에 초점을 맞춰 주세요.

에피소드 1: 새로운 장난감을 사는 상황
- 학생이 새로운 장난감을 사고 싶어 합니다. 그러나 그들의 용돈은 한 가지만을 살 수 있을 만큼밖에 없습니다. 학생은 자신이 가장 원하는 장난감을 선택하고, 다른 장난감을 포기해야 합니다. 이는 기회비용 원리를 보여줍니다.

에피소드 2: 공부 시간을 결정하는 상황
- 학생은 시험을 앞두고 있습니다. 그들은 공부 시간을 늘리면 더 많은 점수를 얻을 수 있지만, 그렇게 하면 놀이 시간이 줄어들게 됩니다. 학생은 공부와 놀이 사이에서 합리적인 선택을 해야 합니다.

에피소드 3: 가족과의 여행 계획 상황
- 학생의 가족은 여행을 계획하고 있습니다. 그들은 여러 명소 중에서 방문할 곳을 한 곳만 선택할 수 있습니다. 가족은 가장 원하는 명소를 선택하고, 다른 명소를 포기해야 합니다.

에피소드 4: 학교에서의 점심 식사 선택 상황
- 학생은 학교에서 점심을 먹을 때, 여러 메뉴 중에서 하나를 선택해야 합니다. 학생은 가장 좋아하는 메뉴를 선택하고, 다른 메뉴를 포기해야 합니다.

에피소드 5: 방과 후 활동을 선택하는 상황
- 학생은 방과 후에 할 활동을 선택해야 합니다. 그들은 축구를 할 수도 있고, 그림을 그릴 수도 있습니다. 그러나 둘 다 할 수는 없으므로, 학생은 한 가지 활동을 선택하고, 다른 활동을 포기해야 합니다.

에피소드 6: 생일 선물을 선택하는 상황
- 학생의 생일이 다가오고 있습니다. 부모님은 학생에게 원하는 선물을 한 가지만 선택하도록 하였습니다. 학생은 가장 원하는 선물을 선택하고, 다른 선물을 포기해야 합니다.

ChatGPT에게 조건이 다양하게 적용되어야 함을 알려주기 위해 예를 들어주었습니다. 또한 원하는 에피소드를 얻기 위해 조건의 개수, 구체적 상황 등 추가적인 지시사항을 입력해 두었습니다.

질문 | 기회의 비용에 관한 조건이 더 복잡해지도록 만들어 주세요. 예를 들어, 컴퓨터를 사는 경우 가격, 성능, 크기, 무게, 보증 기간 등 다양한 조건이 있을 수 있습니다. 각 조건에 대한 기회의 비용이 모두 다릅니다. 이를 설명하는 에피소드를 만들어 주세요.

1. 기회의 비용에 대한 조건이 4가지 이상 되어야 합니다.
2. 에피소드에 대한 구체적인 상황을 변경해 주세요.
3. 사람마다 기회의 비용이 다를 수 있는 점을 함께 설명해 주세요.
4. 각 에피소드마다 선택에 따른 기회비용이 어떻게 되는지 설명해 주세요.

에피소드 1: 새로운 컴퓨터를 사는 상황
- 학생이 새로운 컴퓨터를 사고 싶어 합니다. 그러나 그들의 예산은 한 대의 컴퓨터만을 살 수 있을 만큼밖에 없습니다. 컴퓨터는 가격, 성능, 크기, 무게, 보증 기간 등 다양한 요소를 고려해야 합니다. 학생은 자신의 필요에 가장 맞는 컴퓨터를 선택하고, 다른 컴퓨터를 포기해야 합니다. 이는 기회비용 원리를 보여줍니다. 선택한 컴퓨터의 성능이 높을수록 가격이 높아지고, 가벼운 무게를 선택하면 성능이 떨어질 수 있습니다. 이러한 선택은 각자의 필요와 가치에 따라 다르게 결정됩니다.

에피소드 2: 여름휴가를 계획하는 상황
- 학생의 가족은 여름휴가를 계획하고 있습니다. 그들은 여러 여행지 중에서 방문할 곳을 한 곳만 선택할 수 있습니다. 각 여행지는 거리, 비용, 관광 명소의 종류, 날씨, 안전성 등 다양한 요소를 고려해야 합니다. 가족은 가장 원하는 여행지를 선택하고, 다른 여행지를 포기해야 합니다. 예를 들어, 멀리 여행을 가면 비용과 시간이 더 들지만 새로운 경험을 할 수 있습니다. 반면, 가까운 곳을 선택하면 비용과 시간을 절약할 수 있지만, 새로운 경험을 얻기 어렵습니다.

에피소드 3: 방과 후 활동을 선택하는 상황
- 학생은 방과 후에 할 활동을 선택해야 합니다. 그들은 축구를 할 수도 있고, 그림을 그릴 수도 있고, 코딩을 배울 수도 있습니다. 그러나 세 가지 모두를 할 수는 없으므로, 학생은 한 가지 활동을 선택하고, 다른 활동을 포기해야 합니다. 각 활동은 재미, 개인적인 흥미, 친구들과의 상호작용, 미래의 직업에 대한 준비 등 다양한 요소를 고려해야 합니다. 예를 들어, 축구를 선택하면 친구들과의 상호작용과 운동능력을 향상시킬 수 있지만, 그림이나 코딩을 배우는 시간을 포기해야 합니다.

에피소드 4: 학교에서의 점심 식사 선택 상황
- 학생은 학교에서 점심을 먹을 때, 여러 메뉴 중에서 하나를 선택해야 합니다. 각 메뉴는 맛, 영양 성분, 가격, 알레르기 유무 등 다양한 요소를 고려해야 합니다. 학생은 가장 좋아하는 메뉴를 선택하고, 다른 메뉴를 포기해야 합니다. 예를 들어, 맛있는 피자를 선택하면 더 건강한 샐러드를 포기해야 할 수 있습니다.

에피소드 5: 도서관에서 책을 선택하는 상황

- 학생은 도서관에서 읽을 책을 한 권만 선택할 수 있습니다. 각 책은 장르, 작가, 페이지 수, 관심도 등 다양한 요소를 고려해야 합니다. 학생은 가장 관심 있는 책을 선택하고, 다른 책을 포기해야 합니다. 예를 들어, 재미있는 소설을 선택하면 교육적인 책을 포기해야 할 수 있습니다.

에피소드 6: 생일 선물을 선택하는 상황

- 학생의 생일이 다가오고 있습니다. 부모님은 학생에게 원하는 선물을 한 가지만 선택하도록 하였습니다. 선물은 가격, 사용성, 브랜드, 개인적인 취향, 필요성 등 다양한 요소를 고려해야 합니다. 학생은 가장 원하는 선물을 선택하고, 다른 선물을 포기해야 합니다. 예를 들어, 비싼 게임기를 선택하면, 필요한 책을 사는 것을 포기해야 할 수 있습니다.

이러한 에피소드들은 학생들이 실생활에서 기회비용 원리를 이해하고 적용하는 데 도움이 될 것입니다. 각 사람마다 가치있게 생각하는 것이 다르기 때문에, 같은 상황에서도 사람마다 기회비용이 다를 수 있습니다. 이를 통해 학생들은 자신만의 기회비용을 고려하여 합리적인 선택을 해야 함을 이해할 수 있습니다.

앞서 ChatGPT가 생성해준 6가지의 에피소드를 일괄적으로 수정하는 방법을 사용했습니다. 이번에는 한 가지의 구체적인 에피소드를 생성하고 원하는 에피소드로 수정한 뒤, 완성된 에피소드와 유사한 다른 에피소드를 추가로 생성해 보았습니다.

질문 | 기회의 비용에 대한 조건이 조금 더 복잡하게 적용된 상황이었으면 좋겠습니다. 예를 들어, 컴퓨터를 사는 경우 가격, 성능, 크기, 무게, 보증 기간 등 다양한 조건이 있을 수 있습니다. 각 조건에 대한 기회의 비용이 모두 다릅니다. 이를 설명하는 에피소드 한 가지를 자세한 설명을 덧붙여 만들어 주세요.
1. 기회의 비용에 대한 조건이 4가지 이상 되어야 합니다.
2. 에피소드에 대한 구체적인 상황을 추가해 주세요.
3. 사람마다 기회의 비용이 다를 수 있는 점을 함께 설명해 주세요.

 | 에피소드: 새로운 노트북을 사는 상황

학생이 새로운 노트북을 사고 싶어 합니다. 그러나 그들의 예산은 한 대의 노트북만을 살 수 있을 만큼밖에 없습니다. 노트북은 가격, 성능, 크기, 무게, 보증 기간 등 다양한 요소를 고려해야 합니다.

1. 가격: 노트북의 가격은 다양합니다. 고성능의 노트북을 선택하면 가격이 높아지지만, 저렴한 노트북을 선택하면 성능이 떨어질 수 있습니다. 따라서 가격을 선택하는 것은 다른 품질 요소를 포기하는 것을 의미하는 기회비용이 됩니다.

2. 성능: 노트북의 성능은 사용자의 요구에 따라 달라집니다. 게임이나 고해상도의 비디오 편집 등의 고성능 작업을 원한다면, 높은 성능의 노트북을 선택해야 합니다. 그러나 이는 더 높은 가격과 더 무거운 무게를 의미하는 기회비용이 될 수 있습니다.

3. 크기와 무게: 노트북의 크기와 무게는 이동성과 편의성에 큰 영향을 미칩니다. 작고 가벼운 노트 북을 선택하면 이동성이 향상되지만, 화면 크기와 성능이 떨어질 수 있습니다. 이는 기회비용의 한 예입니다.

4. 보증 기간: 노트북의 보증 기간은 제품의 신뢰성을 나타냅니다. 긴 보증 기간을 가진 노트북을 선 택하면, 더 오래 사용할 수 있지만, 이는 더 높은 가격을 의미하는 기회비용이 될 수 있습니다.

이러한 선택은 각자의 필요와 가치에 따라 다르게 결정됩니다. 예를 들어, 한 학생은 노트북의 성능 을 중요하게 생각하여 높은 가격의 노트북을 선택할 수 있습니다. 반면에 다른 학생은 가격을 중요하 게 생각하여 저렴한 노트북을 선택할 수 있습니다. 이는 기회비용 원리를 보여주며, 사람마다 기회비 용이 다를 수 있음을 보여줍니다

구체적인 한 가지의 예시를 만들고 이를 변형하여 추가 자료를 만드는 것이 더 효율적이었습니다.

질문 | 위의 에피소드와 유사한 에피소드를 2개 더 만들어 주세요.

 | 에피소드: 스마트폰을 사는 상황

학생이 새로운 스마트폰을 사고 싶어 합니다. 그러나 그들의 예산은 한 대의 스마트폰만을 살 수 있 을 만큼밖에 없습니다. 스마트폰은 가격, 성능, 크기, 무게, 배터리 수명 등 다양한 요소를 고려해야 합니다.

1. 가격: 스마트폰의 가격은 다양합니다. 고성능의 스마트폰을 선택하면 가격이 높아지지만, 저렴한 스마트폰을 선택하면 성능이 떨어질 수 있습니다. 따라서 가격을 선택하는 것은 다른 품질 요소를 포기하는 것을 의미하는 기회비용이 됩니다.

2. 성능: 스마트폰의 성능은 사용자의 요구에 따라 달라집니다. 게임이나 고해상도의 비디오 스트리 밍 등의 고성능 작업을 원한다면, 높은 성능의 스마트폰을 선택해야 합니다. 그러나 이는 더 높은 가격과 더 무거운 무게를 의미하는 기회비용이 될 수 있습니다.

3. 크기와 무게: 스마트폰의 크기와 무게는 이동성과 편의성에 큰 영향을 미칩니다. 작고 가벼운 스 마트폰을 선택하면 이동성이 향상되지만, 화면 크기와 성능이 떨어질 수 있습니다. 이는 기회비용 의 한 예입니다.

4. 배터리 수명: 스마트폰의 배터리 수명은 사용자의 편의성에 큰 영향을 미칩니다. 긴 배터리 수명 을 가진 스마트폰을 선택하면, 더 오래 사용할 수 있지만, 이는 더 높은 가격을 의미하는 기회비용 이 될 수 있습니다.

에피소드: 방과 후 학원을 선택하는 상황

학생이 방과 후 학원을 선택해야 합니다. 그러나 그들의 시간은 한 곳의 학원만을 다닐 수 있을 만큼밖에 없습니다. 학원은 가격, 선생님의 품질, 위치, 학원의 규모, 학원의 시설 등 다양한 요소를 고려해야 합니다.

1. 가격: 학원의 가격은 다양합니다. 고가의 학원을 선택하면 선생님의 품질이 높거나 시설이 좋을 수 있지만, 저렴한 학원을 선택하면 그런 이점을 포기해야 할 수 있습니다. 따라서 가격을 선택하는 것은 다른 품질 요소를 포기하는 것을 의미하는 기회비용이 됩니다.

2. 선생님의 품질: 선생님의 품질은 학생의 학습 효과에 큰 영향을 미칩니다. 좋은 선생님을 가진 학원을 선택하면, 학습 효과가 높아지지만, 이는 더 높은 가격을 의미하는 기회비용이 될 수 있습니다.

3. 위치: 학원의 위치는 학생의 편의성에 큰 영향을 미칩니다. 집 가까운 학원을 선택하면 이동 시간이 단축되지만, 그런 학원이 학생의 학습 목표에 맞지 않을 수 있습니다. 이는 기회비용의 한 예입니다.

4. 학원의 규모와 시설: 큰 규모의 학원을 선택하면 다양한 수업을 선택할 수 있고, 좋은 시설을 이용할 수 있지만, 이는 더 높은 가격을 의미하는 기회비용이 될 수 있습니다.

이러한 선택은 각자의 필요와 가치에 따라 다르게 결정됩니다. 예를 들어, 한 학생은 선생님의 품질을 중요하게 생각하여 높은 가격의 학원을 선택할 수 있습니다. 반면에 다른 학생은 가격을 중요하게 생각하여 저렴한 학원을 선택할 수 있습니다. 이는 기회비용 원리를 보여주며, 사람마다 기회비용이 다를 수 있음을 보여줍니다.

원하는 에피소드를 다양하게 얻기 위해, 일괄적으로 수정하는 방법과 한 가지를 구체적으로 수정한 후 다른 사례들로 확장하는 방법을 비교해보았습니다. 전자의 방법은 간편하지만 사용자의 요청이 사례 모두에 적용되지 않았습니다. 반면, 한 가지 사례를 발전시킨 후 다른 사례들로 확장하도록 하니 모든 사례에 요청사항이 적용되었습니다.

플러그인 베타 버전에서는 프롬프트에 입력된 내용을 바탕으로 ChatGPT가 플러그인을 임의적으로 활성화 시키게 됩니다. 예를 들어 'Tutory 플러그인'의 경우 '배우고 싶다'는 표현이 프롬프트에 포함되어 있으면 ChatGPT가 프롬프트를 분석하여 임의적으로 활성화 됩니다. 플러그인이 활성화되면 프롬프트의 내용이 Tutory 플러그인에 업데이트되면서 단계별로 합리적인 선택 방법에 대한 내용을 제시해 주었습니다.

질문 | 가계와 기업의 합리적인 선택에 대해 배우고 싶어요.

 | 새로운 학습 경로인 "가정 및 기업을 위한 합리적인 선택"의 첫 번째 세션부터 시작하겠습니다.

세션 1: 합리적인 선택 소개

경제학에서 합리적인 선택이란 개인에게 가장 최적의 혜택이나 효용 수준을 가져다주는 결정입니다. 합리적 선택 이론의 개념은 거의 모든 경제 모델과 이론의 중추입니다.

1. 합리적 선택이란 무엇입니까? 합리적인 선택은 개인이 항상 최대의 개인적 효용을 제공하는 신중하고 논리적인 결정을 내린다고 가정하는 경제학의 원칙입니다. 이러한 결정은 사람들에게 최대의 이익 또는 만족을 제공합니다. 주어진 선택 사항에서 최대의 이익을 얻습니다.

2. 왜 중요한가요? 합리적 선택의 중요성은 우리가 경제 현상을 이해하기 위해 사용하는 경제 이론과 모델에서 합리적 선택이 수행하는 근본적인 역할에 있습니다. 다양한 선택에 직면했을 때 소비자가 어떻게 행동할지 예측하는 데 도움이 됩니다.

3. 우리 일상에 어떻게 적용되나요? 매일 우리는 다양한 대안 중에서 선택해야 하는 수많은 결정을 내립니다. 예를 들어, 아침 식사로 무엇을 먹을지, 걷거나 버스를 탈지, 공부할지 TV를 볼지 등을 결정합니다. 이러한 모든 결정에서 우리는 다양한 옵션의 이점과 비용을 평가하고 우리에게 제공하는 것을 선택합니다. 가장 높은 순이익. 이것은 합리적인 의사결정입니다.

이제 이해도를 확인해 봅시다. 합리적인 선택과 관련하여 오늘 내린 결정이 생각나십니까? 대안은 무엇이며 선택한 옵션을 선택한 이유는 무엇입니까?

질문 | 지하철을 타는 대신에 택시를 탔습니다. 시간이 없었습니다.

 | 훌륭한 예입니다! 이 경우 현재 요구 사항과 제약 조건에 따라 합리적인 선택을 한 것입니다. 대안은 지하철이나 택시를 타는 것이었다. 택시를 타는 것이 지하철보다 비쌀 수 있지만 추가 비용보다 시간 절약을 더 중요하게 생각했기 때문에 택시를 선택했습니다. 이는 트레이드 오프(비용 및 시간)를 고려하고 전반적인 이점(목적지에 더 빨리 도달)을 최대화하는 옵션(택시)을 선택하는 합리적인 결정을 내리는 완벽한 예입니다.

다음 세션에서는 합리적인 의사결정을 내리는데 중요한 요소인 "기회비용"의 개념에 대해 자세히 알아보도록 하겠습니다. 하지만 계속 진행하기 전에 지금까지 논의한 내용에 대해 질문이 있으신가요?

Tutory 플러그인이 적용된 ChatGPT는 튜터의 역할을 하고, 사용자는 학생의 역할을 맡아서 수업에 필요한 발문 및 학습 내용을 얻을 수 있었습니다.

| "트레이드 오프(Trade-off)"는 한 가지 선택할 때 다른 선택을 포기해야 하는 상황을 의미합니다. 이는 경제학에서 매우 중요한 개념으로, 한정된 자원을 가지고 여러 가지 선택지 중에서 가장 이익이 큰 선택을 해야 할 때 발생합니다.

예를 들어, 당신이 아침에 일어나서 아침 식사를 준비하는 시간이 30분밖에 없다고 가정해봅시다. 이때 토스트를 만들어 먹는데 15분, 샐러드를 만들어 먹는데 20분, 그리고 팬케이크를 만들어 먹는데 30분이 걸린다고 합시다. 이 경우, 팬케이크를 선택하면 토스트나 샐러드를 먹는 선택을 포기해야 하는 트레이드 오프 상황이 발생합니다.

이처럼 트레이드 오프는 한 가지 선택하면 다른 선택을 포기해야 하는 상황을 의미하며, 이는 우리가 일상생활에서 수많은 결정을 내리는 과정에서 자주 발생합니다.

질문 | 이해했습니다. 기회의 비용 개념에 대해 알려주세요.

 | Session 2: Understanding Opportunity Cost
기회비용(Opportunity Cost)은 경제학에서 매우 중요한 개념입니다. 기회비용은 한 가지 선택할 때 포기해야 하는 다음 최선의 선택의 가치를 의미합니다. 다시 말해, 기회비용은 우리가 선택한 것이 아닌 다른 것을 선택했을 때 얻을 수 있었던 이익을 의미합니다.

예를 들어, 당신이 영화를 보러 가기로 했다고 가정해봅시다. 이 경우, 영화 티켓 비용과 그 시간 동안 다른 활동을 할 수 없다는 점이 기회비용이 됩니다. 만약 그 시간에 공부했다면, 그것이 당신의 기회비용이 될 것입니다.

기회비용은 우리가 일상생활에서 수많은 결정을 내리는 과정에서 항상 고려해야 하는 중요한 요소입니다. 이는 우리가 한정된 시간과 자원을 가지고 있으므로, 한 가지를 선택하면 다른 것을 포기해야 하는 트레이드 오프 상황이 발생하기 때문입니다.

이제 기회비용에 대한 이해를 확인하기 위한 질문을 드리겠습니다. 오늘 당신이 한 결정에 대해 생각해보세요. 그 결정의 기회비용은 무엇이었나요?

Tutory 플러그인에서는 한 단계를 학습하고 다음 단계로 넘어가기 전 내용과 관련된 발문을 통해 학습자의 상태를 확인하였습니다. 이를 거꾸로 활용하여 Tutory가 제시하는 학습 내용 및 발문과 같은 학습의 흐름을 계획했던 수업에 적용해보는 것이 좋습니다.

위에 제시한 3가지 에피소드를 가지고 학생들과 토의 수업을 진행하려고 합니다.

수업 목표 : 가계의 합리적 선택 방법을 이해하고 생활 속 문제에 이를 적용하여 선택할 수 있다

1. 에피소드에 적합한 토의 방식

2. 토의 시 교사의 역할

3. 토의 시 주의할 점에 대해서 알려 주세요.

에피소드에 적합한 토의 방식

- 작은 그룹 토의: 학생들을 4~5명의 작은 그룹으로 나누고, 각 그룹에 한 가지 에피소드를 주어 토의하게 합니다. 그룹 내에서 학생들은 각자의 생각을 공유하고, 그룹의 결론을 도출합니다. 이후, 각 그룹은 자신들의 결론을 전체 클래스에 발표합니다.
- 피쉬볼 토의: 학생들을 두 그룹으로 나눕니다. 한 그룹은 중앙에 앉아 토의하고, 다른 그룹은 그들을 둘러싸고 듣습니다. 듣는 그룹은 토의하는 그룹의 의견을 듣고, 자신들의 생각을 정리합니다. 이후, 두 그룹의 위치를 바꿉니다.

토의 시 교사의 역할

- 준비: 토의 주제와 방식을 미리 준비하고, 학생들에게 토의에 필요한 배경지식을 제공합니다.
- 진행: 토의가 진행되는 동안 교사는 중립적인 입장을 유지하며, 토의의 진행을 돕습니다. 필요한 경우, 교사는 질문을 던져 학생들의 생각을 유도하거나, 토의의 방향을 조정합니다.
- 피드백: 토의가 끝난 후, 교사는 학생들의 의견을 정리하고, 학생들의 토의 과정과 결과에 대해 피드백을 제공합니다.

토의 시 주의할 점

- 의견 존중: 모든 학생의 의견을 존중하고, 다른 사람의 의견을 비난하지 않도록 규칙을 설정합니다.
- 시간 관리: 토의 시간을 미리 정하고, 시간을 엄수합니다. 필요한 경우, 시간 안에 토의를 마무리할 수 있도록 진행을 돕습니다.
- 참여 유도: 모든 학생이 토의에 참여할 수 있도록 교사는 적극적으로 학생들을 유도합니다. 특히, 조용한 학생들도 의견을 나눌 기회를 가질 수 있도록 합니다.

질문 | 3가지 에피소드(스마트폰을 사는 상황, 방과 후 학원을 선택하는 상황, 방과 후 학원을 선택하는 상황)에 대한 온라인 토의를 진행하려고 합니다.

1. 학생들과 함께 수업하기 적합한 플랫폼을 찾고 설명해 주세요.

2. 온라인 토의 시 진행 절차 및 방법, 유의점 등을 알려주세요.

3. 온라인 토의 시 교사의 바람직한 역할에 대해 추천해 주세요.

Padlet은 학생들이 자유롭게 의견을 공유하고 피드백을 주고받을 수 있는 온라인 플랫폼입니다. 이 플랫폼은 다양한 형태의 콘텐츠를 지원하며, 사용자가 직관적으로 이해하고 사용할 수 있도록 설계되어 있습니다.

온라인 토의 진행 절차는 다음과 같습니다.

교사가 Padlet에 새로운 보드를 만들고, 각 에피소드에 대한 설명과 함께 학생들에게 공유합니다.
학생들은 각 에피소드에 대해 자신의 선택과 그 이유를 Padlet 보드에 게시합니다.
학생들은 다른 학생들의 게시물을 읽고, 피드백을 남깁니다.
모든 학생이 피드백을 남기면, 교사는 토의를 정리하고 핵심 포인트를 요약합니다.

온라인 토의 시 교사의 역할:
토의의 진행을 촉진하고, 학생들이 적극적으로 참여하도록 독려합니다.
학생들의 의견을 존중하고, 다양한 의견을 환영하는 분위기를 조성합니다.
학생들이 합리적인 선택을 위한 기준을 이해하고 적용하는지 살펴봅니다.

입력한 프롬프트의 1번 내용에 맞게 ChatGPT가 선별한 플랫폼과 그 장점을 소개해 주었습니다.

토의활동에 대한 전반적인 방향을 정한 뒤 예시와 함께 구체적인 방법에 대해 문의해 보았습니다.

질문 | Padlet을 활용하여 온라인 토의 수업을 진행하려고 합니다.

1. 학생들이 토의 수업에 적극적으로 참여하는 방법
2. 교사가 피드백을 주는 방법
3. 불필요한 게시글을 줄일 수 있는 방법(예를 들어 학생들이 장난스럽게 남기는 게시물 등)

 학생들이 토의 수업에 적극적으로 참여하는 방법:
• 토의 주제에 대한 이해도 향상: 토의 주제에 대한 배경 정보나 관련 자료를 미리 제공하여 학생들이 토의 주제에 대해 이해하고, 자신의 의견을 형성하는 데 도움이 되도록 합니다.
• 피드백 강조: 학생들이 다른 학생들의 게시물에 대해 피드백을 남기도록 권장합니다. 이는 학생들이 다른 사람들의 의견을 이해하고, 자신의 의견을 표현하는 능력을 향상시킵니다.
• 포인트 시스템 도입: 적극적인 참여를 독려하기 위해 포인트 시스템을 도입할 수 있습니다. 예를 들어, 의견을 게시하거나 다른 학생의 게시물에 피드백을 남기는 등의 활동에 포인트를 부여하고, 이를 통해 학생들의 참여도를 평가하는 방법입니다.

교사가 피드백을 주는 방법:
- 개별 피드백: 교사는 각 학생의 게시물에 대해 개별적으로 피드백을 남길 수 있습니다. 이는 학생들이 자신의 의견을 어떻게 더 잘 표현할 수 있는지, 또는 어떤 부분을 더 고려해야 하는지에 대한 지시를 제공합니다.
- 전체 피드백: 교사는 토의가 종료된 후 전체적인 피드백을 제공할 수 있습니다. 이는 학생들이 토의 과정에서 잘한 점, 개선해야 할 점 등을 이해하는 데 도움이 됩니다.

불필요한 게시글을 줄이는 방법:
- 규칙 설정: 토의 주제와 관련 없는 게시물이나 부적절한 내용의 게시물은 삭제될 수 있음을 명시하는 규칙을 설정합니다.
- 모니터링: 교사는 토의 과정을 지속적으로 모니터링하여 부적절한 게시물을 신속하게 삭제하고, 필요한 경우 해당 학생에게 개별적으로 지침을 제공합니다.

질문 | "가계의 합리적 선택 방법을 이해하고 생활 속 문제에 이를 적용하여 선택할 수 있다."를 주제로 수업을 준비할 때 '도입-전개-정리' 단계 중 '전개' 단계에서 Padlet을 활용한 토의 활동을 하려고 합니다. 수업의 흐름에 맞춰 토의 활동을 계획해 주세요.

 '전개' 단계에서 Padlet을 활용한 토의 활동을 계획하면 다음과 같이 될 수 있습니다.

1. 토의 주제 선정: 먼저, 학생들에게 토의할 주제를 선정합니다. 이번 수업의 주제는 '가계의 합리적 선택 방법'이므로, 이와 관련된 실생활에서의 예를 주제로 선정할 수 있습니다. 예를 들어, '스마트폰을 사는 상황', '방과 후 학원을 선택하는 상황', '방과 후 학원을 선택하는 상황' 등을 주제로 할 수 있습니다.

2. Padlet에 주제 게시: 선정된 주제를 Padlet에 게시합니다. 각 주제에 대한 설명과 함께, 학생들이 토의를 시작할 수 있도록 몇 가지 질문을 추가해 줍니다. 예를 들어, '스마트폰을 사는 상황'이라는 주제에 대해 '어떤 스마트폰을 선택하겠습니까?', '왜 그 스마트폰을 선택하셨나요?', '다른 선택을 했다면 어떤 기회비용이 발생하였을까요?' 등의 질문을 추가할 수 있습니다.

3. 학생들의 토의 시작: 학생들에게 Padlet 링크를 공유하고 토의를 시작하도록 합니다. 학생들은 각 주제에 대해 자신의 생각과 의견을 Padlet에 게시합니다.

4. 피드백과 질문: 학생들이 토의를 진행하는 동안, 교사는 학생들의 의견에 피드백을 주거나 추가적인 질문을 통해 토의를 더욱 활발하게 만듭니다.

5. 토의 마무리와 정리: 토의 시간이 끝나면, 교사는 학생들의 의견을 정리하고 주요 포인트를 강조합니다. 이때, 학생들이 '합리적 선택'에 대해 어떻게 이해하고 있는지, 그리고 '기회비용'이 어떻게 작용하는지 확인합니다.

토의 시 교사의 피드백은 학생들의 생각을 확장하고, 토의의 깊이를 더하며, 학생들의 학습을 돕는 중요한 역할을 합니다. 각 에피소드에 대한 피드백은 다음과 같을 수 있습니다.

1. 에피소드 1 – 스마트폰 구매: 학생들이 다양한 요소를 고려하여 스마트폰을 선택하는 과정을 잘 이해했는지 확인합니다. 또한, 각 요소가 기회비용에 어떻게 영향을 미치는지에 대한 이해를 확인합니다.

2. 에피소드 2 – 여름 휴가 계획: 학생들이 여행지 선택에 있어서 다양한 요소를 고려한 것이 잘 드러났는지 확인합니다. 또한, 선택한 여행지에 따른 기회비용에 대해 잘 이해하고 있는지 확인합니다.

3. 에피소드 3 – 공부 시간 분배: 학생들이 공부 시간을 어떻게 분배할지 결정하는 과정에서 합리적인 선택을 했는지 확인합니다. 각 과목에 투자하는 시간이 그 과목의 성적 향상에 어떤 영향을 미치는지에 대한 이해를 확인합니다.

4. 에피소드 4 – 알바 선택: 학생들이 알바를 선택하는 과정에서 시급, 근무 시간, 근무 조건 등 다양한 요소를 고려한 것이 잘 드러났는지 확인합니다. 또한, 선택한 알바에 따른 기회비용에 대해 잘 이해하고 있는지 확인합니다.

5. 에피소드 5 – 점심 메뉴 선택: 학생들이 점심 메뉴를 선택하는 과정에서 가격, 영양소, 맛 등 다양한 요소를 고려한 것이 잘 드러났는지 확인합니다. 또한, 선택한 메뉴에 따른 기회비용에 대해 잘 이해하고 있는지 확인합니다.

6. 에피소드 6 – 컴퓨터 구매: 학생들이 컴퓨터를 구매하는 과정에서 가격, 성능, 크기, 무게, 보증 기간 등 다양한 요소를 고려한 것이 잘 드러났는지 확인합니다. 또한, 선택한 컴퓨터에 따른 기회비용에 대해 잘 이해하고 있는지 확인합니다.

각 에피소드에서 모두 '기회의 비용에 대해 이해하고 있는지 확인한다.'라는 문구를 포함하고 있어서 ChatGPT에게 다시 한 번 질문하여 교사의 피드백에 대한 의미를 구체적으로 알려주도록 하였습니다.

질문 | "교사는 각 에피소드 상황에서 기회의 비용을 분석하고 어떤 기준에서 학생들이 합리적인 선택을 하였는지 확인해야 한다."라는 의미일까요?

 네, 맞습니다. 교사는 학생들이 각 에피소드 상황에서 어떤 기준을 바탕으로 선택했는지, 그리고 그 선택이 합리적인지 아닌지를 판단하는 데 중요한 역할을 합니다.

이를 위해 교사는 학생들이 선택한 기준이 무엇인지, 그리고 그 기준이 어떻게 기회비용에 영향을 미치는지 분석해야 합니다. 예를 들어, 학생이 시간을 고려하여 알바를 선택했다면, 교사는 그 시간이 학생에게 어떤 기회비용을 가지는지 분석할 수 있습니다.

또한, 교사는 학생들이 합리적인 선택을 했는지를 확인하기 위해, 학생들이 선택한 기준이 그 상황에서 가장 중요한 요소였는지, 또는 학생들이 다른 중요한 요소를 놓치지 않았는지를 확인해야 합니다.

이런 방식으로 교사는 학생들의 생각 과정을 이해하고, 학생들이 합리적인 선택을 하는 데 필요한 능력을 향상하는 데 도움을 줄 수 있습니다.

정리 단계 준비하기

질문 | 2차시: 가계와 기업의 합리적인 선택

도입: 합리적 선택이란 무엇인지 설명하고, 기회비용 원리를 간략히 소개합니다.

전개: 가계와 기업이 어떻게 합리적인 선택을 하는지 이해시키는 활동을 진행합니다. 합리적인 선택을 위한 기본 원칙을 소개하고, 이를 실제 사례에 적용해보는 연습을 합니다.

정리: 학생들이 학습한 내용을 복습하고, 합리적인 선택에 대한 이해를 확인하는 퀴즈나 작은 토론을 진행합니다.

이 수업의 계획 중 정리 단계에서 할 수 있는 활동을 구상하고 있습니다. 평가를 통해서 학습한 내용을 정리할 수 있도록 활동 내용을 구상해 주세요.

 정리 단계에서 이뤄질 수 있는 평가 방법은 여러 가지가 있습니다. 학생들의 이해도와 학습 목표에 따라 적절한 평가 방법을 선택할 수 있습니다. 다음은 몇 가지 예시입니다.

1. 퀴즈: 학생들이 학습한 내용을 이해하고 있는지를 확인하는 가장 간단하고 효과적인 방법입니다. 퀴즈는 객관식, 주관식, 참/거짓 문제 등 다양한 형태로 만들 수 있습니다.

2. 작은 프로젝트: 학생들이 학습한 내용을 실제로 적용해보는 프로젝트를 진행할 수 있습니다. 예를 들어, 학생들이 가계나 기업의 입장에서 합리적인 선택을 해야 하는 상황을 가정하고, 그에 대한 해결책을 제시하는 프로젝트를 할 수 있습니다.

3. 토론: 학생들이 학습한 내용에 대해 토론하는 것은 그들의 이해도를 확인하는 좋은 방법입니다. 토론을 통해 학생들은 자신의 생각을 표현하고, 다른 사람의 의견을 듣고, 그에 반응하는 능력을 향상시킬 수 있습니다.

4. 리플랙션: 학생들이 그날 배운 내용에 대해 개인적으로 생각하고 느낀 점을 적는 것은 그들의 학습을 깊이 있게 되돌아보는 데 도움이 됩니다. 이는 학생들이 자신의 학습 과정과 결과에 대해 평가하고, 앞으로의 학습 방향을 설정하는 데 도움이 됩니다.

5. 포트폴리오: 학생들이 수업 동안 작성한 작업물, 프로젝트, 퀴즈 결과 등을 모아서 평가하는 방법입니다. 이를 통해 학생들의 학습 과정과 결과를 종합적으로 평가할 수 있습니다.

이러한 평가 방법들은 학생들의 학습을 돕고, 그들의 이해도를 확인하는 데 도움이 됩니다. 그러나 어떤 평가 방법이 가장 적합한지는 학생들의 학습 상황과 목표에 따라 달라질 수 있습니다.

질문 | "학생들이 학습한 내용을 실제로 적용해보는 프로젝트를 진행할 수 있습니다. 예를 들어, 학생들이 가계나 기업의 입장에서 합리적인 선택을 해야 하는 상황을 가정하고, 그에 대한 해결책을 제시하는 프로젝트를 할 수 있습니다."
이 방식으로 평가를 보려고 합니다.

1. 초등학생을 대상으로 한 수업 평가입니다.
2. 5가지 평가 사례를 제시해 주세요.
3. 평가 시간은 10분입니다.
4. 가계와 기업을 위한 합리적인 선택을 고민할 수 있어야 합니다.
5. 기회비용의 조건이 4가지 이상 포함되어야 합니다.
6. 딜레마 상황을 제시하여 학생들이 어떤 선택을 하는지를 평가합니다.

 평가를 위한 5가지 사례를 제시하겠습니다. 이 사례들은 학생들이 합리적인 선택을 하고, 그 선택에 대한 기회비용을 고려하는 능력을 평가하는 데 도움이 될 것입니다.

1. 컴퓨터 구매: 학생들에게 컴퓨터를 구매하는 상황을 가정하게 합니다. 컴퓨터의 가격, 성능, 크기, 무게, 보증 기간 등 다양한 요소를 고려하여 어떤 컴퓨터를 구매할 것인지 결정해야 합니다.
2. 여름 방학 계획: 학생들에게 여름 방학을 어떻게 보낼 것인지 결정하게 합니다. 여행을 갈 것인지, 학원에 다닐 것인지, 집에서 쉴 것인지 등 여러 선택지를 제시하고, 각 선택지에 대한 기회비용을 고려하여 결정해야 합니다.
3. 점심 메뉴 선택: 학생들에게 점심 메뉴를 선택하는 상황을 가정하게 합니다. 가격, 맛, 영양성, 소요 시간 등을 고려하여 어떤 메뉴를 선택할 것인지 결정해야 합니다.
4. 알바 선택: 학생들에게 알바를 선택하는 상황을 가정하게 합니다. 시급, 근무 시간, 근무 장소, 근무 내용 등을 고려하여 어떤 알바를 선택할 것인지 결정해야 합니다.
5. 학원 선택: 학생들에게 학원을 선택하는 상황을 가정하게 합니다. 학원의 위치, 수업 시간, 수업 내용, 학원비 등을 고려하여 어떤 학원을 선택할 것인지 결정해야 합니다.

이러한 사례들을 통해 학생들은 합리적인 선택을 하는 능력과 기회비용을 고려하는 능력을 평가받을 수 있습니다. 각 사례에 대한 학생들의 선택과 그 이유를 듣고, 그것이 합리적인 선택인지, 그리고 기회비용을 적절히 고려하였는지를 평가하면 됩니다.

평가와 관련된 프롬프트를 계속 수정해서 입력해 보았습니다.

다음은 수정 단계입니다.

1. 기회비용에 대한 개념을 숫자로 비교해 볼 수 있도록 계획했습니다.

2. 별다른 조건이 없는 경우 기회비용을 2가지 대상의 비교만으로 제시해 주었습니다.

3. 기회비용의 경우의 수를 4가지로 지정해 주고 예를 들어 설명하였을 때 평가 사례를 수정해 주었습니다.

4. 개별 사례를 하나씩 수정하여 원하는 결과를 만든 후에 원하는 결과의 포맷대로 추가로 만들어 달라고 하는 것이 효율적이었습니다. 6개를 만들고 6개를 수정하는 것보다 1개를 만들고 수정한 뒤 비슷한 내용으로 추가해 달라고 하는 것이 원하는 방향으로 수정하기 용이했습니다.

최종 수정 결과물입니다. 다음은 ChatGPT와의 대화중 입력한 질문을 한 곳에 모은 것입니다. 또한 아래의 ChatGPT 결과물은 마지막으로 제시한 질문에 대한 답변입니다.

질문 | 각 사례에 나타난 기회비용을 구체적으로 제시해 주세요.

1. 기회비용을 수치로 표현해 주세요.

2. 다양한 기회비용을 바탕으로 선택에 대한 딜레마 문제를 제시하는 발문을 추가해 주세요.

3. 평가 기준을 마련해 주세요.

평가 사례에 제시된 기회비용에 대한 각각의 수치가 표현되었으면 좋겠습니다. 기회비용의 항목을 여러 가지지만 수치로 표현된 것은 2가지뿐이었습니다. 모든 기회비용이 수치로 표현될 수 있게 변경해 주세요.

예를 들어, 평가 사례 3번, 점심 메뉴 선택의 경우에는 문제 상황 속 기회비용이 4가지입니다. 가격, 맛, 영양성, 소요 시간 이렇게 4가지 항목에 대해 모두 수치를 정하여 학생이 비교해 볼 수 있도록 평가 사례를 구성해 주세요.

투자하는 상황이 사례마다 다르면 좋겠습니다. 제품뿐만 아니라 여행, 시간표 짜기, 놀이동산에서 놀이기구 타기 등 다양한 상황 속 딜레마 문제가 있는 평가 사례를 만들어 주세요.

위와 같은 평가 사례의 형식으로 새롭게 3개 더 만들어 주세요.

 | 평가 사례 3번, 점심 메뉴 선택의 경우를 다음과 같이 구성하겠습니다.

1. 점심 메뉴 선택:

- 문제 상황: 당신은 점심 메뉴를 선택해야 합니다. 선택할 수 있는 메뉴는 맛있지만 건강에 도움이 되지 않는 피자와 맛은 그다지 좋지 않지만 건강한 샐러드입니다. 각 메뉴의 특징은 다음과 같습니다.
  - 피자: 가격 $10, 맛 8/10, 영양성 3/10, 준비 시간 10분
  - 샐러드: 가격 $8, 맛 5/10, 영양성 9/10, 준비 시간 5분

- 기회비용: 피자를 선택하면, 샐러드를 선택하는 기회를 잃게 됩니다. 샐러드는 가격이 더 저렴하고, 영양성이 높으며, 준비 시간이 더 짧습니다. 반면, 피자는 맛이 더 좋습니다.
- 딜레마 문제: "당신은 어떤 메뉴를 선택하시겠습니까? 그리고 그 선택의 이유는 무엇인가요?"
- 평가 기준: 학생이 선택한 이유와 그 선택에 대한 기회비용을 명확하게 설명하였는가? 학생이 다양한 요소를 고려하여 합리적인 선택을 하였는가?

2. 스마트폰 구매:
- 문제 상황: 당신은 새로운 스마트폰을 구매하려고 합니다. 선택할 수 있는 스마트폰은 고성능이지만 비싼 스마트폰과 성능은 중간이지만 저렴한 스마트폰입니다. 각 스마트폰의 특징은 다음과 같습니다.
  - 고성능 스마트폰: 가격 $1000, 성능 9/10, 배터리 수명 10시간, 보증 기간 2년
  - 저렴한 스마트폰: 가격 $500, 성능 6/10, 배터리 수명 8시간, 보증 기간 1년
- 기회비용: 고성능 스마트폰을 선택하면, 저렴한 스마트폰을 선택하는 기회를 잃게 됩니다. 저렴한 스마트폰은 가격이 더 저렴하며, 성능은 중간이지만 배터리 수명이 짧고 보증 기간이 짧습니다.
- 딜레마 문제: "당신은 어떤 스마트폰을 선택하시겠습니까? 그리고 그 선택의 이유는 무엇인가요?"
- 평가 기준: 학생이 선택한 이유와 그 선택에 대한 기회비용을 명확하게 설명하였는가? 학생이 다양한 요소를 고려하여 합리적인 선택을 하였는가?

3. 여름 방학 계획:
- 문제 상황: 당신은 여름 방학 동안 무엇을 할지 결정해야 합니다. 선택할 수 있는 계획은 해외여행과 학원에 다니는 것입니다. 각 계획의 특징은 다음과 같습니다.
  - 해외여행: 비용 $2000, 여행 기간 2주, 새로운 경험 10/10, 학습 기회 2/10
  - 학원: 비용 $1000, 학원 기간 2개월, 새로운 경험 3/10, 학습 기회 9/10
- 기회비용: 해외여행을 선택하면, 학원에 다니는 기회를 잃게 됩니다. 학원은 비용이 더 저렴하고, 학습 기회가 많지만 새로운 경험은 적습니다.

경제학의 기본 원리를 이해하는 학습 경로를 추가하였습니다. 이 학습 경로는 총 8차시로 구성되어 있으며, 각 차시는 특정 주제에 초점을 맞추고 있습니다. 학생들이 경제 원리를 실생활에 적용하는 방법을 배울 수 있도록 설계되었습니다. 이제 학생들이 이 학습 경로를 통해 경제학의 기본 원리를 이해하고, 이를 실생활에 적용하는 방법을 배울 수 있습니다.

질문 | '점심 메뉴 선택', '스마트폰 구매', '여름 방학 계획'에 대한 평가 기준을 만들어 주세요.
1. 평가 척도는 3단계로 나누어 주세요.
2. 평가 기준에 대한 설명이 있어야 합니다.
3. 평가 척도의 3단계 별 수준의 예시를 함께 보여주세요.
4. 표의 형식으로 제시해 주세요.

평가항목	수준 1	수준 2	수준 3
합리적 선택 이해	학생이 기회비용에 대한 이해가 부족하며, 선택의 이유를 명확하게 설명하지 못함. (예: "피자를 선택했습니다. 왜냐하면 피자가 좋아서입니다.")	학생이 기회비용에 대한 기본적인 이해를 보이며, 선택의 이유를 어느 정도 설명함. (예: "피자를 선택했습니다. 왜냐하면 피자가 맛있고, 빠르게 준비할 수 있기 때문입니다.")	학생이 기회비용에 대해 잘 이해하고, 선택의 이유를 명확하게 설명함. (예: "피자를 선택했습니다. 왜냐하면 피자가 맛있고, 빠르게 준비할 수 있으며, 가격 대비 만족도가 높기 때문입니다.")
다양한 요소 고려	학생이 선택을 할 때 하나 또는 두 가지 요소만을 고려함. (예: "스마트폰을 선택할 때 가격만을 고려했습니다.")	학생이 선택을 할 때 세 가지 요소를 고려함. (예: "스마트폰을 선택할 때 가격, 성능, 보증 기간을 고려했습니다.")	학생이 선택을 할 때 네 가지 이상의 요소를 고려함. (예: "스마트폰을 선택할 때 가격, 성능, 배터리 수명, 보증 기간을 모두 고려했습니다.")
기회비용 분석	학생이 기회비용을 분석하지 못하거나, 분석이 부정확함. (예: "여름 방학에 해외여행을 가면, 학원에 다니는 기회를 잃게 됩니다. 그러나 여행은 새로운 경험을 제공하므로 더 좋습니다.")	학생이 기회비용을 어느 정도 분석함. 그러나 분석이 완전하지 않음. (예: "여름 방학에 해외여행을 가면, 학원에 다니는 기회를 잃게 됩니다. 여행은 새로운 경험을 제공 아래는 '점심 메뉴 선택', '스마트폰 구매', '여름 방학 계획'에 대한 평가 기준입니다:	

질문 | "가계의 합리적 선택 방법을 이해하고 생활 속 문제에 이를 적용하여 선택할 수 있다."를 주제로 수업을 준비할 때 '도입–전개–정리' 단계 중 '정리' 단계에서 딜레마 상황('점심 메뉴 선택', '스마트폰 구매', '여름 방학 계획')을 제시하고 학생들이 어떤 선택을 하는지를 평가하려고 합니다.
노트북을 활용하여 평가하려고 할 경우 적절한 평가 도구를 추천해 주세요.

 폼티브 평가(형성평가) 도구 소개
- Socrative: 빠른 피드백을 제공하며, 퀴즈를 만들거나 즉석에서 사용할 수 있습니다.
- Formative: 학생들이 그림을 그리거나 답변을 입력하는 등 다양한 방법을 사용할 수 있습니다.
- Kahoot, Quizziz, Quizlet Live: 퀴즈 게임을 만들 수 있습니다.
- SMART Notebook, Nearpod: 퀴즈, 평가, 그림판 등을 포함한 프레젠테이션을 만들 수 있습니다.
- Edpuzzle: 비디오에 질문을 포함하고 학생들이 디지털 콘텐츠와 어떻게 상호작용하는지 알 수 있습니다.

폼티브 평가의 중요성
- 폼티브 평가는 학생들이 학습하는 동안 수행되며, 학생들의 이해도를 즉시 확인하고 교사가 그 순간의 교육 방법에 영향을 미칩니다.

디바이스가 없는 경우의 평가 도구
- Plickers: 학생들이 카드를 회전시켜 다중 선택 문제에 대한 답변을 제공할 수 있습니다.
- QuickKey: 스마트폰을 사용하여 퀴즈를 스캔하고 즉시 학생들의 이해도를 파악할 수 있습니다.

ChatGPT가 제시한 평가 도구 소개

Socrative	
	Socrative는 객관식, 참/거짓, 단답형 질문과 같은 퀴즈 형식의 다양한 평가 기능을 제공하여 학생들의 참여를 유도하고 즉각적인 피드백을 제공할 수 있습니다. 이 플랫폼에는 보고 도구도 포함되어 있어 교사가 다양한 수준에서 학생의 이해를 검토하고 나중에 참조할 수 있도록 보고서를 저장할 수 있습니다.
Kahoot	
	교육 분야에서 사용되는 게임 기반 학습 플랫폼입니다. 객관식 퀴즈를 만들고 참여할 수 있어 교실에서 참여와 상호 작용을 촉진합니다. 경쟁적인 특성으로 학생들의 동기 부여와 집중력을 높여 학습 경험을 향상시킬 수 있습니다.
Nearpod	
	Nearpod는 대화형 수업, 비디오, 게임화된 학습 및 활동을 통해 학생의 이해에 대한 실시간 통찰력을 제공하는 교육 플랫폼입니다. 다양한 형성 평가 도구와 동적 미디어 기능을 제공하여 교육을 안내하고 학생 결과를 개선합니다. 이 플랫폼은 유연하며 교실, 원격 학습 또는 하이브리드 환경을 지원합니다.
Edpuzzle	
	Google Play에서 제공되는 Edpuzzle 앱은 교사가 모든 동영상을 수업으로 만들 수 있는 교육 도구입니다. 교사는 다양한 채널에서 비디오를 선택하거나 자신의 동영상을 업로드한 다음 학생 참여를 위해 질문, 음성 해설 또는 오디오 메모를 포함할 수 있습니다.
Plickers	
	Plickers는 빠르고 효율적인 형성 평가를 촉진하도록 설계된 무료 교육 도구입니다. 학생들에게 인기 있는 카드 액티비티 시스템을 활용하여 이해도를 확인하고 평가를 진행하는 재미있고 매력적인 방법입니다.
Quick Key	
	Google Play에서 제공되는 Quick Key Mobile Grading App은 종이 기반, 일대일 및 혼합 학습 평가용으로 설계된 무료 도구입니다. 교사가 모바일 장치의 카메라를 사용하여 퀴즈를 만들고 점수를 매길 수 있습니다.

평가 결과의 예시

예상되는 학생의 결과물을 작성하여 ChatGPT에게 피드백을 요구했습니다. 이때 구체적인 평가 기준을 함께 제시하여 명확한 피드백을 얻을 수 있었습니다.

질문 | 다음은 평가 사례 중 '점심 메뉴 선택'에 대한 학생의 결과물입니다.

"샐러드를 구입할 것입니다. 먼저 피자에 비해 가격이 저렴하기 때문에 2$의 비용을 아낄 수 있습니다. 저는 음식의 맛도 중요하지만 건강을 더 중요하게 생각하기 때문에 비록 맛이 없을지라도 건강에 좋은 샐러드를 먹겠습니다."
이 답변에 알맞은 피드백을 평가기준{합리적 선택 이해, 다양한 요소 고려, 기회비용(가격, 맛, 영양성, 준비시간) 분석}에 맞춰 제공해 주세요.

 | 학생의 답변은 합리적 선택 이해, 다양한 요소 고려, 기회비용 분석의 세 가지 평가 기준에 대해 다음과 같이 평가할 수 있습니다.

1. 합리적 선택 이해: 학생은 샐러드를 선택함으로써 건강을 우선시하는 합리적 선택을 했다고 이해하고 있습니다. 이는 학생이 합리적 선택의 원칙을 이해하고 있음을 보여줍니다.

- 피드백: "너의 답변은 네가 합리적 선택의 원칙을 잘 이해하고 있음을 보여줘. 건강을 우선시하는 너의 선택은 너의 가치와 우선순위를 잘 반영하고 있어."

2. 다양한 요소 고려: 학생은 가격과 건강, 그리고 맛을 고려하였습니다. 이는 학생이 다양한 요소를 고려하여 선택을 한 것을 보여줍니다.

- 피드백: "너는 가격, 건강, 그리고 맛을 고려하여 선택을 했어. 이는 네가 다양한 요소를 고려하여 합리적인 선택을 할 수 있음을 보여줘."

3. 기회비용 분석: 학생은 피자를 선택하지 않음으로써 2$를 아낄 수 있다고 언급하였습니다. 그러나 맛과 영양성, 준비시간에 대한 기회비용 분석은 부족해 보입니다.

- 피드백: "너는 피자를 선택하지 않음으로써 아낄 수 있는 비용을 분석하였어. 이는 네가 기회비용을 이해하고 분석할 수 있음을 보여줘. 그러나 맛과 영양성, 준비시간에 대한 기회비용 분석도 함께 고려해보면 더욱 풍부한 분석이 될 것 같아."

교수학습과정안 비교하기

최종적으로 교수학습과정안 작성을 요청하였습니다. 사회과 교수학습과정안에 제시된 QR코드를 통해 교수학습과정안 작성까지 ChatGPT와의 대화 내용을 확인하실 수 있습니다.

 질문 | – 과목: 사회
– 대상: 한국 초등 6학년 학생
– 주제: 가계와 기업의 합리적인 선택
– 학습 목표: 가계의 합리적 선택 방법을 이해하고 생활 속 문제에 이를 적용하여 선택할 수 있다.
– 수업 시간: 40분(1차시)
위 수업에 해당하는 교수학습과정안을 작성해주세요.

교수학습과정안을 작성하겠습니다.

도입 (5분)

• 수업의 목표를 소개합니다. "오늘 우리는 가계와 기업이 어떻게 합리적인 선택을 하는지 배울 것입니다. 합리적인 선택이란 무엇인지, 그리고 이를 우리 일상생활에 어떻게 적용할 수 있는지를 생각해볼 것입니다."

• 학생들에게 "합리적인 선택이란 무엇일까요?"라는 질문을 던져 생각을 공유하게 합니다.

전개 (25분)

• 합리적인 선택의 원칙과 기회비용 원리에 대해 설명합니다.

• 실생활에서의 예시를 들어 학생들이 이해할 수 있게 설명합니다.

• Padlet을 활용하여 온라인 토의를 진행합니다. 세 가지 에피소드('스마트폰을 사는 상황', '새로운 노트북을 사는 상황', '방과 후 학원을 선택하는 상황')를 제시하고, 학생들이 어떤 선택을 할 것인지 토의하게 합니다.

• 학생들의 선택과 그 이유를 공유하고, 다른 학생들의 의견에 대해 피드백을 주는 시간을 가집니다.

정리 (10분)

• 학생들이 토의한 내용을 바탕으로 합리적인 선택에 대한 이해를 확인합니다.

• 학생들에게 딜레마 상황을 제시하고, 그들이 어떤 선택을 할 것인지 평가합니다. 이를 통해 학생들이 합리적인 선택을 실생활에 어떻게 적용하는지를 확인합니다.

• 마지막으로, 학생들에게 "오늘 배운 내용을 통해 어떤 것을 배웠는지, 어떤 것을 더 배우고 싶은지"에 대해 생각해보게 합니다.

이렇게 수업을 진행하면 학생들이 합리적인 선택에 대해 이해하고, 이를 실생활에 적용하는 방법을 배울 수 있을 것입니다.

도입-전개-정리의 단계에 맞춰 수업을 구성하였던 대화의 내용이 반영되어 교수학습과정안 작성 시에도 3단계로 나누어 작성해주었습니다.

다음은 ChatGPT에서 새로운 채팅을 만들고 앞 장에서 입력한 질문 내용과 같은 내용을 입력하였을 때 생성된 지도안입니다. 두 지도안을 비교해 보면 ChatGPT와 채팅을 통해 설계해온 수업의 내용이 교수학습 과정안에 반영되어 있음을 확인할 수 있습니다.

교수학습과정안

과목 : 사회

대상 : 초등 6학년 학생

주제 : 가계와 기업의 합리적인 선택

학습 목표 :

- 가계의 합리적 선택 방법을 이해한다.
- 생활 속 문제에 가계의 합리적 선택 방법을 적용하여 선택할 수 있다.

수업 시간 : 40분 (1차시)

준비물 :

- PPT 프레젠테이션
- 작은 종잇조각들
- 연필, 마커
- 실생활 예시 스토리 카드

수업 내용

1. 도입 (5분)

- 수업 시작 인사 및 주제 소개
- 학생들에게 자신이 집에서 돈을 어떻게 사용하는지 간단히 말하게 하고, 다른 친구들이 하는 말에 귀기울이도록 한다.

2. 가계의 합리적 선택에 대한 이해 (10분)

- PPT를 이용하여 가계의 합리적 선택이란 무엇인지 설명한다. (예: 예산 내에서 필요한 것들을 고르고, 불필요한 지출을 줄이는 방법 등)
- 학생들에게 가계 예산을 효율적으로 사용하는 것이 왜 중요한지 물어본다. 간단한 예시를 들어 설명하도록 한다.

3. 실생활 문제 적용 – 활동 (15분)

- 학생들을 4~5명씩 그룹으로 나눈다.
- 각 그룹에 실생활 예시 스토리 카드를 나눠준다. (예: 한 달 동안의 생활비를 계획하는 가족의 이야기, 새로운 가전제품을 구입하는 가족 등)
- 각 그룹은 주어진 상황에 대해 합리적인 선택을 하기 위해 무엇을 고려해야 하는지 논의한다.
- 각 그룹은 종이에 그들의 생각과 결정 과정을 적어 그룹별로 발표한다.

4. 토론 및 피드백 (5분)
- 학생들의 발표 후, 각 그룹의 선택에 대해 다른 그룹들이 생각하는 장단점을 논의한다.
- 학생들이 어떤 기준으로 합리적인 선택을 했는지 강조하고, 이러한 선택이 일상생활에서 어떻게 중요한지에 대해 다시 한 번 언급한다.

5. 정리 및 마무리 (5분)
- 오늘 배운 내용을 요약하여 정리한다.
- 학생들에게 자신의 일상에서 합리적인 선택을 어떻게 적용할 수 있을지 간단히 말하게 한다.
- 다음 수업에서는 기업의 합리적 선택에 대해 배울 예정임을 안내한다.
- 수업 참여에 감사하며 인사 후 수업을 마친다.

교사 참고 사항
- 학생들이 적극적으로 참여할 수 있도록 분위기를 활기차게 유지하는 것이 중요하다.
- 그룹 활동 시간 동안, 각 그룹을 돌아다니며 질문을 하거나 도움을 주는 것이 좋다.
- 학생들의 의견을 존중하고, 다양한 선택이 있을 수 있음을 인정한다.

new ChatGPT에서 작성한 교수학습과정안의 경우 교수학습과정안 작성 이전에 나누었던 대화가 없으므로 'Padlet을 활용한 토의하기'와 같은 활동이 포함되지 않고 ChatGPT가 새롭게 구상한 활동이 제시되어 있습니다.

ChatGPT와 구글 문서도구를 연동하여 평가하기

1 구글 설문으로 ChatGPT와 함께 만들었던 평가 사례를 제시합니다.

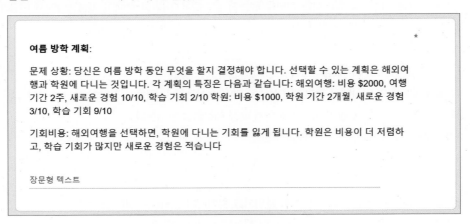

2 학생들의 응답을 구글 Sheets를 통해서 받아옵니다.

3 OpenAI의 홈페이지에서 'API'로 로그인합니다.

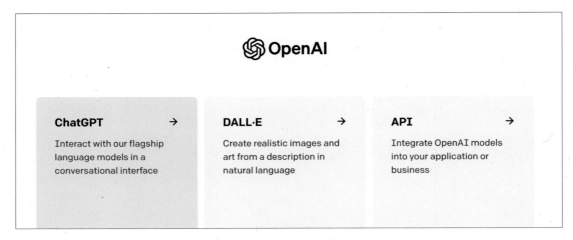

☑ API keys를 생성하여 가져옵니다. (key는 처음 생성 시 그 값을 복사할 수 있으며 이후로는 다시 그 키를 열어 볼 수 없고 추가 발급만 가능합니다.)

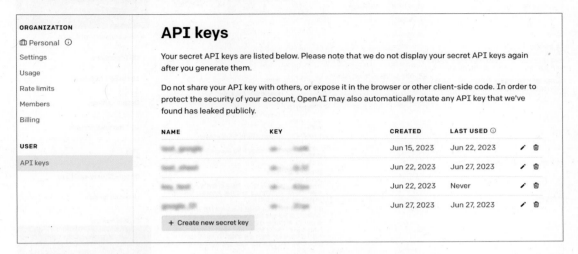

☑ 구글 설문의 구글 Sheets로 이동하여 부가기능(GPT for Google Sheets and Docs)을 설치합니다.

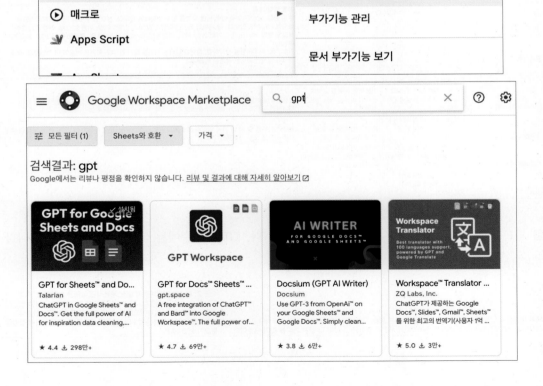

6 설치 후 구글 Sheets로 돌아와 ChatGPT를 활성화해 주세요.

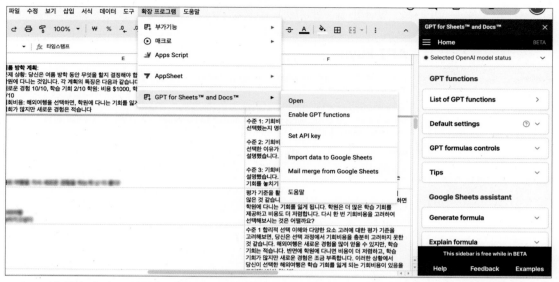

※ GPT모델 설정 및 세부 사항을 조절하여 GPT 함수를 활용할 수 있습니다. API keys 입력 시 결제 방법을 OpenAI에 등록해 놓지 않으면 활성화되지 않습니다.

7 구글 Sheets 하단에 평가 기준을 입력했습니다.

평가기준			**여름 방학 계획:** 문제 상황: 당신은 여름 방학 동안 무엇을 할지 결정해야 합니다. 선택할 수 있는 계획은 해외여행과 학원에 다니는 것입니다. 각 계획의 특징은 다음과 같습니다: 해외여행: 비용 $2000, 여행 기간 2주, 새로운 경험 10/10, 학습 기회 2/10 학원: 비용 $1000, 학원 기간 2개월, 새로운 경험 3/10, 학습 기회 9/10 기회비용: 해외여행을 선택하면, 학원에 다니는 기회를 잃게 됩니다. 학원은 비용이 더 저렴하고, 학습 기회가 많지만 새로운 경험은 적습니다
항목	수준 1	수준 2	수준 3
합리적 선택 이해	학생이 기회비용에 대한 이해가 부족하며, 선택의 이유를 명확하게 설명하지 못함.	학생이 기회비용에 대한 기본적인 이해를 보이며, 선택의 이유를 어느 정도 설명함.	학생이 기회비용에 대해 잘 이해하고, 선택의 이유를 명확하게 설명함. (예: "피자를 선택했습니다. 왜냐하면 피자가 맛있고, 빠르게 준비할 수 있으며, 가격 대비 만족도가 높기 때문입니다.")
다양한 요소 고려	학생이 선택을 할 때 하나 또는 두 가지 요소만을 고려함.	학생이 선택을 할 때 세 가지 요소를 고려함.	학생이 선택을 할 때 네 가지 이상의 요소를 고려함. (예: "스마트폰을 선택할 때 가격, 성능, 배터리 수명, 보증 기간을 모두 고려했습니다.")
기회비용 분석	학생이 기회비용을 분석하지 못하거나, 분석이 부정확함.	학생이 기회비용을 어느 정도 분석함. 그러나 분석이 완전하지 않음.	
task:	평가 기준'을 활용하여 초등학생에게 피드백 제공하기		

8 피드백을 넣어 줄 셀에 GPT 함수를 적용합니다. GPT 함수에는 5가지 변수가 사용됩니다.
"GPT(prompt, value, temperature, max_tokens, model)"

	수준 2: 학생이 기회비용에 대한 기본적인 이해를 보이며, 선택의 이유를 어느 정도 설명함. 그러나 선택을 할 때 고려한 요소가 새로운 경험과 비용 두 가지 뿐이므로, 다양한 요소를 고려하지 못했습니다. 기회비용을 분석하지 않았으며, 선택의 이유를 좀 더 명확하게 설명할 필요가 있습니다.
해외 여행을 다녀올 것이다. 학원에서 얻을 수 있는 학습 기회보다 새로운 경험이 더 중요하다고 생각하기 때문이다. 1000원의 비용이 추가로 들어가지만 새로운 경험은 그 보다 더 값진 가치를 갖기 때문이다.	

피드백 셀에 입력한 내용 : "=GPT(B70:E75, E50)"

'prompt'에는 평가기준과 task에 대한 설명이 담긴 셀(B70:E75)을 지정하였습니다.

(사용자가 원하는 셀의 경로를 입력합니다.)

'value'에는 학생들의 응답이 적힌 셀(E50)을 지정하였습니다.

'temperature', 'max_tokens', 'model'은 따로 입력하지 않고 default settings 의 값을 사용하였습니다.

⑨ 피드백이 생성되면 셀 번호만 바꿔 입력하여 나머지 학생들에 대한 피드백도 생성합니다.

해외 여행을 다녀올 것이다. 학원에서 얻을 수 있는 학습 기회보다 새로운 경험이 더 중요하다고 생각하기 때문이다. 1000원의 비용이 추가로 들어가지만 새로운 경험은 그 보다 더 값진 가치를 갖기 때문이다.	수준 2: 학생이 기회비용에 대한 기본적인 이해를 보이며, 선택의 이유를 어느 정도 설명함. 그러나 선택을 할 때 고려한 요소가 새로운 경험과 비용 두 가지 뿐이므로, 다양한 요소를 고려하지 못했습니다. 기회비용을 분석하지 않았으며, 선택의 이유를 좀 더 명확하게 설명할 필요가 있습니다.
	합리적 선택 이해: 학생이 기회비용에 대한 이해가 부족합니다. 선택의 이유를 명확하게 설명하지 못하고, 해외여행이 불가능하다는 이유만으로 학원을 선택한 것 같습니다.
	다양한 요소 고려: 학생이 선택을 할 때, 고려한 요소가 하나뿐인 것 같습니다. 여름 방학에는 여러 활동들이 가능하기 때문에, 다양한 요소들을 고려해서 선택하는 것이 좋습니다.
학원을 다닐 것이다. 어차피 해외여행은 못 가니까	기회비용 분석: 학생이 기회비용을 분석하지 못하고, 선택을 하는데 있어서 완전한 분석이 이루어지지 않은 것 같습니다. 학원은 학습 기회가 많지만, 새로운 경험이 적고, 해외여행은 그 반대로 새로운 경험이 많지만 학습 기회는 적습니다. 이러한 장단점을 고려해서 선택하는 것이 중요합니다.

05

ChatGPT와 함께 만드는
수학 수업 디자인

ChatGPT를 활용해 만드는

수학과 교수-학습과정안

다음은 ChatGPT와 함께 만든 수학과 교수학습과정안 사례입니다.

교 과	수학		학년 학기		6학년 1학기
단원명	5. 띠와 그래프				
성취기준	[6수05-04] 자료를 수집, 분류, 정리하여 목적에 맞는 그래프로 나타내고, 그래프를 해석할 수 있다.				
학습 목표	자료를 정리하여 목적에 맞게 표와 그래프로 나타낼 수 있다.		수업시간		80분
교수학습 자료	그래프자료, 엑셀 프로그램 등		교수학습 모형		탐구학습 모형

학습 단계	학습 과정	교수 학습 과정	시간 (분)	자료(📼) 및 유의점(※)
도입	동기유발	• 동기유발 – 그래프는 우리 생활에 어떤 도움을 주는지 이야기해 봅시다. – 우리 생활에서 그래프를 어디에서 자주 볼 수 있는지 이야기해 봅시다.	5'	📼 그래프자료 ※ 온도 변화 그래프 등 생활 속의 그래프자료를 보여주면서 학습 목표에 대한 흥미를 높인다.
	학습목표 제시	• 학습 목표 제시 – 자료를 정리하여 목적에 맞게 표와 그래프로 나타낼 수 있다. • 활동안내 활동1. 자료 수집하기 활동2. 자료를 표로 나타내기 활동3. 그래프로 나타내기 활동4. 만든 그래프를 활용한 문제 만들기		
전개	활동	• 활동1)자료 수집하기 – 자료를 수집해 표와 그래프로 만들 수 있는 일상 속 주제를 제시한다. – 교사가 제시한 일상 속 주제를 참고해 모둠 별로 선택한 주제를 가지고 자료를 수집한다.	20'	📼 예시문 ※ 자료 수집 주제에 대한 예시문을 제시한다
		• 활동2)자료를 표로 나타내기 – 자료를 표로 나타내는 방법을 예를 들어서 순차적으로 설명한다. – 모둠 별로 수집한 자료를 분류하고 잘못된 부분이 있는지 확인한다. – 정리한 자료를 바탕으로 표를 만든다.	15'	📼 엑셀 자료 ※ 표를 만드는 과정을 순차적으로 설명한다.
		• 활동3) 그래프로 나타내기 – 교사는 띠그래프와 원그래프의 특징을 설명한다. – 만든 표를 가지고 띠그래프나 원그래프로 나타낸다. • 활동4) 만든 그래프를 활용한 문제 만들기 – 그래프를 활용해 만들 수 있는 문제의 예시를 보여준다. – 모둠별로 만든 그래프를 바탕으로 수학문제를 만든다. – 그래프를 바탕으로 만든 수학문제를 풀어본다.		📼 종이, 색연필 등 ※ 교실 상황에 따라 엑셀로 만든 표를 그래프로 바꿀 수 있다. 📼 예시문항

| 정리 | 정리 및 평가하기 | • 정리
– 자신이 만든 그래프의 내용을 서로 공유한다.
– 그래프를 바탕으로 만든 수학문제의 정답을 확인한다.
– 수업에서 배운 내용을 정리한다. | 10' | |

평가 내용	구분	평가기준	평가방법
조사한 자료를 표와 그래프로 만들 수 있다.	잘함	조사한 자료를 표와 그래프로 잘 만듦.	관찰 평가
	보통	조사한 자료를 표와 그래프로 어느 정도 만듦.	
	노력 요함	조사한 자료를 표와 그래프로 만드는 과정을 수행하는 능력이 필요함.	

전개 단계의 경우, ChatGPT에선 10분을 제안했으나 전개 단계의 시간이 더 소요될 것으로 교사가 판단할 경우 시간을 조정할 수 있습니다.

각 활동의 세부 활동에서 ChatGPT가 제시한 내용을 활용할 수 있습니다.

자료 수집하기 활동의 경우 ChatGPT가 제시한 일상 속 주제 10가지를 제시해 줄 수 있습니다.

ChatGPT의 평가기준은 "데이터 수집, 분류, 정리 및 그래프로 나타내기"로 나왔지만 데이터라는 용어와 수집, 분류, 정리를 풀어서 다음과 같이 작성했습니다.

ChatGPT의 잘함의 평가 기준은 "학생이 주어진 과정을 정확하고 완벽하게 수행하며, 데이터 수집, 분류, 정리, 그래프 작성, 그래프 해석 등을 매우 정확하게 이해하고 표현하는 경우 입니다." 로 기재되었지만 교수학습과정안의 형태와 성격에 맞게 "조사한 자료를 표와 그래프로 잘 만듦"과 같이 고쳐 쓸 수 있습니다. 다른 평가 척도에서도 같이 적용할 수 있습니다.

ChatGPT와 함께 만드는
수학 수업

수학 수업 ChatGPT 프롬프트

수학과 성취기준에 맞춘 학생활동 중심의 수업 만들기

ChatGPT에게 성취기준을 제시하면 사용자가 의도하는 수업의 개요를 출력합니다. 다만 이 형태로 교수학습과정안을 만들고 수업에 적용하기에는 무리가 있습니다. 수업 설계와 관련된 질문을 계속해야 합니다. 교수학습과정안을 만드는 질문, 수업의 진행단계에 들어갈 수 있는 활동, 질문, 설명, 평가에 관한 질문을 추가하며 수학 교수학습과정안을 만들어 봅시다.

질문 | "[6수05-04] 자료를 수집, 분류, 정리하여 목적에 맞는 그래프로 나타내고, 그래프를 해석할 수 있다."라는 초등학교 6학년 수학 성취기준을 가지고 초등학교 6학년 그래프 수업을 하고자 합니다. 이 수업을 위한 80분 수업을 만들어 주세요.

 | 수업 주제: 데이터 수집, 분류, 정리 및 그래프로 나타내기

학습 목표:

· 데이터를 수집하고 분류하는 과정을 이해한다.

· 데이터를 정리하여 목적에 맞는 그래프를 작성할 수 있다.

· 작성한 그래프를 해석하여 유용한 정보를 얻을 수 있다.

시간 분배:

· 개념 소개: 10분

· 데이터 수집 및 분류: 20분

· 데이터 정리 및 그래프 작성: 30분

· 그래프 해석: 15분

· 정리 및 마무리: 5분

수업 계획:

1. 개념 소개 (10분)
   - 수업 목표 및 주제 소개
   - 데이터와 그래프의 의미와 중요성에 대한 간단한 설명

2. 데이터 수집 및 분류 (20분)
   - 데이터를 수집하는 방법과 필요한 정보를 파악하는 방법 설명
   - 수집한 데이터를 어떻게 분류할 수 있는지 예시 제공

3. 데이터 정리 및 그래프 작성 (30분)
   - 수집한 데이터를 정리하는 방법과 중요성 설명
   - 정리된 데이터를 활용하여 목적에 맞는 그래프를 작성하는 방법 소개
   - 그래프 작성을 위한 도구(예: 그래프 편집기, 엑셀 등) 사용 방법 안내
   - 학생들에게 실제 데이터를 제공하고 그래프를 작성하도록 도와주기

4. 그래프 해석 (15분)
   - 작성한 그래프를 보고 어떤 정보를 알 수 있는지 함께 논의
   - 그래프의 각 축, 레이블, 제목에 대한 해석 방법 소개
   - 그래프에서 나타난 패턴이나 추세에 대한 분석

5. 정리 및 마무리 (5분)
   - 학생들의 이해도 점검 및 질문에 대한 답변
   - 수업에서 배운 내용을 간단히 정리하고 마무리 짓기

수업 내용에 맞는 지도안 만들기

앞에서 제시한 수업내용을 바탕으로 교수학습과정안을 만들기 위해 다음과 같이 질문했습니다. ChatGPT로 표를 만들 수는 있지만 교사들이 교수학습과정안으로 활용하는 표 형태로 만들기 위해서는 사용자가 ChatGPT의 답변을 바탕으로 워드프로세서 프로그램을 활용하여 직접 만드는 것이 좋습니다.

질문 | 데이터 수집, 분류, 정리 및 그래프로 나타내기를 수업 주제로 80분 수업을 만들고 싶습니다. 교수학습과정안을 만들어주세요.

| 수업: 데이터 수집, 분류, 정리 및 그래프로 나타내기 (80분)

1. 도입 (약 10분):

· 학생들에게 일상생활에서 데이터가 어떻게 활용되는지 예시를 소개합니다.

· 예를 들어, 날씨 데이터로 옷차림을 결정하거나 음악 차트 데이터로 인기곡을 확인하는 등의 상황을 설명합니다.

· 학생들에게 데이터의 중요성과 그래프의 역할에 대해 질문합니다.

"왜 데이터를 수집하고 그래프로 나타내는 것이 중요한지 생각해보세요"

2. 전개 (약 60분):

전개활동 1. 데이터 수집 (약 20분):

· 학생들을 그룹으로 나누어 다양한 주제로 데이터를 수집할 수 있도록 안내합니다. 예를 들어, 학생들의 취미, 생일, 선호하는 동물 등을 조사할 수 있습니다.

· 각 그룹에서 데이터를 수집하고 기록하도록 유도합니다.

전개활동 2. 데이터 분류 및 정리 (약 20분):

· 학생들에게 수집한 데이터를 분류하고 정리하는 방법에 대해 설명합니다.

· 예를 들어, 취미 조사 데이터를 취미 종류에 따라 분류하거나 생일 조사 데이터를 월별로 정리하는 등의 작업을 안내합니다.

· 학생들을 도와가며 각자의 데이터를 분류하고 정리하도록 지원합니다.

전개활동 3. 그래프로 나타내기 (약 20분):

· 학생들에게 데이터를 그래프로 나타내는 방법을 소개합니다. 막대 그래프, 원 그래프, 라인 그래프 등을 예시로 보여줍니다.

· 학생들이 분류한 데이터를 바탕으로 그래프를 그리고 해석하는 방법을 설명하고 실습합니다. 각 학생들이 자신의 데이터를 그래프로 표현해보도록 유도합니다.

3. 정리 (약 10분):

· 학생들에게 수업에서 배운 내용과 그래프의 활용에 대해 간단히 요약합니다.

· 학생들에게 다시 한 번 데이터 수집, 분류, 정리 및 그래프 작성의 중요성과 활용 가능성을 강조합니다.

· 학생들의 질문에 답변하고, 수업에서 배운 내용에 대한 자신의 생각을 나누는 시간을 가집니다.

참고사항:

· 학생들이 데이터를 수집할 때 다양한 주제를 선택할 수 있도록 유도합니다.

· 그룹 활동을 통해 학생들이 서로 협력하고 의견을 공유하도록 유도합니다.

· 수업 진행 중 학생들의 참여와 이해도를 확인하고 필요한 추가 설명이나 예시를 제공합니다.

· 필요에 따라 보조 자료나 실습 시트를 사용하여 학생들의 학습을 지원할 수 있습니다.

ChatGPT에서 제시한 활동 내용이 사용자가 만들고자 하는 수업의 의도와 다를 때, 그 의도에 맞게 수정해서 제시해 달라고 할 수 있습니다. 6학년 수학에서는 띠그래프와 원그래프를 활용한 수업을 합니다. 하지만 ChatGPT는 우리나라의 교육과정을 인지하지 않고 있어서인지 앞의 질문에서는 띠그래프, 원그래프의 특성을 고려해 수업을 만들지 않아 다시 질문하여 지도안을 제시하였습니다. 아래와 같이 질문을 하면 사용자의 의도에 맞는 답변을 얻을 수 있습니다.

질문 | 전개 단계 중 그래프로 나타내기 단계는 띠그래프와 원그래프를 활용해야 합니다. 이 부분을 수정해서 다시 지도안을 제시해주세요.

 | 수업: 데이터 수집, 분류, 정리 및 그래프로 나타내기 (80분)

1. 도입 (약 10분):
· 학생들에게 일상생활에서 데이터가 어떻게 활용되는지 예시를 소개합니다.
· 예를 들어, 날씨 데이터로 옷차림을 결정하거나 음악 차트 데이터로 인기곡을 확인하는 등의 상황을 설명합니다.
· 학생들에게 데이터의 중요성과 그래프의 역할에 대해 질문합니다.
"왜 데이터를 수집하고 그래프로 나타내는 것이 중요한지 생각해보세요"

2. 전개 (약 60분):
전개활동1. 데이터 수집 (약 20분):
· 학생들을 그룹으로 나누어 다양한 주제로 데이터를 수집할 수 있도록 안내합니다.
· 예를 들어, 학생들의 취미, 생일, 선호하는 동물 등을 조사할 수 있습니다.
· 각 그룹에서 데이터를 수집하고 기록하도록 유도합니다.

전개활동2. 데이터 분류 및 정리 (약 20분):
· 학생들에게 수집한 데이터를 분류하고 정리하는 방법에 대해 설명합니다.
· 예를 들어, 취미 조사 데이터를 취미 종류에 따라 분류하거나 생일 조사 데이터를 월별로 정리하는 등의 작업을 안내합니다.
· 학생들을 도와가며 각자의 데이터를 분류하고 정리하도록 지원합니다.

전개활동3. 그래프로 나타내기 (약 20분):
· 학생들에게 띠그래프와 원그래프의 개념을 간단하게 설명합니다.
· 띠그래프는 각 항목의 크기를 비교하는 데 사용되고,
· 원그래프는 전체에서 각 항목의 비율을 보여줍니다.
· 학생들이 분류한 데이터를 바탕으로 띠그래프와 원그래프를 그리는 방법을 소개하고 실습합니다.
· 각 학생들이 자신의 데이터를 그래프로 표현해보도록 유도합니다.

3. 정리 (약 10분):

· 학생들에게 수업에서 배운 내용과 그래프의 활용에 대해 간단히 요약합니다.

· 학생들에게 다시 한 번 데이터 수집, 분류, 정리 및 그래프 작성의 중요성과 활용 가능성을 강조합니다.

· 학생들의 질문에 답변하고, 수업에서 배운 내용에 대한 자신의 생각을 나누는 시간을 가집니다.

※ 중요: 수업 도중 학생들의 참여와 이해도를 확인하고 필요한 추가 설명이나 예시를 제공합니다. 그리고 보조 자료나 실습 시트를 사용하여 학생들의 학습을 지원할 수 있습니다.

이 수업에서는 학생들이 직접 그래프를 만들고 이를 활용해 수학 문제를 만드는 활동을 추가하려고 합니다.

교수학습과정안을 만들기 위해 비슷한 질문을 조건을 바꾸어가며 사용자의 수업 의도, 학습 목표에 적합한 수업안을 만들 수 있습니다.

질문 | 우리는 데이터 수집, 분류, 정리 및 그래프로 나타내기를 수업 주제로 80분 짜리 교수학습과정안을 만들고자 합니다. 이 교수학습과정안에 학생들이 만든 그래프를 활용해 수학문제를 만드는 활동을 추가해서 교수학습과정안을 만들어 주세요.

 | 수업 주제: 데이터 수집, 분류, 정리 및 그래프로 나타내기

시간: 80분

학습목표:

· 데이터 수집의 중요성을 이해하고, 주제에 맞게 데이터를 수집할 수 있다.

· 수집한 데이터를 분류하고, 표로 정리할 수 있다.

· 그래프를 활용하여 데이터를 시각적으로 표현하고, 그래프를 해석할 수 있다.

도입 활동 (10분):

· 교사는 데이터 수집의 중요성에 대해 간단히 설명하고, 학생들과 함께 데이터 수집의 예시를 공유합니다.

· 질문: "왜 데이터 수집이 중요한 것 같아요? 어떤 상황에서 데이터를 수집해본 적이 있나요?"

전개 활동 (60분):

전개활동 1. 데이터 수집 (15분):

· 학생들은 자신이 관심 있는 주제를 선택하여 데이터를 수집합니다.

예를 들면, "가족 구성원의 나이", "우리 반 학생들의 취미" 등 다양한 주제가 있을 수 있습니다.

전개활동 2. 데이터 분류 및 정리 (15분):

· 학생들은 수집한 데이터를 분류하고, 중복된 데이터나 누락된 데이터가 있는지 확인합니다.

· 학생들은 정리한 데이터를 표로 정확하게 작성합니다.

전개활동 3. 그래프로 나타내기 (15분):

· 학생들은 수집한 데이터를 그래프로 나타냅니다. 여기서는 띠그래프와 원그래프를 활용합니다.

· 학생들은 자신의 데이터를 그래프로 옮기고, 그래프를 색칠하여 눈에 잘 보이게 만듭니다.

전개활동 4. 데이터 문제 만들기 (15분):

· 학생들은 자신이 만든 그래프를 바탕으로 수학 문제를 만듭니다. 문제에서 그래프의 정보를 활용하여 문제를 출제하고, 서로에게 풀어보도록 합니다.

정리 활동 (10분):

학생들은 자신이 만든 그래프와 데이터를 토대로 그래프를 해석하고, 결과를 공유합니다.

활동 추가 및 마무리 (10분):

학생들은 수업에서 배운 내용을 정리하고, 질문이나 궁금한 점을 공유합니다.

※ 참고: 각 활동의 시간은 유연하게 조정 가능합니다. 학생들의 수준과 진행 상황에 따라 적절히 조절해주시면 됩니다.

80분으로 수업을 계획하였으나 ChatGPT는 90분 수업을 제시하였습니다. 아래 참고란에 각 활동의 시간을 유연하게 조정 가능합니다. 교수학습과정안을 설계 시 사용자가 정리활동 시간을 조정해야 합니다. ChatGPT는 주어진 상황에 대한 답변을 바로 제시하지만 이를 적용하는 과정에서 답변을 선택하고 조정하는 것은 ChatGPT에 직접 사용하는 사용자입니다.

수업 도입 단계에서 동기유발을 할 수 있는 요소 찾기

교수학습과정안을 만든 후 도입활동에서 학생들에게 제시할 수 있는 발문의 예시를 찾아봅니다.

질문 | 도입활동에서 수업 주제에 대한 질문은 무엇이 있을까요?

도입활동에서 수업 주제에 대한 질문으로 다음과 같은 예시를 고려해볼 수 있습니다.

1. 왜 데이터를 수집하고 그래프로 나타내는 것이 중요한가요?

2. 그래프를 통해 어떤 유용한 정보를 얻을 수 있을까요?

3. 일상생활에서 우리는 어떤 상황에서 데이터를 수집하고 그래프로 표현하는지 생각해보세요.

4. 그래프를 통해 어떤 패턴이나 추세를 파악할 수 있을까요?

5. 그래프를 통해 데이터를 시각적으로 비교하고 분석하는 것이 왜 유용한가요?

6. 그래프를 이용하여 어떤 문제를 해결할 수 있을까요?

7. 어떤 분야에서 그래프를 자주 사용하고 있는지 알고 있나요?

8. 그래프를 사용하여 어떤 정보를 전달할 수 있을까요?

도입활동에서 제시한 발문이 학생들의 수준에 맞지 않다고 판단되면 학생들의 수준을 고려해 발문을 다시 제시해달라고 요청할 수 있습니다.

질문 | 질문들 중에서 추세 같은 어려운 단어나 데이터, 패턴 등의 외래어가 있습니다. 그리고 5번 질문은 초등학생이 이해하기 어려운 질문입니다. 질문들을 초등학생 수준에서 다시 바꿔주세요.

 초등학생 수준에서 이해하기 쉬운 형태로 질문을 다시 작성해보겠습니다.

1. 그래프를 그리는 이유는 무엇일까요?

2. 그래프는 어떻게 도움을 주는 걸까요?

3. 일상생활에서 데이터를 어떻게 모을 수 있을까요?

4. 그래프에서 어떤 정보를 알 수 있을까요?

5. 그래프를 사용해서 어떤 것을 비교할 수 있을까요?

6. 어떤 문제를 그래프를 사용해서 해결할 수 있을까요?

7. 그래프를 어디에서 자주 볼 수 있을까요?

8. 그래프를 사용해서 어떤 이야기를 전달할 수 있을까요?

위의 질문들은 초등학생들이 그래프와 데이터에 대한 이해를 쉽게 할 수 있도록 작성된 질문들입니다. 학생들은 이러한 질문들을 통해 그래프의 역할과 가치를 쉽게 이해하고 관련된 생활 속 예시를 떠올릴 수 있을 것입니다.

ChatGPT를 통해 교사의 발문에 따른 학습자의 예상 답변을 얻을 수 있습니다. 도입 부분에서 학습목표와 전개활동을 어떻게 제시할 수 있을지를 생각해 볼 수 있습니다.

아래에 8가지 질문에 대한 예시 답변을 제시해드리겠습니다.

각 질문에 따라 다양한 답변이 가능하며, 아래 예시는 초등학생들에게 쉽게 이해될 수 있는 형태로 작성되었습니다.

질문 1: 그래프를 그리는 이유는 무엇일까요?

예상답변: 그래프를 그리는 이유는 복잡한 정보를 한눈에 알아보기 쉽게 만들어주기 때문이에요. 그 래프를 보면 데이터가 더 잘 이해되고 비교할 수 있어요.

질문 2: 그래프는 어떻게 도움을 주는 걸까요?

예상답변: 그래프는 데이터를 시각적으로 표현하는 도구로, 비교하고 분석하기 쉽게 도와줘요. 예를 들어, 그래프를 보면 어떤 것이 가장 많은지, 적은지 한눈에 알 수 있어요.

질문 3: 일상생활에서 데이터를 어떻게 모을 수 있을까요?

예상답변: 일상생활에서 데이터를 모으는 방법은 다양해요. 예를 들어, 키를 재거나 몸무게를 측정하 거나, 우리 반 친구들의 취미를 조사해볼 수 있어요.

질문 4: 그래프에서 어떤 정보를 알 수 있을까요?

예상답변: 그래프를 보면 어떤 것이 가장 크거나 작은지, 어떤 것이 변화하는지, 어떤 것이 비슷한지 알 수 있어요. 예를 들어, 막대 그래프에서 막대의 높이가 큰 것은 가장 많은 것을 의미하 고, 작은 것은 가장 적은 것을 의미해요.

질문 5: 그래프를 사용해서 어떤 것을 비교할 수 있을까요?

예상답변: 그래프를 사용해서 우리는 다양한 것을 비교할 수 있어요. 예를 들어, 다른 동물들의 크기 를 비교하거나, 여러 과일의 맛을 비교할 수 있어요.

질문 6: 어떤 문제를 그래프를 사용해서 해결할 수 있을까요?

예상답변: 그래프를 사용해서 우리는 문제를 해결할 수도 있어요. 예를 들어, 우리 반 친구들이 어떤 동물을 좋아하는지 알아보기 위해 동물 취향을 조사하고 그래프로 표현할 수 있어요.

질문 7: 그래프를 어디에서 자주 볼 수 있을까요?

예상답변: 그래프는 우리 주변에서 자주 볼 수 있어요. 책에서 통계 자료를 볼 때, 뉴스에서 경제 상 황을 보고할 때, 심지어 우리가 좋아하는 스포츠 경기에서도 그래프를 볼 수 있어요.

질문 8: 그래프를 사용해서 어떤 이야기를 전달할 수 있을까요?

예상답변: 그래프를 사용해서 우리는 다양한 이야기를 전달할 수 있어요. 예를 들어, 우리가 무슨 음 식을 가장 좋아하는지를 그래프로 보여줄 수 있어요. 그래프로 보면 다른 사람들에게 쉽게 알려줄 수 있어요.

위의 예시 답변은 초등학생들이 이해하기 쉽도록 구성되었습니다. 수업 진행 중에는 학생들의 이해 도에 맞게 설명을 조정하고 추가적인 예시나 그림을 활용하여 설명을 더욱 명확하게 할 수 있습니다.

질문 | 생활 속에서 그래프를 활용하는 예시를 보여줄 수 있는 자료는 무엇이 있을까요?

 | 생활 속에서 그래프를 활용하는 예시로는 다음과 같은 자료들이 있을 수 있습니다.

1. 식료품 가격 변동 그래프: 특정 식료품의 가격이 일정 기간 동안 어떻게 변화했는지를 그래프로 표현하여 가격 변동 추이를 파악할 수 있습니다. 이를 통해 언제 가격이 오르고 내리는지, 어느 시기에 가격이 가장 안정적인지 등을 알 수 있습니다.

2. 온도 변화 그래프: 일일 온도를 기록하여 그래프로 표현하여 계절에 따른 온도 변화를 확인할 수 있습니다. 이를 통해 봄, 여름, 가을, 겨울의 온도 변동 패턴을 파악할 수 있습니다.

3. 운동 시간 그래프: 운동 시간을 일정 기간 동안 기록하여 그래프로 표현하면 운동을 얼마나 하고 있는지를 시각적으로 확인할 수 있습니다. 이를 통해 운동 습관의 변화나 주간별 운동량 등을 파악할 수 있습니다.

4. 판매량 그래프: 상점이나 회사의 제품 판매량을 일정 기간 동안 기록하여 그래프로 표현하면 제품의 인기도나 시장 변동을 알 수 있습니다. 이를 통해 어떤 제품이 가장 잘 팔리는지, 판매량의 증감 추세를 파악할 수 있습니다.

5. 인구 그래프: 지역의 인구 변동을 그래프로 표현하여 인구 동향을 파악할 수 있습니다. 이를 통해 인구의 증가 또는 감소 추세를 확인하고, 어떤 지역이 인구가 많은지, 적은지 알 수 있습니다.

6. 교통량 그래프: 특정 도로의 교통량을 일정 기간 동안 기록하여 그래프로 표현하면 특정 시간대에 교통이 가장 혼잡한지, 언제 교통이 원활한지를 알 수 있습니다. 이를 통해 교통 상황에 따른 이동 시간 예측이나 교통 체증 예방을 할 수 있습니다.

위의 예시들은 일상생활에서 그래프를 활용하여 다양한 정보를 파악하고 결정을 내리는 데 도움을 주는 자료들입니다. 학생들과 함께 이러한 예시들을 분석하고 그래프를 해석하는 수업을 통해 실생활에서의 그래프 활용 능력을 향상시킬 수 있습니다.

학생들의 활동을 유도할 수 있는 발문의 예를 요청합니다.

질문 | 학생들과 그래프와 관련된 경험을 나누라고 하면 학생들이 쉽게 답하기 어려울 겁니다. 학생들이 그래프와 관련된 경험을 이야기 하도록 유도할 수 있는 질문은 무엇이 있을까요?

학생들이 그래프와 관련된 경험을 이야기하도록 유도할 수 있는 몇 가지 질문은 다음과 같습니다.

질문 1: "너희 주변에서 그래프와 관련된 상황이나 정보를 본 적이 있나요? 어떤 상황이었나요?"

질문 2: "어떤 자료를 그래프로 표현하면 좋을 것 같아요? 예를 들어, 학교 생활, 취미, 가족, 혹은 친구들과 관련된 자료 중에서 어떤 것을 그래프로 나타낼 수 있을까요?"

질문 3: "과일을 사러 갔을 때, 가격이 어떻게 변하는지 그래프로 나타내볼 수 있을까요? 그렇게 하면 어떤 정보를 얻을 수 있을까요?"

질문 4: "최근에 날씨에 대한 정보를 어떤 방법으로 얻었나요? 그 정보를 그래프로 나타내면 어떤 모습이 될까요?"

질문 5: "자전거를 탈 때, 속도가 어떻게 변하는지 그래프로 표현해볼 수 있을까요? 그렇게 하면 어떤 것을 알 수 있을까요?"

질문 6: "인기 있는 동화책이나 만화책을 조사하고, 각 도서의 판매량을 그래프로 나타내볼 수 있을까요? 그래프를 통해 어떤 책이 가장 인기 있는지 알 수 있을까요?"

이러한 질문들을 활용하여 학생들이 그래프와 관련된 경험을 나누고 아이디어를 공유할 수 있도록 유도할 수 있습니다. 질문을 통해 학생들의 창의적 사고를 자극하고 그래프를 일상생활에 어떻게 적용할 수 있는지 함께 고민해볼 수 있습니다.

표 만들기 단계에서 학생들이 할 수 있는 활동 찾기

데이터로 표를 만드는 단계에서 자료 수집 방법에 대한 설명을 요청할 수 있습니다. 자료라는 용어를 ChatGPT에서는 데이터라는 용어로 바꿔서 씁니다.

질문 | 전개 활동 1. 데이터 수집 단계에서 학생들에게 데이터를 수집하는 방법에 대해 어떻게 간단명료하게 설명해 줄 수 있을까요?

 데이터 수집은 학생들이 관심 있는 주제나 특정 현상에 대한 정보를 모으는 과정입니다. 간단하고 명료하게 데이터를 수집하는 방법을 설명하기 위해 다음과 같은 단계를 안내할 수 있습니다.

단계 1. 주제 선택: 먼저 어떤 주제에 대해 데이터를 수집할지 학생들에게 물어봅니다. 예를 들어, "어떤 동물이 가장 많은지 알아보려면 어떤 데이터를 수집해야 할까요?"

단계 2. 데이터 종류 결정: 선택한 주제에 따라 어떤 종류의 데이터를 수집해야 하는지 학생들과 함께 생각해봅니다. 예를 들어, "동물의 종류와 수를 조사하기 위해서는 어떤 데이터가 필요할까요?"

단계 3. 데이터 수집 방법 설명: 데이터를 수집하는 방법을 간단히 설명해줍니다. 예를 들어, "동물원에 가서 동물들의 종류와 수를 직접 조사하거나, 인터넷이나 도서관에서 관련 자료를 찾아볼 수도 있습니다."

단계 4. 데이터 기록: 데이터를 기록하는 방법을 설명합니다. 예를 들어, "각 동물의 종류와 수를 목록이나 표로 기록해보세요. 종류와 수를 한 쌍으로 적어서 데이터를 정리할 수 있어요."

단계 5. 데이터 분류: 데이터를 분류하여 비슷한 종류끼리 묶을 수 있도록 안내합니다. 예를 들어, "같은 종류의 동물들을 함께 묶어서 그룹으로 분류해보세요. 그래프를 그릴 때 도움이 될 거예요."

간단한 설명과 함께 예시를 사용하면 학생들이 데이터 수집을 더욱 쉽게 이해할 수 있습니다. 수업에서는 실제로 데이터를 수집하는 활동을 통해 학생들이 직접 경험해보도록 유도하여 참여도를 높일 수 있습니다.

학생들이 활동에서 적용할 수 있는 주제의 예시를 요청하고 수업에 적용할 수 있습니다.

질문 | 전개활동에서 학생들이 직접 자료를 수집하고 표로 나타내는 활동을 할 때 제시할 수 있는 주제를 10가지 알려주세요.

 | 학생들이 직접 자료를 수집하고 표로 나타내는 활동에 활용할 수 있는 주제 10가지는 다음과 같습니다.

주제 1. 학급 내에서 가장 선호하는 과일 종류 조사

주제 2. 가족 구성원의 취미 조사

주제 3. 동물원에서 가장 인기 있는 동물 조사

주제 4. 주변 동네의 식당 종류와 수 조사

주제 5. 친구들이 가장 좋아하는 책의 장르 조사

주제 6. 주변 공원의 놀이기구 종류와 수 조사

주제 7. 학생들의 주간 운동 시간 조사

주제 8. 학교 안의 나무 종류와 수 조사

주제 9. 학생들이 가장 자주 찾는 인터넷 사이트 종류 조사

주제 10. 주변 동네의 교통수단 종류와 수 조사

위의 주제들은 학생들이 일상적으로 경험할 수 있는 주제들로 선택되었습니다. 학생들이 자신들의 관심사나 주변 환경에 대한 자료를 수집하고 표로 나타내는 활동을 통해 데이터 분류와 표 형식의 활용 방법을 배울 수 있습니다.

학급의 특징, 수업 조건을 넣어서 활동을 소개하는 설명의 예시를 요청할 할 수 있습니다.

질문 | 수업을 받는 학생들은 22명이고, 22명을 대상으로 직접 조사해서 자료를 모으고 표로 만들고자 합니다. 이 과정에 대해서 간단하게 설명하는 예시를 들어주세요.

 | "오늘 우리는 자료를 수집하고 표로 정리하는 활동을 할 건데, 학생들 모두가 참여할 거예요. 각자가 자신의 의견을 조사해서 자료를 모으고, 그 자료를 표로 만들어보겠어요.

먼저, 우리는 22명의 학생들을 대상으로 조사를 할 거예요. 각자가 참여하는 방식으로 조사를 진행할 건데, 예를 들어 '가장 좋아하는 색깔은 무엇인가요?'라는 질문을 다른 학생들에게 물어보면서 자료를 수집할 수 있어요.

한 학생씩 질문을 하면서 다른 학생들의 답변을 기록해볼게요. 이렇게 각 학생들의 의견을 조사해서 모으면 우리가 원하는 자료를 얻을 수 있을 거예요.

자료를 모았다면, 이제 그 자료를 표로 정리해봅시다. 예를 들어, 가장 좋아하는 색깔에 대한 응답을 한 표로 만들 수 있어요. 표에는 학생들의 이름과 그들이 선택한 색깔을 정리할 거예요.

이렇게 자료를 조사하고 정리하는 과정을 통해 우리는 다양한 의견을 알아보고 그것을 표로 나타낼 수 있어요. 그리고 이렇게 만든 표를 통해 우리는 가장 많이 선택된 색깔이 무엇인지 한눈에 알아볼 수 있어요.

자료를 수집하고 표로 정리하는 활동을 통해 우리는 데이터 분석과 표현 방법을 배우게 될 거예요. 이러한 기술은 수학뿐만 아니라 일상생활에서도 많은 도움을 줄 수 있어요."

ChatGPT를 통해 학생들이 수집한 자료를 표로 정리할 수 있는 예를 제시할 수 있습니다.

자료를 표로 정리하는 예를 제시하거나, 학생들이 ChatGPT를 활용해 표 만들기 활동을 하도록 할 수 있습니다.

질문 | 22명의 학생을 대상으로 "학급 내에서 가장 선호하는 과일 종류 조사"를 하려고 합니다. 사과는 10명, 체리는 5명, 멜론은 4명, 수박은 2명, 오렌지는 1명이에요. 이 데이터로 표를 만들어주세요.

| 학급 내에서 가장 선호하는 과일 종류를 조사한 결과를 표로 만들어보겠습니다.

과일 종류	학생 수
사과	10
체리	5
멜론	4
수박	2
오렌지	1

위의 표는 학급 내에서 각 과일 종류에 대해 몇 명의 학생이 선호하는지를 나타내고 있어요. 가장 선호도가 높은 과일은 사과로, 10명의 학생들이 사과를 선호합니다. 그 다음으로는 체리가 5명, 멜론이 4명, 수박이 2명, 오렌지가 1명의 선호도를 갖고 있어요.

이렇게 자료를 표로 정리하면 우리는 학급 내에서 가장 선호하는 과일 종류를 한눈에 파악할 수 있습니다.

질문자가 제시한 데이터에 오류가 생겼을 때 ChatGPT는 정정해줄까요?

총원은 22명인데 과일 선호 조사에 응답한 인원은 사과 10명, 체리 5명, 멜론 3명, 수박 2명, 오렌지 1명 총 21명으로 질문을 했을 때 ChatGPT에서 답변을 정정해주거나 오류를 지적하지는 않았습니다.

※ 데이터 오류가 들어간 사례

질문 | 22명의 학생을 대상으로 "학급 내에서 가장 선호하는 과일 종류 조사"를 하려고 합니다. 사과는 10명, 체리는 5명, 멜론은 3명, 수박은 2명, 오렌지는 1명이에요. 이 데이터로 표를 만들어주세요.

 | 학급 내에서 가장 선호하는 과일 종류를 조사한 결과를 표로 만들어 보겠습니다.

Fruit	Number of Students
사과 (Apple)	10
체리 (Cherry)	5
멜론 (Melon)	3
수박 (Watermelon)	2
오렌지 (Orange)	1

위의 표는 22명의 학생들을 대상으로 조사한 "학급 내에서 가장 선호하는 과일 종류" 조사 결과를 보여줍니다. 사과는 10명, 체리는 5명, 멜론은 3명, 수박은 2명, 오렌지는 1명이 선호하는 과일 종류로 조사되었습니다.

수집한 자료를 표와 그래프로 바꾸는 방법을 어떻게 설명할 수 있을까요?

일부 학생들은 자료를 직접 표로 만들고 그래프로 바꾸는 것을 어려워할 수 있습니다. 그러므로 이에 대한 보충 설명이 필요할 때 ChatGPT를 활용할 수 있습니다. ChatGPT의 설명이 어렵다고 판단되면 학생들의 수준을 구체적으로 제시해 줄 수 있습니다.(예: 6학년, 13살 등)

질문 | 수집한 자료를 정리하는 방법을 초등학생에게 어떻게 쉽게 설명할 수 있을까요?

 | 자료를 정리하는 방법을 초등학생에게 쉽게 설명하기 위해 다음과 같은 방법을 사용할 수 있습니다.

방법 1. 자료를 보고 중요한 정보를 찾아요. 먼저, 자료를 살펴보고 우리가 찾고자 하는 중요한 정보를 찾아요. 예를 들어, 우리가 과일에 대한 조사를 했다면, 어떤 과일이 가장 많은지, 어떤 과일이 가장 적은지 등을 알아볼 수 있어요.

방법 2. 정보를 정리하기 위해 표를 사용해요: 정보를 정리하는 방법 중 하나는 표를 사용하는 것이에요. 표는 가로줄과 세로줄로 구성되어 있고, 각 칸에 정보를 적을 수 있어요. 예를 들어, 우리가 조사한 과일 종류를 가로줄에 적고, 세로줄에는 각 과일에 대한 정보를 적으면 돼요.

방법 3. 자료를 적절한 순서로 정리해요: 정리할 때는 자료를 적절한 순서로 정리하는 것이 좋아요. 예를 들어, 가장 많은 것부터 적어나가거나, 알파벳 순서대로 정리하는 등의 방법을 사용할 수 있어요.

방법 4. 색깔이나 그림을 활용해 정보를 더 쉽게 이해할 수 있어요. 자료를 정리할 때 색깔이나 그림을 사용하면 정보를 더 쉽게 이해할 수 있어요. 예를 들어, 사과를 나타내는 칸에 빨간색을, 체리를 나타내는 칸에 붉은 점을 그려서 정보를 더 잘 알아볼 수 있어요.

이렇게 자료를 보고 중요한 정보를 찾고, 표를 사용해 정보를 정리하며, 색깔이나 그림을 활용하면 우리는 자료를 쉽게 정리할 수 있어요. 정리된 자료를 보면 원하는 정보를 쉽게 알아볼 수 있고, 다른 사람들과도 정보를 공유하기가 더 편리해집니다.

프롬프트를 어떻게 작성하느냐에 따라 답이 달라집니다. 아래와 같이 설명 분량을 정해주면 원하는 답변을 얻을 수 있습니다.

질문 | 같은 질문에 대한 답을 초등학교 6학년, 만 12세 정도의 학생에 맞게 바꿔주세요. 설명은 1분 분량으로 간단하게 합니다.

수집한 자료를 정리하는 것은 자료를 정돈하고 쉽게 이해할 수 있게 하는 방법입니다. 먼저, 비슷한 종류의 자료끼리 모아서 그룹을 만들어요. 그리고 그룹 안에서 중요한 정보를 찾아내고 기록해요. 예를 들어, 만약 우리가 과일의 종류와 개수를 조사했다면, 같은 종류의 과일들을 한 그룹으로 묶고 각각의 그룹에서 과일의 개수를 세어서 기록할 수 있어요. 그리고 그룹별로 어떤 과일이 많은지 비교 해 볼 수도 있어요.

이렇게 자료를 정리하면 우리가 조사한 정보를 더욱 명확하게 파악할 수 있고, 다른 사람들과 공유할 때도 편리해져요. 그래서 자료를 정리하는 것은 중요한 과정이에요.

질문 | 표를 원그래프나 띠그래프로 바꾸는 방법을 초등학생에게 어떻게 쉽게 설명할 수 있을까요?

 · 원그래프로 바꾸는 방법.
· 원그래프는 전체를 하나의 원으로 표현하는 그래프입니다.
· 원그래프로 바꾸기 위해서는 우리가 관심있는 항목의 비율을 계산해야 해요.
· 예를 들어, 우리가 과일 종류에 대한 조사 결과를 원그래프로 나타내려고 한다면, 각 과 · 일 종류 의 항목을 전체 항목의 비율로 계산합니다.
· 그리고 각 항목에 해당하는 부채꼴을 그려서 원 안에 표현하면 됩니다. 부채꼴의 크기는 해당 항 목의 비율에 따라 결정됩니다.
 띠그래프로 바꾸는 방법:
· 띠그래프는 여러 항목의 비율을 나타내는 그래프입니다.
· 띠그래프로 바꾸기 위해서는 각 항목의 비율을 계산해야 해요.
· 예를 들어, 우리가 과일 종류에 대한 조사 결과를 띠그래프로 나타내려고 한다면, 각 과일 종류의 항목을 전체 항목의 비율로 계산합니다.
· 그리고 각 항목의 비율에 해당하는 길이의 띠를 그립니다. 이때, 띠들을 옆으로 나열하여 하나의 그래프로 만들어요.
· 각 항목의 띠에는 해당하는 과일 종류를 표시하여 어떤 항목인지 알 수 있게 합니다.

이렇게 원그래프와 띠그래프는 각 항목의 비율을 시각적으로 나타내는 방법입니다. 원그래프는 전체 를 하나의 원으로 표현하고, 띠그래프는 띠들을 옆으로 나열하여 전체를 표현합니다. 항목의 비율에 따라 부채꼴이나 띠의 크기를 조절하여 적절히 그려주면 됩니다.

| ChatGPT로 표나 그래프를 만들 수는 있지만 아래 이미지와 같이 매우 간단한 형태로 표현합니다.

과일 종류	학생 수
사과	10
체리	5
멜론	4
수박	2
오렌지	1

그래프를 구현했을 때 간단한 형태로 나타나거나 아래 이미지처럼 데이터가 깨져서 나오는 편입니다.

```lua
                                          📋 Copy code
    10 |    *
     9 |
     8 |
     7 |
     6 |
     5 |    *
     4 |    *    *
     3 |    *    *
     2 |    *    *
     1 |    *    *
    - - - - - - - - - - -
        사과 체리 멜론 수박 오렌지
```

ChatGPT를 통해 표나 그래프를 직접 구현하는 것은 무리가 있습니다. 하지만 이 책을 서술한 선생님들이 만든 지도안처럼 표 형태의 작업을 할 때 최대한 합리적이고 효율적으로 작업할 수 있도록 도와주는 도구가 될 수 있습니다.

질문	학생들에게 표와 그래프 만들기 활동을 할 때 추천해 줄 수 있는 프로그램이 있을까요?

 | 학생들이 표와 그래프를 만들 때 Microsoft Excel을 사용하거나 직접 표나 그래프를 그리도록 지도하는 게 가장 적합합니다. Excel은 표, 그래프 작업에 있어서 가장 기초적이고 보편적인 프로그램이기 때문이고, 직접 표나 그래프를 그려봄으로써 학생들이 수학 지식을 감각적으로 익히는 것이 효과적인 방법이라고 봅니다.

또한 교사들이나 공무원들이 보편적으로 쓰는 한글 프로그램의 표 그리기나 차트 만들기를 활용하면 컴퓨터에 익숙하지 않은 학생들이 쉽게 만들 수 있습니다.

2명씩 짝을 지어서 하는 짝활동이나 모둠 활동이 필요할 경우 Microsoft의 Excel 프로그램이나 Google Sheet 등을 활용하면 학생들 간의 협업이 가능합니다.

"학급 내에서 가장 선호하는 과일 종류 조사" 주제를 엑셀로 표와 그래프를 만들면 아래와 같습니다.

Excel로 만든 표

과일종류	사과	체리	멜론	수박	오렌지	합계
인원	10	5	4	2	1	22

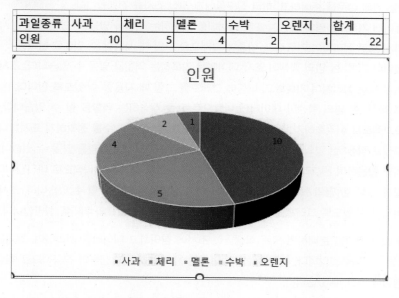

모둠 활동에 적합한 역할 나누기

모둠 활동 시 가장 어려운 것이 역할 분배입니다. ChatGPT에 주어진 활동과 모둠의 인원수 등 적절한 조건을 제시한다면 이에 맞는 모둠 역할에 대해서 조언을 구할 수 있습니다. 다만 ChatGPT 가 영어기반의 AI 플랫폼이란 점을 감안해 모둠의 경우 그룹이라는 용어로 대체했습니다.

질문 | 한 그룹에 5명, 6명의 학생들이 학급 친구들을 대상으로 조사하고, 조사한 내용을 표와 그래프로 만들 때 어떻게 역할을 분배하면 좋을까요? 5명 일 때와 6명 일 때 분배할 수 있는 역할을 알려주세요.

 | 5명의 학생들을 대상으로 조사할 때와 6명의 학생들을 대상으로 조사할 때, 역할을 다음과 같이 분배할 수 있습니다.

- 데이터 수집: 모든 학생들이 협력하여 조사 데이터를 수집하는 역할을 할 수 있습니다. 각 학생은 조사를 위해 질문을 준비하고, 학급 친구들에게 직접 조사를 진행합니다.
- 데이터 기록: 한 명의 학생이 조사 데이터를 기록하는 역할을 맡을 수 있습니다. 조사 결과를 정확하게 표로 정리하여 기록하고, 나중에 그래프를 그릴 때 사용할 수 있도록 합니다.
- 데이터 기록: 한 명의 학생이 조사 데이터를 기록하는 역할을 맡을 수 있습니다. 조사 결과를 정확하게 표로 정리하여 기록하고, 나중에 그래프를 그릴 때 사용할 수 있도록 합니다.
- 표 작성: 한 명의 학생이 데이터를 바탕으로 표를 작성하는 역할을 할 수 있습니다. 조사 결과를 효과적으로 시각화하기 위해 표 형태로 정리하고, 각 항목의 수를 정확하게 표시합니다.
- 그래프 작성: 한 명의 학생이 표를 바탕으로 그래프를 그리는 역할을 맡을 수 있습니다. 표의 데이터를 활용하여 원그래프나 띠그래프 등을 그려서 조사 결과를 시각적으로 나타냅니다.
- 결과 해석: 한 명의 학생이 그래프를 해석하고 설명하는 역할을 할 수 있습니다. 조사 결과를 쉽게 이해할 수 있도록 그래프를 해석하고, 다른 학생들에게 그래프의 의미를 설명합니다.

위와 같이 역할을 분배하면 모든 학생들이 조사에 참여하고 데이터를 처리하며, 결과를 효과적으로 표현할 수 있을 것입니다. 이렇게 협력하여 역할을 수행하면 학생들이 적극적으로 참여하고 협력하는 경험을 얻을 수 있습니다.

- 데이터 기록: 한 명의 학생이 조사 데이터를 기록하는 역할을 맡을 수 있습니다. 조사 결과를 정확하게 표로 정리하여 기록하고, 나중에 그래프를 그릴 때 사용할 수 있도록 합니다.
- 표 작성: 한 명의 학생이 데이터를 바탕으로 표를 작성하는 역할을 할 수 있습니다. 조사 결과를 효과적으로 시각화하기 위해 표 형태로 정리하고, 각 항목의 수를 정확하게 표시합니다.
- 그래프 작성: 한 명의 학생이 표를 바탕으로 그래프를 그리는 역할을 맡을 수 있습니다. 표의 데이터를 활용하여 원그래프나 띠그래프 등을 그려서 조사 결과를 시각적으로 나타냅니다.
- 결과 해석: 한 명의 학생이 그래프를 해석하고 설명하는 역할을 할 수 있습니다. 조사 결과를 쉽게 이해할 수 있도록 그래프를 해석하고, 다른 학생들에게 그래프의 의미를 설명합니다.

위와 같이 역할을 분배하면 모든 학생들이 조사에 참여하고 데이터를 처리하며, 결과를 효과적으로 표현할 수 있을 것입니다. 이렇게 협력하여 역할을 수행하면 학생들이 적극적으로 참여하고 협력하는 경험을 얻을 수 있습니다.

표와 그래프를 이용해 문제 만들기

학생들이 만든 표와 그래프로 수학 문제를 만들 수 있습니다. ChatGPT가 만든 자료를 학생들에게 예시 자료로 활용할 수 있습니다.

질문 | 22명의 학생을 대상으로 "학급 내에서 가장 선호하는 과일 종류 조사"를 한 것을 표와 그래프로 만들었습니다. 이 표와 그래프로 만들 수 있는 문제를 10가지 제시해 주세요.

---

1. 가장 선호하는 과일은 무엇인가요?
2. 가장 선호하는 과일과 그 다음으로 선호하는 과일의 차이는 얼마나 나요?
3. 전체 학생 중 몇 퍼센트가 사과를 선호하나요?
4. 수박을 선호하는 학생들은 총 몇 명인가요?
5. 체리를 선호하는 학생들의 수는 사과를 선호하는 학생들의 수의 몇 배인가요?
6. 선호하는 과일의 수가 가장 많은 학생들은 몇 명인가요?
7. 가장 선호하는 과일과 가장 선호하지 않는 과일의 차이는 무엇인가요?
8. 멜론을 선호하는 학생들과 오렌지를 선호하는 학생들의 수를 비교해봐요.
9. 전체 학생 중 선호하는 과일 종류별 비율을 계산해볼까요?
10. 가장 선호하는 과일 종류의 학생 수와 다른 과일 종류의 학생 수의 차이는 몇 명인가요?

학생들이 직접 문장제 문제를 만들 수 있게 예시를 제시할 수 있습니다.

질문 | 학생들이 직접 조사한 표와 그래프를 가지고 이야기가 있는 문제를 만들려고 합니다. 우리 반 22명의 학생을 대상으로 "학급 내에서 가장 선호하는 과일 종류 조사"를 한 것을 표와 그래프로 만들었을 때, "전체 학생 중 몇 퍼센트가 사과를 선호하나요?" 문제에 이야기를 넣어서 제시해주세요.

학급 내에서 가장 선호하는 과일 종류 조사 결과에 대한 표와 그래프를 가지고 "전체 학생 중 몇 퍼센트가 사과를 선호하나요?"라는 문제를 만들어 보겠습니다.

문제
우리 반에는 22명의 학생이 있습니다. 가장 선호하는 과일 종류 조사를 통해 다음과 같은 결과가 나왔습니다. 사과는 10명, 체리는 5명, 멜론은 4명, 수박은 2명, 오렌지는 1명입니다. 이 조사 결과를 바탕으로 전체 학생 중 몇 퍼센트가 사과를 선호하는지 알아보려고 합니다. 어떤 이야기를 할 수 있을까요?

이야기
조사 결과를 토대로, 사과를 선호하는 학생의 수는 10명입니다. 우리 반의 전체 학생 수는 22명이므로, 사과를 선호하는 학생의 비율을 계산할 수 있습니다. 사과를 선호하는 학생의 수를 전체 학생 수로 나누어 계산하면, $(10 \div 22) \times 100 = 45.45\%$가 됩니다. 따라서 우리 반의 학생 중 약 45.45%가 사과를 선호합니다.

수업 평가 기준 만들기

질문 | 위 지도안을 가지고 평가계획을 세우고자 합니다. 평가 기준, 평가 방법, 평가 척도를 작성해주세요. 평가 척도는 3단계인데 잘함, 보통, 노력요함 입니다.

 1. 평가 기준: 데이터 수집, 분류, 정리 및 그래프로 나타내기

2. 평가 방법:

– 학생의 데이터 수집 능력을 평가하기 위해, 학생들이 주어진 주제에 따라 데이터를 수집하는 과정을 관찰합니다.

– 학생의 분류 및 정리 능력을 평가하기 위해, 학생들이 수집한 데이터를 적절하게 분류하고 정리하는 과정을 관찰합니다.

– 학생의 그래프 작성 능력을 평가하기 위해, 학생들이 수집한 데이터를 원그래프와 띠그래프로 나타내는 과정을 관찰합니다.

– 학생의 그래프 해석 능력을 평가하기 위해, 학생들이 작성한 그래프를 해석하고 그에 대한 설명을 요구합니다.

3. 평가 척도:

– 잘함: 학생이 주어진 과정을 정확하고 완벽하게 수행하며, 데이터 수집, 분류, 정리, 그래프 작성, 그래프 해석 등을 매우 정확하게 이해하고 표현하는 경우입니다.

– 보통: 학생이 일부 과정을 수행하며, 데이터 수집, 분류, 정리, 그래프 작성, 그래프 해석 등을 이해하고 표현하는 경우입니다.

– 노력요함: 학생이 평가 기준에 따라 능력을 개선해야 하며, 데이터 수집, 분류, 정리, 그래프 작성, 그래프 해석 등을 잘 이해하고 표현할 수 없는 경우입니다.

ChatGPT와 함께 보드게임을 활용한
수학 문제 만들기 수업

문제 생성 보드게임 활동 구성하기

분모가 다른 분수의 덧셈과 뺄셈 문제 만들기 수업을 준비하면서 학생이 즐겁게 참여할 수 있는 수업을 만들기 위해서 ChatGPT에게 질문을 하였습니다. ChatGPT가 제안한 "문제 생성 보드게임" 활동을 가지고 수업을 계획하고 실제로 수업에 적용하는 과정을 소개합니다.

질문 | 학생들이 직접 일상생활이나 실생활 속 사례를 바탕으로 분모가 다른 분수의 덧셈과 뺄셈 문제를 만들 수 있도록 하려면 어떤 교구를 제시하면 좋을지 추천해 주세요.

 | 1. 문제 생성 보드게임: 학생들이 팀으로 나누어 보드게임을 플레이하면서 문제를 만들 수 있는 교구입니다. 보드게임 판 위에는 다양한 상황 카드나 이벤트 카드가 있고, 학생들은 주어진 상황에 맞는 문제를 생성하고 팀원들과 토론하면서 게임을 진행합니다.

2. 상황 카드 덱: 다양한 상황을 나타내는 카드 덱을 사용하여 학생들이 문제를 만들 수 있도록 도와줍니다. 각 팀은 카드를 뽑아 그 상황을 바탕으로 문제를 구성하고 토론합니다. 카드 덱에는 일상생활이나 실생활에서 발생하는 다양한 상황을 다루는 카드를 포함시킬 수 있습니다.

3. 시뮬레이션 게임: 시뮬레이션 게임은 학생들이 일상적인 상황을 모의하여 문제를 만들 수 있는 교구입니다. 예를 들어, 일상 생활에서 카페를 운영한다고 가정하고 학생들은 주어진 상황에서 발생하는 문제를 파악하고 문제를 만들어냅니다.

4. 문제 생성 킷: 학생들에게 문제를 만들기 위한 도구들을 제공하는 문제 생성 킷을 활용할 수 있습니다. 이러한 킷에는 문제를 구성하기 위한 템플릿, 카드, 토큰 등이 포함되어 있어 학생들이 직접 문제를 만들고 토론하는 데 활용할 수 있습니다.

질문 | 문제 생성 보드게임이 흥미로울 것 같습니다. 문제 생성 보드게임 판을 만들어 줄 수 있을까요?

 | [문제 생성 보드게임 판]

1. 게임 판 디자인

- 게임 판은 정사각형 형태로 구성합니다.

- 판 위에는 주사위를 굴릴 수 있는 공간을 마련합니다.

2. 상황 카드

- 일상생활에서 발생하는 다양한 상황을 나타내는 카드를 준비합니다.

- 각 카드에는 상황에 대한 간단한 설명과 문제를 구성할 수 있는 힌트가 포함됩니다.

3. 이벤트 카드

- 게임 진행 중 특별한 이벤트를 발생시킬 수 있는 카드를 추가합니다. 이벤트 카드에는 학생들의 상상력과 창의력을 자극하는 요소를 담을 수 있습니다.

4. 문제 작성 카드

- 학생들이 문제를 작성할 수 있는 카드를 제공합니다.

- 각 카드에는 문제를 구성하는데 필요한 정보나 조건을 포함합니다.

5. 주사위

- 문제 생성 보드게임을 진행하기 위한 주사위를 준비합니다. 주사위는 1부터 6까지의 숫자를 나타 냅니다.

6. 게임 진행 방법

- 학생들은 팀을 이루어 게임을 시작합니다.

- 각 팀은 번갈아가며 주사위를 굴려 게임 판 위를 이동합니다.

- 팀이 도착한 칸에서 상황 카드를 뽑습니다.

- 상황 카드를 바탕으로 팀은 문제를 작성하고, 팀원들과 함께 문제를 토론합니다.

- 다른 팀원들은 해당 문제에 대해 생각하고 의견을 나누며 해답을 도출합니다.

- 문제를 해결한 팀은 다음 턴에 주사위를 굴리며 게임을 진행합니다.

질문 | 당신이 계획한 보드게임판을 이미지로 만들어 줄 수 있을까요?

 | 1. 그래픽 디자인 도구 사용: 그래픽 디자인 도구(예: Adobe Photoshop, Canva 등)를 활용하여 문제 생 성 보드게임 판의 디자인을 구성할 수 있습니다. 각 칸의 배치, 색상, 카드 디자인 등을 직접 설정하여 게임 판의 이미지를 생성할 수 있습니다.

2. 보드게임 생성 도구 사용: 온라인 보드게임 생성 도구(예: Tabletopia, Tabletop Simulator 등)를 활용하여 실제 보드게임을 디지털로 구현할 수 있습니다. 이를 통해 게임판의 이미지를 만들고 학생들이 가상 환경에서 문제 생성 보드게임을 진행할 수 있습니다.

3. 그림 도구와 손으로 그리기: 간단한 도구(예: Paint, 그림판 등)를 사용하여 문제 생성 보드게임 판의 개략적인 이미지를 그릴 수 있습니다. 손으로 그린 이미지는 정교하지 않을 수 있지만, 학생들이 게임 진행에 필요한 요소를 이해하는 데는 도움이 될 수 있습니다.

ChatGPT는 텍스트 기반의 인공지능 모델이라 이미지를 만들 수 있는 방법을 제시했습니다. ChatGPT에서 제안한 Canva를 가지고 보드게임판을 만들어 보았습니다.

질문 | ChatGPT로 원하는 이미지 구현이 어려울 때 어떻게 해결할 수 있나요?

 | ChatGPT에서는 html 형태의 표나 간단한 그래프를 나타낼 수 있지만, 복잡한 형태의 그래프나 이미지 구현이 불가능합니다. 이미지의 경우 GPT-3.5에서는 깨진 이미지로 나오는 경우가 많습니다. 여기에서는 ChatGPT에서 제안한 프로그램을 활용해 보드게임판을 만들어 보겠습니다. 여기서 ChatGPT는 보드게임판을 만들 수 있는 프로그램들을 그래픽 디자인 도구(예: Adobe Photoshop, Canva 등)와 온라인 보드게임 생성 도구(예: Tabletopia, Tabletop Simulator 등), 간단한 그림 도구(예: Paint, 그림판 등)를 제안했습니다.

검색엔진을 활용해 각 프로그램의 특징을 살펴보고 골라보고 사용자가 활용할 수 있는 프로그램을 고를 수 있습니다. 간단한 그림 도구나 Adobe Photoshop으로는 사용자의 의도에 맞는 보드게임판이나 디자인을 구현할 수 있으나, 제작 시간이 길고 많은 기술을 요구합니다. 온라인 보드게임 생성 도구로 다양한 종류의 보드게임을 제작할 수 있으나, 유료 프로그램이라는 단점이 있습니다. 여기에서는 Canva를 사용해 보드게임판을 제작해 보았습니다. Canva에서는 검색어에 맞는 템플릿을 제공해 사용자가 고른 템플릿을 편집해 보드게임판 등 다양한 폼을 만들 수 있습니다.

| Canva로 보드게임판을 만드는 과정은 다음과 같습니다.

Canva에 가입해 로그인한 후 보드게임판을 검색해 원하는 템플릿을 찾습니다.

원하는 템플릿을 찾아 수업에 맞게 보드게임판을 편집합니다.

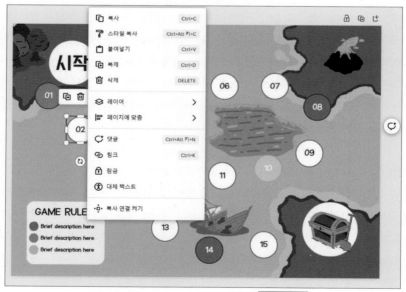

보드 게임판 템플릿 바로가기

해당 프로그램을 통해 생성한 보드게임판입니다.

(캔바 사이트 https://www.canva.com/ 로그인이 필요합니다.)

보드게임에 쓰이는 카드 만들기

이제까지 ChatGPT와 함께 보드게임판과 게임규칙을 만들어보았습니다. 이번에는 상황 카드, 이벤트카드, 수식 카드에 내용을 만들었습니다.

상황 카드	문제 상황을 제시하고 있어서 자유도가 높은 카드(난이도 상)
이벤트 카드	게임 흐름을 변화시키는 복불복 카드
수식 카드	수식을 보고 이야기 문제를 만드는 카드

질문 │ 상황 카드는 10장을 만들려고 합니다. 상황 카드에 들어갈 만한 내용을 10가지 제시해주세요. 그리고 각 카드는 짧은 문장으로 구성되어야 합니다.

 │ 짧은 문장으로 구성된 10가지 상황 카드 내용 예시입니다.

상황 1 : "파티에서 다양한 크기의 케이크를 분모가 다른 분수로 공평하게 나눠야 합니다."

상황 2 : "여름 휴가 때 친구들과 분모가 다른 분수로 과일을 섞어야 합니다."

상황 3 : "주스를 섞을 때, 분모가 다른 분수를 어떻게 섞어야 새로운 맛을 얻을 수 있을까요?"

상황 4 : "친구들과 놀이공원에서 각자 다른 크기의 줄을 가진 놀이기구를 공평하게 타려면 어떻게 해야 할까요?"

상황 5 : "스포츠 토너먼트에서 분모가 다른 분수의 승률을 어떻게 비교하여 승자를 결정할까요?"

상황 6: "캠핑에서 분모가 다른 분수로 텐트를 섞어야 모두가 편하게 잘 수 있을까요?"

상황 7: "미니 골프장에서 각 구멍에서 동일한 확률로 득점하려면 어떤 분수를 사용해야 할까요?"

상황 8: "파티 준비 때 음식을 분모가 다른 분수의 비율로 요리해야 합니다."

상황 9: "동생과 공원에서 풍선을 분모가 다른 분수로 공평하게 나눠줘야 합니다."

상황 10: "동물원에서 분모가 다른 분수로 사자 인형을 나눠주려면 어떻게 해야 할까요?"

이번엔 이벤트 카드에 들어갈 수 있는 내용을 넣어주세요. 짧은 문장이나 그림을 제시했으면 좋겠습니다. 이벤트 카드에는 문제 만들기 활동만 넣으면 학생들이 활동에 피로를 느낄 수 있습니다. "한 칸 앞으로", "처음부터"와 같은 이벤트를 넣어서 이벤트 카드에 들어갈 내용을 10개 만들어 주세요.

이벤트 1: "한 칸 앞으로 이동하세요!"

이벤트 2: "한 칸 뒤로 이동하세요!"

이벤트 3: "다음 플레이어와 자리를 바꾸세요!"

이벤트 4: "더블을 굴려 한 번 더 이동하세요!"

이벤트 5: "모든 플레이어가 처음부터 시작합니다!"

이벤트 6: "한 명의 플레이어가 무작위로 앞으로 이동하세요!"

이벤트 7: "한 명의 플레이어가 무작위로 뒤로 이동하세요!"

이벤트 8: "모든 플레이어가 자리를 한 번씩 이동하세요!"

이벤트 9: "한 명의 플레이어가 다른 플레이어와 자리를 바꾸세요!"

이벤트 10: "한 명의 플레이어가 처음부터 시작하고 다른 플레이어는 한 칸 앞으로 이동하세요!"

질문 | 수식 카드의 내용을 만들어주세요. 조건은 다음과 같습니다.

– 조건 1 : 카드는 모두 10장입니다.

– 조건 2 : 카드에 나온 문제는 분모가 다른 분수의 덧셈과 뺄셈 문제입니다.

– 조건 3 : 수식 카드의 결과값은 모두 양수입니다.

카드 1: $\frac{1}{3}$컵과 $\frac{2}{5}$컵의 덧셈 결과는 얼마인가요?

카드 2: $\frac{3}{8}$리터에서 $\frac{1}{6}$리터를 뺀 값은 얼마인가요?

카드 3: $\frac{1}{4}$병과 $\frac{2}{7}$병의 덧셈 결과는 얼마인가요?

카드 4: $\frac{2}{9}$컵에서 $\frac{1}{5}$컵을 빼면 얼마나 남게 되나요?

카드 5: $\frac{3}{6}$리터와 $\frac{1}{2}$리터를 더한 값은 얼마인가요?

카드 6: $\frac{3}{5}$병에서 $\frac{1}{2}$병을 빼면 얼마나 남게 되나요?

카드 7: $\frac{4}{7}$컵과 $\frac{1}{8}$컵을 더한 값은 얼마인가요?

카드 8: $\frac{1}{2}$리터에서 $\frac{1}{3}$리터를 빼면 얼마나 남게 되나요?

카드 9: $\frac{1}{5}$병과 $\frac{1}{3}$병을 더한 값은 얼마인가요?

카드 10: $\frac{5}{8}$컵에서 $\frac{1}{4}$컵을 뺀 값은 얼마인가요?

수업하기

보드게임 수업을 모두 구성했습니다. ChatGPT가 제시한 보드게임 규칙과 카드들을 활용한 실제 수업 모습을 소개합니다.

게임 규칙 설명	게임 활동 모습 1
게임 활동 모습 2	**문제 만들기 활동**

보드게임을 통해 문제를 직접 만들고 풀어보면서 학생들이 재미있게 활동에 참여할 수 있었습니다. 문제 만들기나 질문 만들기 활동을 어려워하던 학생들이 적극적으로 문제를 만들어보려고 노력하고 게임에 적극적으로 참여했습니다. 하지만 상황 카드의 내용이 어렵다는 의견이 많아 활동을 마친 후 ChatGPT를 통해 상황 카드를 다시 만들었습니다.

PDF 파일 다운로드 받기

상황 카드	상황 카드	상황 카드
상황 카드	상황 카드	상황 카드
상황 카드	상황 카드	상황 카드
	상황 카드	

PDF 파일 다운로드 받기

상황 1
"파티에서 다양한 크기의 케이크를 분모가 다른 분수로 공평하게 나눠야 합니다."

상황 2
"여름 휴가 때 친구들과 분모가 다른 분수로 과일을 섞어야 합니다."

상황 3
"주스를 섞을 때, 분모가 다른 분수를 어떻게 섞어야 새로운 맛을 얻을 수 있을까요?

상황 4
"친구들과 놀이공원에서 각자 다른 크기의 줄을 가진 놀이기구를 공평하게 타려면 어떻게 해야 할까요?"

상황 5
"스포츠 토너먼트에서 분모가 다른 분수의 승률을 어떻게 비교하여 승자를 결정할까요?"

상황 6
"캠핑에서 분모가 다른 분수로 텐트를 섞어야 모두가 편하게 잘 수 있을까요?"

상황 7
"미니 골프장에서 각 구멍에서 동일한 확률로 득점하려면 어떤 분수를 사용해야 할까요?"

상황 8
"미니 골프장에서 각 구멍에서 동일한 확률로 득점하려면 어떤 분수를 사용해야 할까요?"

상황 9
"파티 준비 때 음식을 분모가 다른 분수의 비율로 요리해야 합니다."

상황 10
"동물원에서 분모가 다른 분수로 사자 인형을 나눠주려면 어떻게 해야 할까요?"

PDF 파일 다운로드 받기

이벤트 카드	이벤트 카드	이벤트 카드
이벤트 카드	이벤트 카드	이벤트 카드
이벤트 카드	이벤트 카드	이벤트 카드

이벤트 카드

PDF 파일 다운로드 받기

이벤트 1
"한 칸 앞으로
이동하세요!"

이벤트 2
"한 칸 뒤로
이동하세요!"

이벤트 3
"다음 플레이어와
자리를 바꾸세요!"

이벤트 4
"더블을 굴려
한 번 더
이동하세요!"

이벤트 5
"모든 플레이어가
처음부터
시작합니다!"

이벤트 6
"한 명의 플레이어가
무작위로 앞으로
이동하세요!"

이벤트 7
"한 명의 플레이어가
무작위로 뒤로
이동하세요!"

이벤트 8
"모든 플레이어가
자리를 한 번씩
이동하세요!"

이벤트 9
"한 명의 플레이어가
다른 플레이어와
자리를 바꾸세요!"

이벤트 10
"한 명의 플레이어가
처음부터 시작하고
다른 플레이어는
한 칸 앞으로
이동하세요!"

수식 카드 (앞면)

수식 카드	수식 카드	수식 카드
수식 카드	수식 카드	수식 카드
수식 카드	수식 카드	수식 카드

수식 카드

카드 1

$\frac{1}{3}$컵과 $\frac{2}{5}$컵의 덧셈 결과는 얼마인가요?

카드 2

$\frac{3}{8}$리터에서 $\frac{1}{6}$리터를 뺀 값은 얼마인가요?

카드 3

$\frac{1}{4}$병과 $\frac{2}{7}$병의 덧셈 결과는 얼마인가요?

카드 4

$\frac{2}{9}$컵에서 $\frac{1}{5}$컵을 빼면 얼마나 남게 되나요?

카드 5

$\frac{3}{6}$리터와 $\frac{1}{2}$리터를 더한 값은 얼마인가요?

카드 6

$\frac{3}{5}$병에서 $\frac{1}{2}$병을 빼면 얼마나 남게 되나요?

카드 7

$\frac{4}{7}$컵과 $\frac{1}{8}$컵을 더한 값은 얼마인가요?

카드 8

$\frac{1}{2}$리터에서 $\frac{1}{3}$리터를 빼면 얼마나 남게 되나요?

카드 9

$\frac{1}{5}$병과 $\frac{1}{3}$병을 더한 값은 얼마인가요?

카드 10

$\frac{5}{8}$컵에서 $\frac{1}{4}$컵을 뺀 값은 얼마인가요?

06

ChatGPT와 함께 만드는
과학 수업 디자인

ChatGPT를 활용해 만드는

과학과 교수-학습과정안

다음은 ChatGPT와 함께 만든 과학과 교수학습과정안 사례입니다.

교 과	과학			학년 학기	6학년 1학기	
단원명	생활 속 탐구					
성취기준	[6과17-02]자연 현상이나 일상생활의 예를 통해 에너지의 형태가 전환됨을 알고, 에너지를 효율적으로 사용하는 방법을 토의할 수 있다.					
학습 목표	아름다움의 다양한 측면을 이해하고, 나에게 의미있는 아름다움을 찾아 실천해 봅시다.					
교수학습 자료	PPT, 영상자료, 학습지			교수학습 모형	일반학습모형	

학습 단계	학습 과정	교수 학습 과정	시간 (분)	자료(☞) 및 유의점(※)
도입	동기유발	• 종이비행기의 대회 영상 시청 – '종이비행기 세계대회가 있다?' 영상 시청을 통해 호기심을 유발한다. – ChatGPT와의 대화를 활용하여 학생들과의 종이비행기 경험을 공유한다.	10'	☞ 영상자료 (종이비행기 세계대회 한국팀 참가영상)
	학습목표 제시	• 학습 목표 제시 – 종이비행기의 날개 길이와 비행 거리와의 관계를 생각하여 가설을 세우고 실험을 계획할 수 있다. • 활동안내 활동1. 종이비행기의 날개 길이와 비행 거리와의 가설 설정 활동2. 가설 검증을 위한 실험 설계하기		☞ 학생들의 종 이비행기 경험에 대한 이야기 공유
전개	활동	• 활동1. 종이비행기의 날개길이와 비행거리와의 가설 설정 　종이비행기 날개 길이와 비행 거리 연관성 탐구를 위한 가설 　세우기 – 어떤 가설을 설정해 볼 수 있을까요? (예시) – 종이비행기의 날개 길이가 길수록 비행 거리가 더 멀어질 것 　같아요. – 날개가 크면 더 많은 공기를 받아서 멀리 날아갈 수 있을 것 　같아요.	5'	☞ 학습지
	실험설계	• 활동2. 가설 검증을 위한 실험 설계하기 　가설 검증을 위한 실험 설계하기 – 학교에서 많이 사용하는 A4 종이를 준비해서 종이비행기를 　접는다. – 실험의 종이 비행기의 형태와 접힘 방법을 동일하게 유지한다. – 날개 길이를 그룹별로 다양하게 한다. – 각 종이비행기의 날개 길이와 비행 거리를 기록한다.	15'	

정리	정리 및 차시예고	• 정리 및 차시예고 – 배운 내용을 정리하고 실험설계 피드백 – 다음 차시에는 실험을 통해 종이비행기의 날개 길이와 비행 거리를 측정하고 관계를 확인해보겠습니다.	10'	

평가 내용	구분	평가기준	평가방법
종이비행기의 날개와 비행 거리에 대한 가설과 실험 계획을 세운다.	잘함	종이비행기의 날개와 비행거리에 대한 가설을 세우고 실험계획을 잘 세움.	관찰 평가
	보통	종이비행기의 날개와 비행거리에 대한 가설을 세우고 실험계획을 어느 정도 세움.	
	노력 요함	종이비행기의 날개와 비행거리에 대한 가설을 세우나 실험을 계획하는데 어려움을 느낌.	

ChatGPT와 함께 만드는
과학 수업

과학 수업 ChatGPT 프롬프트

과학과 탐구 수업과 관련된 학생활동 수업 만들기

ChatGPT의 도움을 받아 과학과 탐구 수업을 설계해 봅시다.

질문 | 6학년 과학시간에 '생활 속 탐구'라는 주제로 수업을 계획하고 싶어요. 탐구할 주제를 다양하게 추천해 주세요. 학생들이 쉽게 접할 수 있고 흥미 있는 주제여야 합니다.

 | 생활 속 탐구 주제를 찾는 것은 흥미로운 경험이 될 수 있습니다. 다음은 6학년 학생들이 쉽게 접할 수 있는 몇 가지 주제 추천입니다.

1. 식물 성장 조건 탐구: 식물이 어떤 조건에서 가장 잘 자랄까요? 빛의 양, 물의 양, 온도 등을 조절하여 실험해보고 결과를 분석해봅니다.
2. 색소 추출: 과일이나 야채로부터 색소를 추출하는 방법을 알아봅니다. 어떤 식물에서 가장 강한 색소를 추출할 수 있는지 실험해보세요.
3. 소리의 전파: 소리가 공기를 통해 전파되는 원리를 탐구합니다. 소리의 높낮이, 음량, 주파수 등이 어떻게 변하는지 실험을 통해 알아보세요.
4. 자석의 힘: 자석의 힘이 어떻게 작용하는지 알아봅니다. 서로 다른 자석을 가까이 대거나 물체와의 상호작용을 실험해보세요.
5. 우리 주변의 에너지: 우리 주변에서 발생하는 다양한 에너지 현상을 탐구합니다. 태양열, 풍력, 물력 등의 에너지를 이용하는 방법에 대해 알아보세요.
6. 신호의 전달: 전자기통신이 어떻게 작동하는지 알아봅니다. 전화나 라디오 등의 신호를 어떻게 전달하는지 실험하고 설명해보세요.
7. 우리 몸의 기능 탐구: 인체의 각 기관과 기능에 대해 알아봅니다. 심장, 폐, 소화기관 등의 구조와 기능을 연구하고 직접 실험해보세요.
8. 환경 오염: 다양한 종류의 오염물질이 환경에 어떤 영향을 미치는지 알아봅니다. 대기, 수질, 토양 등의 오염에 대해 조사하고 그 결과를 분석하세요.

9. 재활용 탐구: 재활용의 중요성과 재활용 과정을 탐구합니다. 다양한 재료를 분리하고 재활용 가능한 물질을 찾아보세요.

10. 동물 행동 연구: 동물들의 행동에 대해 탐구합니다. 동물의 이동, 사회적 상호작용, 사냥 기술 등을 관찰하고 연구해보세요.

탐구 주제를 추천 받을 때 탐구 시간이 짧은 주제도 필요해 보입니다.

탐구 주제 찾아보기

질문 | 주제가 어려워 보입니다. 좀 더 친숙한 탐구 주제를 추천해주세요. 식물과 관련된 주제는 제외해 주세요. 탐구 주제에서는 많은 준비물이 필요하지 않으면 좋겠어요. 종이 같은 걸로 접어서 간단하지만 흥미있게 탐구할 수 있는 주제로 추천해 주세요.

 | 종이를 활용한 간단하면서도 흥미로운 탐구 주제를 추천해드리겠습니다.

1. 종이 비행기의 비행 거리: 종이 비행기를 다양한 방식으로 접어보고, 각각의 비행 거리를 측정해보세요. 어떤 접는 방식이 가장 멀리 날아갈까요?

2. 종이 배의 부력: 다양한 크기와 모양의 종이 배를 만들어보세요. 각각의 배가 물 위에 떠 있는 시간을 측정해보고, 어떤 디자인이 가장 오래 떠 있는지 알아보세요.

3. 종이 탑의 강도: 서로 다른 종류의 종이로 탑을 만들어보세요. 각각의 탑에 무게를 올려가며 얼마나 많은 무게를 버틸 수 있는지 실험해보세요. 어떤 종이가 가장 강한지 알아내는 재미를 느낄 수 있을 것입니다.

4. 종이 접기 패턴: 다양한 종이 접기 패턴을 연구하고, 어떤 패턴이 강도와 안정성 면에서 가장 우수한지 비교해보세요. 종이 접기를 통해 공학적인 개념을 탐구할 수 있습니다.

5. 종이의 흡수력: 다양한 종류의 종이를 사용하여 물의 흡수 속도를 비교해보세요. 물을 한 방울씩 종이에 떨어뜨려가며, 어떤 종이가 가장 빠르게 흡수하는지 알아내는 재미를 느낄 수 있을 것입니다.

6. 종이의 재활용: 사용한 종이를 재활용하는 방법과 과정을 탐구해보세요. 다양한 종이를 재활용하여 새로운 종이를 만드는 과정을 직접 경험해보세요.

주제의 범위를 좁히면 더 구체적인 답을 받을 수 있습니다.

질문 | 종이 비행기가 좋을 것 같아요. 종이 비행기의 비행 거리와 연관된 탐구주제를 추천해주세요.

1. 종이 비행기 날개의 모양: 종이 비행기의 날개 모양이 비행 거리에 어떤 영향을 미치는지 알아보세요. 다양한 날개 모양을 실험해보고, 비행 거리를 측정하며 어떤 모양이 가장 멀리 날아가는지 분석해보세요.

2. 비행기 무게와 비행 거리: 종이 비행기의 무게가 비행 거리에 어떤 영향을 미치는지 탐구해보세요. 종이 비행기에 추가 무게를 부착하거나 종이 비행기를 다른 종류의 종이로 만들어 실험해보고, 비행 거리의 변화를 관찰하세요.

3. 종이 비행기의 날개 길이: 종이 비행기의 날개 길이가 비행 거리에 어떤 영향을 미치는지 조사해보세요. 날개 길이를 다양하게 조절하고, 비행 거리를 측정하여 어떤 길이가 가장 효과적인지 알아내세요.

4. 공기 저항과 비행 거리: 종이 비행기가 공기 저항에 어떻게 반응하는지 알아보세요. 종이 비행기에 다양한 모양의 부가물을 추가하거나 날개를 휘어보고, 비행 거리의 차이를 비교해보세요.

5. 비행 각도와 비행 거리: 종이 비행기의 비행 각도가 비행 거리에 어떤 영향을 미치는지 실험해보세요. 비행 각도를 조절하여 비행 거리를 측정하고, 어떤 각도가 가장 좋은 비행 거리를 보여주는지 확인해보세요.

탐구 주제와 관련된 교수학습과정안 만들기

질문 | 3번의 날개 길이가 좋을 것 같아요. 3번을 탐구주제로 해서 3차시를 계획합니다. 차시별로 40분씩 수업입니다. 교수학습과정안을 작성해 주세요.

차시: 3차시
주제: 종이 비행기의 날개 길이와 비행 거리

학습 목표:
– 종이 비행기의 날개 길이가 비행 거리에 미치는 영향을 이해한다.
– 다양한 날개 길이를 실험하고 비행 거리를 측정하는 실험 능력을 기른다.

학습 내용과 순서:

1. 소개 (5분)
   - 종이 비행기의 날개 길이와 비행 거리의 관계를 소개한다.
   - 학생들에게 실험을 통해 이 관계를 탐구할 것임을 알린다.

2. 날개 길이 실험 설계 (10분)
   - 종이 비행기의 날개 길이를 실험하기 위해 다양한 날개 길이를 설정하는 방법을 설명한다.
   - 학생들에게 각각의 실험 그룹에서 사용할 날개 길이를 정하도록 안내한다.

3. 실험 진행 (15분)
   - 학생들은 자신들이 정한 날개 길이로 종이 비행기를 접는다.
   - 모든 학생들이 동일한 조건에서 비행기를 날리도록 지시한다.
   - 각각의 종이 비행기에 대한 비행 거리를 측정하고 기록한다.

4. 데이터 분석 (10분)
   - 학생들은 실험 결과를 바탕으로 비행 거리 데이터를 정리하고 분석한다.
   - 평균 비행 거리를 계산하고 그래프로 표현한다.

5. 결과 토의 (10분)
   - 학생들은 각자의 그래프를 살펴보고 날개 길이와 비행 거리 사이의 관계를 토론한다.
   - 그래프의 양상과 추세에 대해 질문하고 생각을 나눈다.

6. 결론 및 평가 (5분)
   - 종이 비행기의 날개 길이와 비행 거리 사이의 관계에 대한 결론을 도출한다.
   - 학생들은 자신의 실험 결과와 결론에 대한 평가를 작성한다.

확장 활동 제안:
- 학생들은 추가 실험을 진행하여 날개 길이 이외의 요소들이 비행 거리에 어떤 영향을 미치는지 탐구해 볼 수 있다.
- 종이 비행기의 안정성과 비행 특성에 영향을 미치는 다른 요소들을 연구할 수 있다.

차시 종료 (40분

문제인식, 가설설정 과정 적용하기

각 단계별로 어떤 과정이 있는지 언급해주는 것이 필요합니다. 기호(- , ") 등을 이용해서 적절히 묶어주는 것이 도움이 됩니다.

질문 | 도입-전개-마무리 단계로 진행되고 싶어요. 그리고 첫 번째 차시에는 실제 종이 비행기를 제작하지 않고 "문제인식, 가설설정" 과정이 있으면 좋겠어요.

 | 차시: 1차시

주제: 종이 비행기의 날개 길이와 비행 거리

학습 목표:
- 종이 비행기의 날개 길이와 비행 거리 사이의 관계에 대해 문제를 인식하고 가설을 설정한다.
- 과학적 탐구과정을 이해하고, 문제 해결 능력과 분석력을 향상시킨다.

학습 내용과 순서:

1. 도입 (10분)
    - 학생들에게 종이 비행기의 날개 길이와 비행 거리에 대한 문제를 제시한다.
    - 학생들과 함께 왜 날개 길이가 비행 거리에 영향을 미치는지 생각하고 토론한다.

2. 문제 인식 (10분)
    - 학생들은 종이 비행기의 날개 길이와 비행 거리에 관한 문제를 자세히 이해하고 기록한다.
    - 문제의 핵심을 파악하고 질문을 정리한다.

3. 가설 설정 (15분)
    - 학생들은 문제에 대한 가설을 설정한다.
    - 예를 들어, "날개 길이가 길수록 비행 거리가 더 멀어질 것이다"와 같은 가설을 제시한다.
    - 가설 설정의 이유와 예상 결과에 대해 설명한다.

4. 전개 (5분)
    - 다음 차시에서 진행될 실험과 데이터 수집에 대한 내용을 설명한다.
    - 학생들은 비행 실험에 필요한 재료와 준비물을 알게 된다.

5. 마무리 (10분)
    - 학생들은 오늘의 수업에서 다룬 문제인식과 가설 설정을 복습하고, 자신의 생각을 돌아본다.
    - 학생들은 다음 차시에 진행될 실험을 기대하며 마무리한다.

확장 활동 제안:
- 학생들은 가설을 검증하기 위해 자신만의 실험 계획을 작성해볼 수 있다.
- 추가적으로 비행기의 다른 요소들(모양, 종이 종류 등)과 비행 거리 사이의 관계에 대해 탐구해 볼 수 있다.

차시 종료 (40분)

교수학습과정안의 구성 안내하고 작성하기

질문 | 도입-전개-마무리 단계이고 탐구학습모형으로 수업을 진행합니다. 탐구학습모형은 문제인식, 가설설정 과정을 포함합니다. "동기유발, 학습문제 파악, 문제인식, 가설설정, 학습내용정리" 과정 순서대로 작성해 주세요. 보통 교수학습과정안에서 단계는 가장 첫 번째 열에 작성하고 학습 과정은 두 번째 열에 작성해 주세요.

단계	학습 내용
도입	- 종이 비행기의 날개 길이와 비행 거리에 대한 동기 유발
 - 종이 비행기의 날개 길이와 비행 거리에 대한 문제 인식
전개	- 학습문제 파악
 - 가설 설정
마무리	- 학습 내용 정리

도입:

- 종이 비행기의 날개 길이와 비행 거리에 대한 동기 유발 (5분)
- 학생들에게 문제를 통해 왜 날개 길이가 비행 거리에 영향을 미치는지 생각하고 흥미를 끌어낸다.
- 종이 비행기의 날개 길이와 비행 거리에 대한 문제 인식 (10분)
- 학생들은 종이 비행기의 날개 길이와 비행 거리에 관한 문제를 자세히 이해하고 기록한다.

전개:

1) 학습문제 파악 (10분)
- 학생들은 문제에 대한 핵심 질문을 파악하고 질문을 정리한다.
2) 가설 설정 (15분)
- 학생들은 문제에 대한 가설을 설정한다.
- 예를 들어, "날개 길이가 길수록 비행 거리가 더 멀어질 것이다"와 같은 가설을 제시한다.

마무리:

1) 학습 내용 정리 (10분)
- 학생들은 오늘의 수업에서 다룬 동기 유발, 문제 인식, 가설 설정 과정을 복습하고, 학습 내용을 정리한다.

확장 활동 제안:

- 학생들은 가설을 검증하기 위해 자신만의 실험 계획을 작성해볼 수 있다.
- 추가적으로 비행기의 다른 요소들(모양, 종이 종류 등)과 비행 거리 사이의 관계에 대해 탐구해 볼 수 있다.

차시 종료 (40분)

동기유발 과정에서 교사의 질문 생성하기

질문 | 동기유발 과정에서 교사의 질문을 3가지 이상 보여주세요. 탐구에 대한 흥미를 불러일으켜야 하고, 6학년 대상이니 언어 선택도 고려해주세요.

1. 질문: 종이 비행기를 날려본 적이 있나요? 어떤 종류의 종이 비행기를 만들었나요? 그 비행기는 잘 날아갔나요?
   – 이 질문을 통해 학생들은 종이 비행기에 대한 경험을 공유하고, 비행기의 성능과 결과에 대해 생각해볼 수 있습니다.

2. 질문: 날개 길이가 다른 종이 비행기를 만들었을 때, 어떤 차이가 있을 것 같나요?
   – 이 질문은 학생들이 날개 길이와 비행 거리 사이의 관계를 예상하고 추측해보도록 유도합니다.

3. 질문: 날개 길이와 비행 거리 사이에는 어떤 관련성이 있을까요? 왜 날개 길이가 비행 거리에 영향을 줄까요?
   – 이 질문은 학생들에게 날개 길이와 비행 거리 사이의 관계를 고찰하고 이유를 추론해보도록 도와줍니다.

4. 질문: 만약 날개 길이가 긴 종이 비행기와 날개 길이가 짧은 종이 비행기를 비교한다면, 어떤 것이 더 멀리 날아갈까요? 왜 그렇게 생각하나요?
   – 이 질문은 학생들이 가설을 설정하고, 날개 길이와 비행 거리의 관련성에 대한 예상을 하도록 유도합니다.

5. 질문: 종이 비행기 외에 다른 사물들도 날아갈 수 있을까요? 어떤 사물들이 날아갈 수 있는지 예상해보세요.
   – 이 질문은 학생들의 상상력을 자극하고, 비행 거리에 영향을 주는 요소들에 대해 생각해보도록 유도합니다.

학생의 답변 생성하기

도입의 동기유발 과정에서는 종이 비행기를 날려본 적이 있나요? 어떤 종류의 종이 비행기를 만들었나요? 그 비행기는 잘 날아갔나요? 이 질문에 예상되는 답변을 3가지 제시해 주세요.

 | 예상되는 답변:

1. 학생 A: 네, 종이 비행기를 날려본 적이 있어요. 저는 간단한 전통적인 종이 비행기를 만들어서 날렸는데, 조금만 날려도 금방 떨어지더라구요.
2. 학생 B: 저도 종이 비행기를 날려본 적이 있어요. 저는 다양한 종이 비행기를 만들어 봤는데, 중간 정도 크기의 날개를 가진 비행기가 제일 잘 날아갔어요.
3. 학생 C: 저는 아직 종이 비행기를 만들어보지 않았어요. 하지만 다른 친구들이 날려보면서 재미있어 보여서 이번 기회에 함께 탐구해보고 싶어요..

동기유발에서 사용할 수 있는 시청각 자료 생성하기

도입단계의 동기유발 과정에 활용할 시청각 자료를 추천해 주세요.

 | 1. 종이 비행기 비디오: 인터넷에서 종이 비행기에 관한 재미있는 비디오를 검색하여 공유해주면 학생들은 다양한 비행기 모델과 날개 길이에 따른 비행 거리의 차이를 시각적으로 확인할 수 있습니다.

2. 종이 비행기 실험 영상: 유튜브나 교육 사이트에서 종이 비행기에 대한 실험 영상을 찾아서 학생들과 함께 시청해보세요. 이 영상은 다양한 실험 조건을 통해 날개 길이와 비행 거리 사이의 관계를 시각적으로 보여줄 수 있습니다.

3. 종이 비행기 대회 영상: 종이 비행기 대회나 이벤트의 영상을 공유해보세요. 이 영상은 학생들에게 종이 비행기를 제작하고 날리는 것의 재미와 흥미를 불러일으킬 수 있습니다. 대회에서 다양한 종류의 비행기와 그 성능을 경쟁하는 모습을 보여줄 수 있습니다.

4. 종이 비행기 역사에 관한 동영상: 종이 비행기의 역사나 유명한 종이 비행기 트릭에 대한 동영상을 소개해보세요. 이러한 동영상은 학생들에게 종이 비행기에 대한 호기심을 자극하고, 종이 비행기에 대한 재미있는 사실들을 알려줄 수 있습니다

질문 | 종이 비행기의 역사나 대회 영상이 좋을 것 같습니다. 실제 주소를 제시해 주세요.

1. 유명한 종이 비행기 대회 영상:
   - "Red Bull Paper Wings" 검색 (https://www.redbullpaperwings.com/)
   - "World Record Paper Airplane Throw" 검색

2. 종이 비행기 역사 영상:
   - "History of Paper Airplanes" 검색 (예: YouTube, Vimeo 등의 동영상 공유 사이트에서 검색)

질문 | 직접 연결되는 URL 주소를 제시할 수 없나요?

1. Red Bull Paper Wings 대회
2. World Record Paper Airplane Throw
3. History of Paper Airplanes 영상

유튜브 등 직접 주소 제공은 하지 않으나, ChatGPT의 답변으로 검색어를 추천받을 수 있습니다.

- Red Bull Paper Wings : 종이비행기 국제 대회이며, 2022년 한국의 이승훈 선수가 곡예비행 1위를 차지했습니다.
- World Record Paper Airplane Throw : 유튜브에 대회 수상을 한 종이비행기 따라 만들기 영상이 많이 있습니다.
- History of Paper Airplanes : 종이비행기 역사를 알 수 있습니다.

문제인식 과정에서 교사의 질문 생성하기

질문 | 도입단계의 동기유발 과정에서는 종이비행기의 역사와 대회 같은 흥미있는 영상 시청으로 진행하려고 합니다. 그 다음 문제인식 과정에서 교사의 질문을 제시해 주세요.

1. 종이 비행기의 날개 길이가 비행 거리에 어떤 영향을 미칠까요?
2. 어떤 종류의 종이 비행기가 가장 멀리 날아갈까요? 그 이유는 무엇일까요?
3. 종이 비행기 대회에서 우승을 차지하는 비행기는 어떤 특징을 가지고 있을까요?
4. 날개 길이 외에도 어떤 요소가 종이 비행기의 비행 거리에 영향을 미칠까요?
5. 종이 비행기가 멀리 날아가기 위해 어떤 설계 원칙이 필요할까요?
6. 비행 거리를 늘리기 위해 어떤 시도나 실험을 해볼 수 있을까요?

사용자가 원하지 않는 방향으로 인식하기도 합니다.

질문 | 네. 저 질문 중에서 2, 3, 6번이 좋을 것 같아요. 지도안 쓸 때 기억해 주세요.

 | 1. 종이 비행기의 날개 길이가 비행 거리에 어떤 영향을 미칠까요?

2. 종이 비행기 대회에서 우승을 차지하는 비행기는 어떤 특징을 가지고 있을까요?

3. 비행 거리를 늘리기 위해 어떤 시도나 실험을 해볼 수 있을까요?

전개 단계에서 지도안 작성 안내하기

질문 | 전개 단계에서 가설을 학생들이 설정하고, 실험을 계획하는 과정까지 하고 싶어요. 전개 단계만 다시 작성해 주세요.

 | 1. 학습문제 파악 및 복습 (5분)

- 학생들에게 종이 비행기의 날개 길이와 비행 거리에 대한 문제를 상기시키고, 이전 수업에서 학습한 내용을 간단히 복습합니다.

2. 가설 설정 (10분)

- 학생들에게 종이 비행기의 날개 길이와 비행 거리 사이의 관계에 대한 가설 설정을 요청합니다.
- 가설을 수립할 때, 종이 비행기의 날개 길이와 비행 거리 간의 예상되는 관계를 고려하도록 유도합니다.

3. 실험 계획 (15분)

- 학생들에게 가설을 검증하기 위한 실험을 계획하도록 안내합니다.
- 종이 비행기를 여러 가지 날개 길이로 제작하여 각각의 비행 거리를 측정하는 방법을 고민하도록 유도합니다.
- 실험의 공정성과 정확성을 위해 어떤 변수를 제어해야 하는지 학생들과 함께 고민합니다.
- 실험에 필요한 재료와 도구를 정하고, 실험 과정을 기록할 방법을 학생들과 함께 논의합니다.

4. 학습내용 정리 (10분)

- 학생들에게 실험 계획과 가설을 간략하게 정리하도록 안내합니다.
- 이번 수업에서 다룬 내용을 학생들이 정리하고, 다음 수업을 준비하기 위해 필요한 자료를 정리하는 시간을 제공합니다.

종이 비행기의 날개의 길이와 비행 거리 사이의 관계를 알아보기 위하여 수업의 전개 시간을 20분으로 설정합니다.

질문 | 아니오. 1차시 총 수업이 40분이에요. 전개에서는 20분 정도만 할당해 주세요.

 | 전개 단계:

1. 학습문제 파악 (5분)
    - 종이 비행기의 날개 길이와 비행 거리 사이의 관계에 대한 학습문제를 학생들에게 제시합니다.
    - 학생들이 이 문제에 대한 이해도를 파악하고, 문제 해결에 대한 동기를 부여합니다.

2. 가설 설정 (5분)
    - 학생들에게 종이 비행기의 날개 길이와 비행 거리에 대한 가설 설정을 요청합니다.
    - 가설을 수립할 때, 종이 비행기의 날개 길이와 비행 거리 간의 예상되는 관계를 고려하도록 유도합니다.

3. 실험 설계 (5분)
    - 학생들과 함께 종이 비행기의 비행 거리를 측정할 간단한 실험을 계획합니다.
    - 종이 비행기를 두 가지 날개 길이로 제작하여 각각의 비행 거리를 측정하는 방법을 학생들과 함께 고민합니다.

4. 실험 계획 및 토의 (5분)
    - 학생들에게 간단한 실험 계획을 소개하고, 가설을 검증하기 위해 어떻게 실험을 진행할 것인지 학생들과 함께 논의합니다.
    - 실험의 공정성과 정확성을 위해 제어해야 할 변수를 간략히 설명하고, 어떻게 실험 결과를 정량적으로 측정할 것인지 이야기합니다.

실험설계 과정 생성하기

질문 | 실험설계 과정을 자세히 제시해 주세요.

 | 1. 실험 목적 설정: 학생들에게 실험의 목적을 설명하고, 날개 길이와 비행 거리 간의 관계를 알아보기 위한 실험을 수행할 것임을 안내합니다.

2. 독립 변수 설정: 독립 변수로는 종이 비행기의 날개 길이를 선택합니다. 학생들에게 날개 길이를 어떻게 설정할 것인지 논의하고 결정합니다.

3. 종속 변수 설정: 종속 변수로는 비행 거리를 선택합니다. 비행 거리는 종이 비행기가 날아가는 거리를 측정하여 확인합니다.

4. 통제 변수 설정: 비행 환경을 일정하게 유지하기 위해 다음과 같은 통제 변수를 설정합니다.
   – 날개 모양과 디자인: 날개 모양과 디자인은 동일한 종이 비행기에서 사용합니다.
   – 발사 각도와 강도: 비행기를 발사하는 각도와 힘을 일정하게 유지합니다.
   – 발사 위치: 비행기를 발사하는 위치를 동일하게 유지합니다.

5. 실험 절차 설계: 다음과 같은 실험 절차를 설계합니다.
   – 날개 길이에 따라 다양한 종이 비행기를 제작합니다.
   – 각 종이 비행기를 동일한 조건에서 발사하여 비행 거리를 측정합니다.
   – 각 날개 길이에 대한 비행 거리를 기록합니다.

6. 측정 방법: 비행 거리를 측정하기 위해 측정 테이프나 측정 도구를 사용하여 종이 비행기가 날아간 거리를 측정합니다. 여러 차례 실험을 반복하여 정확한 측정값을 얻을 수 있도록 합니다.

7. 데이터 분석: 실험 결과를 수집하고 비행 거리와 날개 길이 간의 관계를 분석합니다. 그래프나 표를 사용하여 데이터를 시각화하고, 학생들과 함께 결과를 해석하고 논의합니다

평가계획이 1차시에서 적용하기에는 범위를 벗어났습니다. 그래서 관찰평가를 제안합니다.

질문 │ 내용이 깁니다. 6학년 학생이 구성할 수 있도록 다시 해주세요.

 │ 1. 실험 목적: 날개 길이와 종이 비행기의 비행 거리 간의 관계를 알아보기 위한 실험을 진행합니다.

2. 실험 절차:
   – 다양한 날개 길이로 종이 비행기를 제작합니다.
   – 각 종이 비행기를 동일한 각도와 힘으로 발사하여 비행 거리를 측정합니다.
   – 종이 비행기의 날개 길이와 비행 거리를 기록합니다.

3. 측정 방법: 비행 거리는 측정 테이프나 측정 도구를 사용하여 종이 비행기가 날아간 거리를 측정합니다.

4. 실험 결과 분석: 종이 비행기의 날개 길이와 비행 거리 간의 관계를 분석합니다. 결과를 그래프나 표로 시각화하여 학생들과 함께 확인하고 논의합니다.

표 형태의 지도안 생성하기

질문 | 지금까지의 내용을 바탕으로 교수학습과정을 만들어주세요. 엑셀 등에 복사하게 표 형태로 해주세요.

단계	활동	예상 시간
도입	- 역사와 대회 영상 시청	10분
	- 질문 제시	5분
전개	- 학습문제 파악	5분
	- 문제인식	5분
	- 가설설정	10분
	- 학습내용정리	5분

질문 | 도입–전개–마무리 단계를 1열에 나타내주세요. 각 단계에 들어갈 것도 지켜주세요. 도입 안에는 동기유발, 문제인식 과정이 있어요. 전개 안에는 학습문제파악, 가설설정, 실험설계까지 합니다. 마무리 안에서 정리과정이 있어요. 다시 작성해 주세요.

알겠습니다. 다음은 도입, 전개, 마무리 단계를 1열에 나타낸 교수학습과정입니다. 각 단계의 내용을 제시하겠습니다:

단계	활동
도입	- 동기유발: 종이 비행기의 역사와 대회 영상 시청
	- 문제인식: 종이 비행기의 날개 길이와 비행 거리의 관계 파악
전개	- 학습문제 파악: 날개 길이와 비행 거리 사이의 관계에 대한 궁금증 도출
	- 가설설정: 날개 길이가 길수록 비행 거리가 늘어난다는 가설 설정
	- 실험설계: 날개 길이와 비행 거리 간의 관계를 실험으로 확인할 수 있는 방법 고민
마무리	- 학습내용 정리: 도입과 전개 단계에서 학습한 내용을 정리

위의 내용을 참고하여 교수학습과정을 구성하시면 됩니다. 각 단계에 대한 내용을 복사하여 엑셀 등에 붙여넣기하시면 됩니다.

평가계획 만들기

질문 | 평가계획을 추천해주세요.

---

1. 성취도 평가:
   - 종이 비행기를 이용한 실험 결과를 바탕으로 학생들의 이해도와 성취도를 평가합니다.
   - 학생들은 실험 결과를 분석하고, 날개 길이와 비행 거리의 관계에 대한 결론을 도출합니다.
   - 성취도 평가에는 객관식 문제, 주관식 문제, 실험 결과를 설명하는 문장 작성 등의 다양한 형식을 사용할 수 있습니다.

2. 자기평가:
   - 학생들은 자신의 참여도, 실험 진행 과정에서의 역할 및 기여, 실험 결과를 평가합니다.
   - 자기평가는 학생들이 자신의 학습과 탐구에 대한 인식을 돌아보고 평가하는 기회를 제공합니다.
   - 학생들은 자기평가를 위해 질문지를 작성하고, 자신의 의견과 경험을 기록합니다.

3. 동료평가:
   - 학생들은 다른 조원들의 참여도, 협력과 의사소통 능력, 실험 결과에 대한 기여도 등을 평가합니다.
   - 동료평가는 학생들이 타인을 이해하고 협력하는 능력을 평가하고 개선하는 기회를 제공합니다.
   - 학생들은 동료평가를 위해 평가지를 작성하고, 피드백을 주고받을 수 있습니다.

4. 참여도 평가:
   - 수업 도중 학생들의 참여도와 탐구에 대한 관심도를 평가합니다.
   - 교사는 학생들의 참여, 질문, 의견 제시 등을 관찰하여 참여도 평가를 수행할 수 있습니다.
   - 참여도 평가에는 교사의 관찰, 출석부 확인, 학생들의 참여도 자기평가 등 다양한 요소를 고려할 수 있습니다.

앞서 언급한 1차시 범위를 벗어납니다.

질문 | 실험설계까지의 과정을 평가하는 것이기 때문에 평가지 보다는 관찰평가가 괜찮을 것 같습니다.

---

1. 실험 계획 평가:
   - 학생들이 가설을 설정하고 실험을 설계하는 과정을 관찰합니다.
   - 교사는 학생들이 문제를 명확히 파악하고 목표를 설정하는지, 실험 변수와 조작 방법을 적절히 고려하고 있는지를 평가합니다.

2. 자료 수집 평가:
- 학생들이 실험을 실시하고 데이터를 수집하는 과정을 관찰합니다.
- 교사는 학생들이 정확하고 체계적으로 데이터를 기록하고, 실험 조건에 일관성을 유지하는지를 평가합니다.
- 관찰 평가 항목에는 데이터의 정확성, 측정 도구 사용 방법, 실험 조건의 일관성 등을 포함시킬 수 있습니다.

3. 실험 분석 평가:
- 학생들이 수집한 데이터를 분석하고 결과를 해석하는 과정을 관찰합니다.
- 교사는 학생들이 데이터를 적절한 방법으로 분석하고, 결과를 정확히 이해하고 해석하는지를 평가합니다.
- 관찰 평가 항목에는 데이터 분석의 정확성, 그래프 및 표의 활용, 결론 도출 등을 포함시킬 수 있습니다.

동기유발에서의 지식을 평가하는 경우가 있습니다. 동기유발에서 언급했던 역사와 대회를 기억하고 평가항목으로 반영합니다.

질문 | 1차시에서 할 수 있는 평가항목만 보여주고, 역사와 대회 지식은 제외해 주세요.

 | 1. 문제 인식 및 가설 설정 평가:
- 학생들이 종이 비행기의 날개 길이와 비행 거리의 관계에 대해 문제를 인식하고, 가설을 설정하는지 평가합니다.

2. 학습 내용 이해 평가:
- 학생들이 동기유발과정을 이해하고, 종이 비행기 실험을 위한 과정을 이해하였는지 평가합니다.

3. 참여 및 협력 평가:
- 학생들이 활발하게 토론하고 질문에 참여하며 협력하는 모습을 평가합니다.

4. 문제 해결 능력 평가:
- 학생들이 문제 인식과 가설 설정 단계에서 창의적인 사고를 발휘하는지 평가합니다.

평가계획을 반영해서 표 지도안 다시 작성하기

    ChatGPT가 제공하는 자료는 표 형태의 지도안으로 보일뿐 실제로 워드프로세서 프로그램에 포함시켜 활용하기는 어렵습니다.

질문 │ 평가를 추가해서 표 형태의 지도안을 다시 안내해 주세요.

단계	활동 내용	시간	필요 자료 및 유의점
도입	- 동기유발 종이 비행기 역사와 대회 영상 시청 - 문제인식 학생들의 종이 비행기 경험 공유	10분	- 종이 비행기 역사 및 대회 영상 링크 - 학생들의 경험에 관한 이야기 공유
전개	- 학습 문제 파악 종이 비행기의 날개 길이와 비행 거리의 관계를 파악하는 것이 학습 목표 - 가설 설정 종이 비행기의 날개 길이가 길수록 비행 거리가 더 멀어질 것이라는 가설 설정 - 실험 설계 종이 비행기 날개 길이와 비행 거리 연관성 탐구를 위한 실험 계획 세우기	20분	- 종이 비행기 날개 길이 측정 도구 준비 (자, 부모님의 도움 요청)
마무리	- 학습 내용 리뷰 - 질문과 토의	10분	
평가계획	- 평가 방법: 관찰평가 - 학습 목표 평가 : 종이 비행기의 날개 길이와 비행 거리의 관계를 파악하기 위해 실험을 설계할 수 있다.		
상	상: 종이 비행기 제작과 실험에 대한 이해도가 높고 종이 비행기의 날개 길이와 비행 거리의 관계를 파악하기 위한 실험 설계를 잘함.		
중	중: 종이 비행기 제작과 실험에 대한 이해도가 일정 수준으로 종이 비행기의 날개 길이와 비행 거리의 관계를 파악하기 위한 실험을 설계함.		
하	하: 종이 비행기 제작과 실험에 대한 이해도가 낮고 종이 비행기의 날개 길이와 비행 거리의 관계를 파악하기 위한 실험 설계를 어려워함.		

ChatGPT 활용 팁 (html 코드로 표 생성하기)

html 코드로 변환하여 표를 생성하면 그 표를 다른 문서에 표 형태로 삽입이 가능합니다.
CSS 코드로 각 요소들의 디자인을 사용자가 직접 꾸밀 수 있습니다.

질문 | 지금 표 지도안을 다른 문서에 붙여 넣고 싶어요. html 코드로 표를 만들어주세요. css로 표 서식을 꾸며주고, 버튼을 만들어 버튼을 클릭하면 표 복사가 되게 해주세요.

```
<!DOCTYPE html>
<html>
<head>
  <style>
    table {
      border-collapse: collapse;
      width: 100%;
    }

    th, td {
      border: 1px solid #ddd;
      padding: 8px;
    }

    th {
      background-color: #f2f2f2;
    }

    .button-container {
      text-align: center;
      margin-bottom: 20px;
    }

    .copy-button {
      padding: 10px 20px;
      background-color: #4CAF50;
      color: white;
      border: none;
      cursor: pointer;
    }
  </style>
</head>
```

```html
<body>
  <div class="button-container">
    <button class="copy-button" onclick="copyTable()">표 복사하기</button>
  </div>

  <table id="myTable">
    <thead>
      <tr>
        <th>단계</th>
        <th>활동 내용</th>
        <th>시간</th>
        <th>필요 자료 및 유의점</th>
      </tr>
    </thead>
    <tbody>
      <tr>
        <td>도입</td>
        <td>
          - 동기유발<br>
          종이 비행기 역사와 대회 영상 시청<br><br>
          - 문제인식<br>
          학생들의 종이 비행기 경험 공유<br>
          교사 질문: "종이 비행기에 대해 어떤 이야기를 들었나요?"<br>
          학생 답변 예시: "저는 종이 비행기 대회에서 참가자들이 서로 경쟁하며 멋
진 비행기를 만들고 날리는 것을 볼 수 있었어요. 그래서 저도 종이 비행기를 만들어서 얼마
나 멀리 날릴 수 있는지 궁금해졌어요."
        </td>
        <td>10분</td>
        <td>
          - 종이 비행기 역사 및 대회 영상 링크<br>
          - 학생들의 경험에 관한 이야기 공유
        </td>
      </tr>
      <tr>
        <td>전개</td>
        <td>
          - 학습 문제 파악<br>
          종이 비행기의 날개 길이와 비행 거리의 관계를 파악하는 것이 학습 목표
<br><br>
          - 가설 설정<br>
```

종이 비행기의 날개 길이가 길수록 비행 거리가 더 멀어질 것이라는 가설 설정

    - 실험 설계
종이 비행기 날개 길이와 비행 거리 연관성 탐구를 위한 실험 계획 세우기
교사 질문: "어떤 가설을 설정해볼 수 있을까요?"
학생 답변 예시: "저는 종이 비행기의 날개 길이가 길수록 비행 거리가 더 멀어질 것 같아요. 날개가 크면 더 많은 공기를 받아서 멀리 날아갈 수 있을 것 같아요."
</td>
<td>20분</td>
<td>
    - 종이 비행기 날개 길이 측정 도구 준비
</td>
</tr>
<tr>
<td>마무리</td>
<td>
    - 1차시 내용 정리
종이 비행기의 날개 길이와 비행 거리의 관계를 파악하기 위해 어떤 단계를 거쳤는지 간단히 정리합니다.

    - 차시 예고
    다음 차시에는 실험을 통해 종이 비행기 날개 길이와 비행 거리의 관계를 확인할 예정입니다.
</td>
<td>10분</td>
<td>
    - 종이나 노트 준비
</td>
</tr>
<tr>
<td>평가계획</td>
<td>
    - 관찰평가
종이 비행기 제작과 실험을 통해 얻은 학습 결과를 관찰하여 학생들의 이해도와 능력을 평가합니다.
    - 평가 상중하:
  1. 상: 종이 비행기 제작과 실험에 대한 이해도가 높고 정확한 날개 길이 측정, 실험 설계, 결과 분석 등을 수행함
  2. 중: 종이 비행기 제작과 실험에 대한 이해도가 일정 수준으로 날개 길이 측정, 실험 설계, 결과 분석 등을 어느 정도 수행함

  3. 하: 종이 비행기 제작과 실험에 대한 이해도가 낮고 날개 길이 측정, 실험 설계, 결과 분석 등을 부족하게 수행함

```
                </td>
                <td></td>
                <td>
                    - 관찰 평가표 (평가 시간 제외)
                </td>
            </tr>
        </tbody>
    </table>

    <script>
        function copyTable() {
            var table = document.getElementById('myTable');
            var range = document.createRange();
            range.selectNode(table);
            window.getSelection().removeAllRanges();
            window.getSelection().addRange(range);
            document.execCommand('copy');
            window.getSelection().removeAllRanges();
            alert('표가 복사되었습니다.');
        }
    </script>
</body>
</html>
```

참고
```
div class="button-container">
    <button class="copy-button" onclick="copyTable()">표 복사하기</button>
</div>
```
표 복사하기 기능을 가진 버튼 요소입니다.
`<table id="myTable">` 이하부분
지도안의 형식을 담당하는 table 요소입니다. `<tr>` 요소가 행, `<td>` 요소는 각 행의 열을 나타 냅니다.
```
<script>
~~
</script>
```

지도안 표를 복사하는 자바스크립트 함수 코드입니다.

위에서 이 코드를 버튼과 연결시켰습니다.

단계	활동내용	시간	필요 자료 및 유의점
도입	– 동기유발 종이 비행기 역사와 대회 영상 시청 – 문제인식 학생들의 종이 비행기 경험 공유 교사 질문: "종이 비행기에 대해 어떤 이야기를 들었나요?" 학생 답변 예시: "저는 종이 비행기 대회에서 참가자들이 서로 경쟁하며 멋진 비행기를 만들고 날리는 것을 볼 수 있었어요. 그래서 저도 종이 비행기를 만들어서 얼마나 멀리 날릴 수 있는지 궁금해졌어요."	10분	– 종이 비행기 역사 및 대회 영상 링크 – 학생들의 경험에 관한 이야기 공유
전개	– 학습 문제 파악 종이 비행기의 날개 길이와 비행 거리의 관계를 파악하는 것이 학습 목표 – 가설 설정 종이 비행기의 날개 길이가 길수록 비행 거리가 더 멀어질 것이라는 가설 설정 – 실험 설계 종이 비행기 날개 길이와 비행 거리 연관성 탐구를 위한 실험 계획 세우기교사 질문: "어떤 가설을 설정해볼 수 있을까요?" 학생 답변 예시: "저는 종이 비행기의 날개 길이가 길수록 비행 거리가 더 멀어질 것 같아요. 날개가 크면 더 많은 공기를 받아서 멀리 날아갈 수 있을 것 같아요."	20분	– 종이 비행기 날개 길이 측정 도구 준비
마무리	– 1차시 내용 정리 종이 비행기의 날개 길이와 비행 거리의 관계를 파악하기 위해 어떤 단계를 거쳤는지 간단히 정리합니다. – 차시 예고 다음 차시에는 실험을 통해 종이 비행기 날개 길이와 비행 거리의 관계를 확인할 예정입니다.	10분	– 종이나 노트 준비
평가계획	– 관찰평가 종이 비행기 제작과 실험을 통해 얻은 학습 결과를 관찰하여 학생들의 이해도와 능력을 평가합니다. – 평가 상중하: 1. 상: 종이 비행기 제작과 실험에 대한 이해도가 높고 정확한 날개 길이 측정, 실험 설계, 결과 분석 등을 수행함 2. 중: 종이 비행기 제작과 실험에 대한 이해도가 일정 수준으로 날개 길이 측정, 실험 설계, 결과 분석 등을 어느 정도 수행함 3. 하: 종이 비행기 제작과 실험에 대한 이해도가 낮고 날개 길이 측정, 실험 설계, 결과 분석 등을 부족하게 수행함		– 관찰 평가표 (평가 시간 제외)

ChatGPT 활용 팁 (생성된 표를 다른 문서에 붙여넣기)

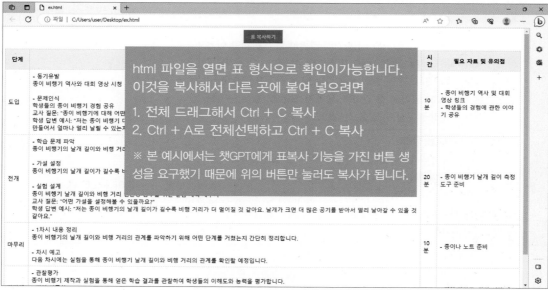

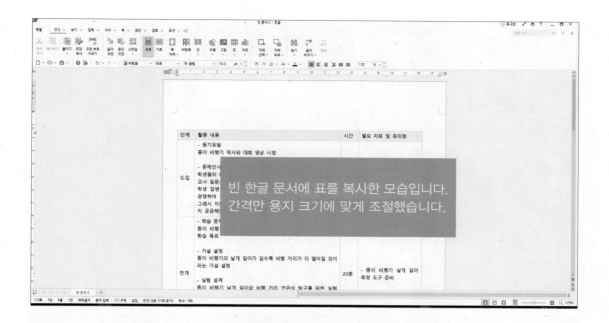

빈 한글 문서에 표를 복사한 모습입니다.
간격만 용지 크기에 맞게 조절했습니다.

ChatGPT 활용 팁 (html 코드를 실시간 반영하기)

vscode 편집기를 설치합니다.

① vscode를 실행하고 html 파일을 만듭니다.

② 챗GPT가 생성해준 코드를 붙여넣고 저장합니다.

Live Server를 설치합니다.

설치가 끝나면 오른쪽 하단에
GO Live 항목이 생깁니다.
이를 클릭하여 실행합니다.

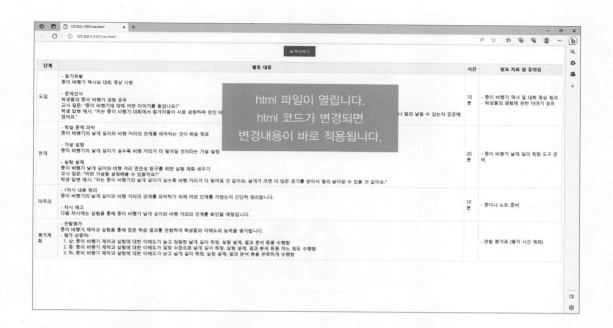

07

ChatGPT와 함께 만드는
실과 수업 디자인

실과과 교수-학습과정안

다음은 ChatGPT와 함께 만든 실과과 교수학습과정안 사례입니다.

교 과	실과	학년 학기	6학년 1학기
단원명	3. 생활과 소프트웨어		
성취기준	[6실04-09]프로그래밍 도구를 사용하여 기초적인 프로그래밍 과정을 체험한다. [6실04-10] 자료를 입력하고 필요한 처리를 수행한 후 결과를 출력하는 단순한 프로그램을 설계한다.		
학습 목표	동물 소리 맞추기 프로그램을 구현하는 기초적인 프로그래밍 과정을 구현할 수 있다.		
교수학습 자료	PPT, 게임 그림카드	교수학습 모형	탐구학습모형

학습 단계	학습 과정	교수 학습 과정	시간 (분)	자료(☞) 및 유의점(※)
도입	동기유발	• 동기 유발 - 동물 소리 맞추기 게임의 재미와 연관성 이해한다. - 동물 소리를 맞추는 게임을 해보면서 어떤 재미를 느낄 수 있을까요?	5'	☞ 동물 소리 맞추기 게임에 대한 설명 동영상, 실제 동물 소리와 이미지를 담은 사례 자료
	학습목표 제시	• 학습 목표 제시 - 동물 소리 맞추기 프로그램을 구현하는 기초적인 프로그래밍 과정을 구현할 수 있다.		
전개	활동	• 활동1) 동물 소리 맞추기 프로그램 - 순차, 선택, 반복 구조를 통해 프로그램을 구현한다. - 순차 구조 : 묻고 답하기 - 선택 구조 : 동물 소리를 듣고 어떤 동물인지 맞추었다면 동물 그림도 맞춰보기 - 반복 구조 : 동물 소리를 듣고 어떤 동물인지 맞추지 못하였거나 동물 그림을 맞추지 못한 경우 맞출 때 까지 다시 질문으로 돌아가서 맞출 때 까지 반복하기 	30'	☞ 동물 소리와 이미지 목록, 동물 소리 맞추기 게임의 샘플 코드

		ChatGPT 제시 코드로 엔트리 화면 및 프로그램 구성		
전개		 처음 화면에서 강아지 짖는 소리를 듣고 어떤 동물의 소리인지 대답하기(순차 구조) – 대답이 맞으면 강아지 이미지 선택하기(선택 구조) – 대답이 틀리면 동물 소리 다시 들려주고 다시 대답하기(반복 구조) 강아지 오브젝트 클릭하면 정답이라고 말하고 끝내기 고양이나 병아리 오브젝트 클릭하면 오답이라고 말하고 다시 처음 화면으로 돌아가서 다시 시작하기		
전개	협력과 토론	• 활동2) 협력과 토론을 통한 아이디어 공유 – 학생들을 그룹으로 나누어 동물 소리 맞추기 게임 개선 방안을 토론한다. (예시) – T : 각자의 아이디어를 다른 팀원과 공유해보세요. – S : 서로의 아이디어를 공유하고 협력한다.	15'	☞ 그룹 구성 자료, 게임 개선을 위한 토론 가이드라인
	자기 평가	• 활동3) 프로그램의 자기 평가와 수정 – 자신이 만든 프로그램 실행 및 자기 평가한다. (예시) – T : 프로그램이 원하는 대로 동작하는지 확인해보세요. – S : 필요한 수정 사항 파악하고 수정한다.	15'	☞ 자기 평가용 체크리스트, 프로그램 수정을 위한 피드백 양식

정리	지식 정리	• 수업에서 배운 내용 정리 및 공유 – 학생들의 수업 내용 정리 및 공유한다. (예시) – T : 어떤 프로그래밍 기법이 도움이 되었나요? – S : 프로그래밍을 통한 문제 해결의 방법을 다양하게 이야기한다.	10′	🖮 프로그래밍 기법과 개념 정리 자료, 문제 해결 실마리 자료 공유
평가 계획	지식 및 이해	1. 엔트리 프로그래밍 도구를 활용하여 동물 소리 맞추기 프로그램을 정확하게 구현하였는가? 2. 순차, 선택, 반복 등의 프로그래밍 구조를 올바르게 이해하고 적용하였는가?	관찰평가	
	기술 및 응용	3. 문제 해결 과정과 절차적 사고를 통해 프로그램을 개발하고 수정하는 능력이 있는가? 4. 동료와의 협력과 토론을 통해 다양한 아이디어를 제시하고 창의적인 문제 해결 방법을 도출하였는가?		
	자기 평가 및 피드백	5. 자기 평가와 피드백을 통해 프로그램을 평가하고 개선하는 능력이 있는가?		

ChatGPT와 함께 만드는
실과 수업

실과 수업 ChatGPT 프롬프트

엔트리 프로젝트 20차시 수업 목록

2015 실과 교육과정 소프트웨어 관련 단원 성취기준입니다. 실과 교과서에 나온 엔트리로 2차시씩 블록수업을 하는 20차시 프로젝트를 계획해 보았습니다.

질문 | [6실04-07]소프트웨어가 적용된 사례를 찾아보고 우리 생활에 미치는 영향을 이해한다.

[6실04-08]절차적 사고에 의한 문제 해결의 순서를 생각하고 적용한다.

[6실04-09]프로그래밍 도구를 사용하여 기초적인 프로그래밍 과정을 체험한다.

[6실04-10] 자료를 입력하고 필요한 처리를 수행한 후 결과를 출력하는 단순한 프로그램을 설계한다.

[6실04-11]문제를 해결하는 프로그램을 만드는 과정에서 순차, 선택, 반복 등의 구조를 이해한다. 초등학교 실과 교육과정 성취기준입니다. 엔트리를 활용한 프로젝트 수업 목록 10가지를 추천해 주세요.

 | 초등학교 실과 교육과정에 맞는 엔트리를 활용한 프로젝트 수업 목록을 아래에 제시합니다.

1. 움직이는 그림판: 사용자가 마우스로 그림을 그릴 수 있는 움직이는 그림판을 만들어보세요. 엔트리의 이벤트 블록과 그래픽 블록을 사용하여 그림판을 제작하고, 마우스 이벤트를 처리하여 사용자의 그림 그리기를 구현해보세요.

2. 숫자 맞추기 게임: 컴퓨터가 랜덤으로 정한 숫자를 맞추는 게임을 만들어보세요. 엔트리의 변수 블록과 비교 블록을 사용하여 사용자가 입력한 숫자와 정답을 비교하고, 힌트를 제공하는 등의 기능을 추가해보세요.

3. 음악 악보 만들기: 사용자가 음표를 선택하고 배치하여 자신만의 음악 악보를 만들 수 있는 프로그램을 만들어보세요. 엔트리의 이벤트 블록과 리스트 블록을 활용하여 사용자의 입력을 받고, 그에 따라 악보를 그리는 기능을 구현해보세요.

4. 미로 탈출 게임: 캐릭터가 미로를 탈출하는 게임을 만들어보세요. 엔트리의 이동 블록과 조건 블록을 사용하여 캐릭터가 벽을 피해 미로를 탈출할 수 있도록 프로그램을 구현해보세요.

5. 동화 스토리 애니메이션: 유명한 동화 이야기를 엔트리의 애니메이션 블록과 대사 블록을 활용하여 애니메이션으로 만들어보세요. 캐릭터의 움직임과 대사를 조절하여 동화 이야기를 시각적으로 표현해보세요.

6. 사운드 플레이어: 엔트리의 사운드 블록을 사용하여 음악을 재생하는 프로그램을 만들어보세요. 사용자가 원하는 음악을 선택하고 재생할 수 있도록 기능을 추가해보세요.

7. 동물 소리 맞추기: 동물 소리를 듣고 그에 해당하는 동물을 맞추는 게임을 만들어보세요. 엔트리의 소리 블록과 비교 블록을 사용하여 사용자가 입력한 정답과 실제 정답을 비교하는 기능을 추가해보세요.

8. 반복 블록 활용하기: 엔트리의 반복 블록을 사용하여 구구단을 출력하는 프로그램을 만들어보세요. 반복 블록을 활용하여 2단부터 9단까지 순차적으로 출력하는 기능을 구현해보세요.

9. 움직이는 스톱워치: 엔트리의 변수 블록과 이벤트 블록을 사용하여 움직이는 스톱워치를 만들어보세요. 시작, 일시정지, 리셋 등의 기능을 추가하여 사용자가 스톱워치를 제어할 수 있도록 프로그램을 구현해보세요.

10. 퀴즈 게임: 여러 개의 문제를 가진 퀴즈 게임을 만들어보세요. 엔트리의 리스트 블록과 랜덤 블록을 사용하여 문제와 정답을 관리하고, 사용자가 입력한 정답과 비교하여 점수를 계산하는 기능을 추가해보세요.

이러한 프로젝트 수업을 통해 엔트리를 활용한 프로그래밍 기초를 체험할 수 있고, 순차, 선택, 반복 등의 프로그래밍 구조를 이해할 수 있습니다.

프로그래밍 수업에서는 학습 순서가 중요하기 때문에 학습 순서를 다시 물어보는 것이 좋습니다.

질문 | 위의 목록을 학습 순서에 맞게 나열해 주세요.

---

1. 프로그래밍 도구를 사용하여 기초적인 프로그래밍 과정을 체험한다.
2. 자료를 입력하고 필요한 처리를 수행한 후 결과를 출력하는 단순한 프로그램을 설계한다.
3. 문제를 해결하는 프로그램을 만드는 과정에서 순차, 선택, 반복 등의 구조를 이해한다.
4. 숫자 맞추기 게임: 컴퓨터가 랜덤으로 정한 숫자를 맞추는 게임을 만든다.
5. 음악 악보 만들기: 사용자가 음표를 선택하고 배치하여 자신만의 음악 악보를 만든다.
6. 미로 탈출 게임: 캐릭터가 미로를 탈출하는 게임을 만든다.
7. 움직이는 그림판: 사용자가 마우스로 그림을 그릴 수 있는 움직이는 그림판을 만든다.
8. 동화 스토리 애니메이션: 유명한 동화 이야기를 애니메이션으로 만들어본다.
9. 사운드 플레이어: 음악을 재생하는 프로그램을 만들어본다.
10. 동물 소리 맞추기: 동물 소리를 듣고 그에 해당하는 동물을 맞추는 게임을 만든다.
11. 반복 블록 활용하기: 구구단을 출력하는 프로그램을 만들어본다.
12. 움직이는 스톱워치: 움직이는 스톱워치를 만들어본다.
14. 퀴즈 게임: 여러 개의 문제를 가진 퀴즈 게임을 만들어본다.

이 순서대로 프로젝트를 진행하면 엔트리를 활용한 프로그래밍 기초를 체험하고, 점차적으로 복잡한 프로그램을 만들어나갈 수 있습니다.

프로젝트 목록으로 제시된 순서와 학습 순서가 차이가 있음을 알 수 있습니다.

질문 | 이 학습 순서대로 엔트리 코드를 표로 정리해 주세요.

프로젝트	엔트리 코드
기초적인 프로그래밍 체험	없음
단순한 프로그램 설계	입력 받기 → 처리하기 → 출력하기
순차, 선택, 반복 구조 이해	없음
숫자 맞추기 게임	변수 설정 → 숫자 생성 → 반복하기 → 조건 확인 → 정답 여부 판단
음악 악보 만들기	리스트 설정 → 선택하기 → 배치하기
미로 탈출 게임	이동하기 → 벽 감지 여부 확인 → 미로 탈출 여부 판단
움직이는 그림판	마우스 이벤트 → 그림 그리기
동화 스토리 애니메이션	애니메이션 설정 → 대사 추가
사운드 플레이어	사운드 재생하기
동물 소리 맞추기	소리 재생 → 정답 확인
반복 블록 활용하기	반복하기 → 구구단 출력
움직이는 스톱워치	변수 설정 → 이벤트 처리 → 시간 표시
퀴즈 게임	리스트 설정 → 문제 표시 → 정답 확인

각 프로젝트에 필요한 주요 엔트리 블록을 표로 정리하였습니다. 이를 참고하여 엔트리 프로젝트를 진행하실 수 있습니다.

엔트리 코드를 표로 정리해서 보면 프로젝트 수업의 흐름을 한 눈에 알 수 있습니다. 하지만 ChatGPT에서는 엔트리 블록 이미지 표현이 되지 않기 때문에 엔트리 주요 블록의 내용만 제시해 주는 것을 볼 수 있습니다. 이번에는 각 수업의 목표를 확인합니다.

질문 | 각 수업 목록의 학습 목표를 알려 주세요.

---

1. 기초적인 프로그래밍 체험: 엔트리의 기본적인 블록들을 사용하여 프로그래밍에 대한 첫 경험을 제공하고, 엔트리 환경에 익숙해지는 것을 목표로 합니다.

2. 단순한 프로그램 설계: 사용자의 입력을 받고, 처리한 후 결과를 출력하는 간단한 프로그램을 설계하는 과정을 통해 프로그래밍의 기본적인 원리를 이해하고 프로그래밍 논리를 향상시킵니다.

3. 순차, 선택, 반복 구조 이해: 프로그램의 구조를 이해하고, 순차적인 실행, 조건에 따른 선택, 반복적인 작업을 수행하는 데 필요한 블록들을 익히는 것을 목표로 합니다.

4. 숫자 맞추기 게임: 변수 사용, 조건문, 반복문 등의 프로그래밍 개념과 블록을 활용하여 숫자 맞추기 게임을 만들면서, 사용자 입력과 정답 비교, 게임 루프 등의 기술을 연습합니다.

5. 음악 악보 만들기: 리스트를 활용하여 음표를 관리하고, 선택 블록을 사용하여 사용자가 원하는 음표를 선택하고 배치하는 기술을 익히며, 창의성과 음악적 감각을 발휘합니다.

6. 미로 탈출 게임: 이동 블록과 조건 블록을 사용하여 미로 탈출 게임을 만들면서, 캐릭터의 이동과 벽 감지, 미로 탈출 조건 등을 프로그래밍으로 구현합니다.

7. 움직이는 그림판: 이벤트와 그래픽 블록을 활용하여 사용자가 마우스로 그림을 그릴 수 있는 그림판을 만듭니다. 창의력과 그래픽 프로그래밍 기술을 향상시킵니다.

8. 동화 스토리 애니메이션: 애니메이션과 대사 블록을 사용하여 동화 이야기를 시각적으로 표현하고, 스토리텔링과 애니메이션 제작 능력을 향상시킵니다.

9. 사운드 플레이어: 사운드 블록을 사용하여 음악을 재생하고, 음악 선택과 재생 기능을 구현하며, 음악 감상과 프로그래밍 능력을 함께 향상시킵니다.

10. 동물 소리 맞추기: 소리 블록과 비교 블록을 사용하여 동물 소리를 재생하고, 사용자의 정답과 실제 정답을 비교하는 게임을 만들면서, 사운드 처리와 문제 해결 능력을 향상시킵니다.

엔트리 프로그래밍 코드 내용에 대해서 살펴보도록 하겠습니다.

질문 | 각 수업 목록의 엔트리 코드를 설명해 주세요.

---

 1. 기초적인 프로그래밍 체험: 이 수업에서는 엔트리의 기본적인 블록들을 활용하여 프로그래밍 체험을 합니다. 예를 들어, "시작하기" 블록으로 프로그램을 시작하고, "이동하기" 블록으로 캐릭터를 움직이는 등의 기능을 체험합니다.

2. 단순한 프로그램 설계: 이 수업에서는 사용자로부터 입력을 받고, 그 입력을 처리한 후 결과를 출력하는 단순한 프로그램을 설계합니다. 엔트리의 "입력 받기" 블록으로 사용자의 입력을 받고, "처리하기" 블록으로 입력을 처리하며, "출력하기" 블록으로 결과를 출력합니다.❹

3. 순차, 선택, 반복 구조 이해: 이 수업에서는 프로그래밍에서 사용되는 순차, 선택, 반복 등의 구조를 이해합니다. 엔트리 블록 중에서도 순차적으로 실행되는 블록들을 활용하여 프로그램의 구조를 구현해볼 수 있습니다.

4. 숫자 맞추기 게임: 이 수업에서는 컴퓨터가 랜덤으로 정한 숫자를 맞추는 게임을 만듭니다. 엔트리의 변수 블록을 사용하여 정답을 저장하고, 조건 블록을 활용하여 사용자가 입력한 숫자와 정답을 비교하여 정답 여부를 판단합니다.

---

❹ 엔트리에는 입력 받기, 처리하기, 출력하기 블록은 없습니다. ChatGPT의 대답에서 입력하기 블록은 엔트리의 묻고 답하기 블록을 말하는 것으로 예상되며, 처리하기 블록은 계산이나 판단하기 블록, 출력하기는 생김새의 말하기 블록으로 예상됩니다.

5. 음악 악보 만들기: 이 수업에서는 사용자가 선택한 음표를 배치하여 자신만의 음악 악보를 만듭니다. 엔트리의 리스트 블록을 활용하여 음표를 관리하고, 선택 블록을 사용하여 사용자가 음표를 선택하고 배치할 수 있도록 구현합니다.

6. 미로 탈출 게임: 이 수업에서는 캐릭터가 미로를 탈출하는 게임을 만듭니다. 엔트리의 이동 블록과 조건 블록을 사용하여 캐릭터가 벽을 피해 미로를 탈출할 수 있도록 프로그램을 구현합니다.

7. 움직이는 그림판: 이 수업에서는 마우스로 그림을 그릴 수 있는 움직이는 그림판을 만듭니다. 엔트리의 이벤트 블록과 그래픽 블록을 사용하여 그림판을 제작하고, 마우스 이벤트를 처리하여 사용자의 그림 그리기를 구현합니다.

8. 동화 스토리 애니메이션: 이 수업에서는 유명한 동화 이야기를 엔트리의 애니메이션 블록과 대사 블록을 활용하여 애니메이션으로 만듭니다. 캐릭터의 움직임과 대사를 조절하여 동화 이야기를 시각적으로 표현합니다.

9. 사운드 플레이어: 이 수업에서는 엔트리의 사운드 블록을 사용하여 음악을 재생하는 프로그램을 만듭니다. 사용자가 원하는 음악을 선택하고 재생할 수 있도록 기능을 추가합니다.

10. 동물 소리 맞추기: 이 수업에서는 동물 소리를 듣고 그에 해당하는 동물을 맞추는 게임을 만듭니다. 엔트리의 소리 블록과 비교 블록을 사용하여 사용자가 입력한 정답과 실제 정답을 비교하는 기능을 추가합니다.

주제가 있는 20차시 엔트리 프로젝트 수업 디자인하기

동일한 주제로 이어지는 프로젝트 수업을 디자인해 봅시다.

질문 | 혹시 한 가지 주제를 정해서 학습 순서대로 프로젝트 수업 목록 10가지를 만들어 줄 수 있나요?

 예를 들어, "동물 탐험"이라는 주제를 가정하고 다음과 같이 프로젝트 수업 목록을 제시해 드리겠습니다.

1. 동물 소리 맞추기: 동물 소리를 듣고 그에 해당하는 동물을 맞추는 게임을 만듭니다.
2. 동물 정보 앱: 사용자가 동물의 이름을 입력하면 해당 동물의 정보를 출력하는 앱을 만듭니다.
3. 동물 사진 슬라이드쇼: 여러 동물 사진을 슬라이드쇼로 보여주는 프로그램을 만듭니다.
4. 동물 이야기 쓰기: 사용자가 동물의 특징과 이야기를 작성하여 저장하는 프로그램을 만듭니다.
5. 동물 도감: 다양한 동물의 이미지와 정보를 모아둔 도감 앱을 만듭니다.
6. 동물 퀴즈 게임: 동물에 관련된 퀴즈를 출제하고 사용자가 정답을 맞추는 게임을 만듭니다.
7. 동물 울음소리 알아맞히기: 동물의 울음소리를 듣고 해당 동물을 알아맞히는 게임을 만듭니다.
8. 동물 배경 음악 생성기: 다양한 동물 소리와 음악 요소를 조합하여 동물 배경 음악을 생성하는 프로그램을 만듭니다.

9. 동물 퍼즐 게임: 동물 이미지를 조각으로 나누어 사용자가 퍼즐을 맞추는 게임을 만듭니다.

10. 동물 보호소 관리 시스템: 동물 보호소에서 입양 가능한 동물들을 관리하는 시스템을 만듭니다.

위의 프로젝트 수업 목록을 통해 "동물 탐험" 주제에 따라 엔트리를 활용하여 다양한 동물과 관련된 프로그램을 만들고, 동물에 대한 지식과 상호작용 능력을 향상시킬 수 있습니다.

동일한 주제의 프로젝트 수업은 주제에 맞는 이름을 붙여주면 좋습니다.

질문 | 이 프로젝트 수업의 이름은 무엇인가요?

 이 프로젝트 수업의 이름은 "동물 탐험 프로그래밍"입니다. 이 수업을 통해 학생들은 동물에 대한 지식을 배우고, 엔트리를 사용하여 다양한 동물과 관련된 프로그램을 만들어보며 프로그래밍 기술과 창의력을 발전시킬 수 있습니다. "동물 탐험 프로그래밍"은 학생들이 엔트리를 활용하여 동물과의 상호작용을 경험하며 즐겁게 프로그래밍을 배울 수 있는 프로젝트 수업을 의미합니다.

동일한 주제의 프로젝트는 첫 번째로 살펴본 여러 가지 주제의 프로젝트와 수업 목표의 차이가 있음을 알 수 있습니다.

질문 | 이 프로젝트 수업의 목표를 알려주세요.

---

 1. 동물에 대한 지식 습득: 학생들은 다양한 동물에 대한 정보와 특징을 배우고, 동물들 간의 차이점을 이해합니다.

2. 프로그래밍 기술 향상: 엔트리를 사용하여 동물과 관련된 다양한 프로그램을 설계하고 구현함으로써 프로그래밍 능력을 향상시킵니다.

3. 창의력 발휘: 동물을 주제로 한 프로그램을 만들면서 학생들은 자신만의 아이디어와 창의력을 발휘할 수 있습니다.

4. 문제 해결 능력 강화: 프로그래밍 과정에서 발생하는 문제를 해결하면서 학생들은 논리적 사고와 문제 해결 능력을 향상시킵니다.

5. 동료 협력과 공유: 프로젝트를 진행하면서 학생들은 동료와의 협력과 의견 공유를 통해 팀워크를 발전시키고 배우며 함께 성장합니다.

이러한 목표들을 통해 "동물 탐험 프로그래밍" 프로젝트 수업은 학생들이 동물에 대한 지식과 프로그래밍 능력을 발전시키며, 창의적 사고와 문제 해결 능력을 함께 강화할 수 있는 학습 경험을 제공합니다.

평가를 할 때 성취기준이 잘 반영이 되어있는지 확인합니다. 평가요소에 대한 학습내용이 교수학습과정안에 반영되어 있는지도 확인해야 합니다.

질문 │ 성취기준에 맞는 평가 요소를 알려 주세요.

 다음은 "동물 탐험 프로그래밍" 프로젝트 수업을 평가하기 위한 성취기준에 맞는 평가 요소의 예시입니다.

1. 동물 지식 이해: 학생이 프로젝트를 통해 동물에 대한 지식을 습득하고, 동물들의 특징과 차이점을 이해하였는지를 평가합니다.

2. 프로그래밍 기술 적용: 학생이 엔트리 블록을 적절히 활용하여 동물과 관련된 프로그램을 설계하고 구현하는 데 얼마나 능숙한지를 평가합니다.

3. 창의성과 문제 해결: 학생이 자신만의 아이디어와 창의성을 발휘하여 동물과 관련된 프로그램을 구상하고, 프로그래밍 과정에서 발생하는 문제를 해결하는 능력을 평가합니다.

4. 작품 완성도: 학생의 작품이 완성도가 있는지, 예상한 기능이 제대로 작동하며 사용자 경험이 원활한지를 평가합니다.

5. 협력과 공유: 학생이 팀원과 협력하여 프로젝트를 진행하고, 아이디어나 작품을 공유하며 다른 학생들과 소통하는 능력을 평가합니다.

6. 문제 분석과 수정: 학생이 프로젝트 과정에서 발생하는 문제를 분석하고, 수정해나가는 과정에서 얼마나 성장하였는지를 평가합니다.

7. 자기평가와 성과 인식: 학생이 자신의 작품과 프로그래밍 능력을 평가하고, 성과를 인식하며 발전시키기 위한 노력을 평가합니다.

이러한 평가 요소들은 학생들의 동물 탐험 프로그래밍 프로젝트 수업에서의 성취도와 성과를 공정하게 평가하기 위한 기준으로 활용될 수 있습니다. 성취기준과 평가 요소는 학습 목표를 달성하고 학생들의 성장을 측정하는데 도움을 주는 중요한 도구입니다.

프로젝트 목록의 엔트리 코드를 한 눈에 볼 수 있습니다.

질문 | 각 수업 목록에서 사용되는 엔트리 코드를 표로 정리해서 보여 주세요.

 |

프로젝트	엔트리 코드
동물 소리 맞추기	소리 재생하기 → 정답 확인하기
동물 정보 앱	입력 받기 → 조건 확인하기 → 정보 출력하기
동물 사진 슬라이드쇼	리스트 설정하기 → 반복하기 → 이미지 보여주기
동물 이야기 쓰기	입력 받기 → 변수 설정하기 → 저장하기
동물 도감	이미지 보여주기 → 정보 출력하기
동물 퀴즈 게임	질문 출력하기 → 정답 확인하기
동물 울음소리 알아맞히기	소리 재생하기 → 정답 확인하기
동물 배경 음악 생성기	음악 조합하기 → 음악 재생하기
동물 퍼즐 게임	조각 섞기 → 퍼즐 맞추기
동물 보호소 관리 시스템	동물 정보 저장하기 → 동물 정보 출력하기

각 수업에서 사용되는 엔트리 블록들을 표로 정리하여 보여드렸습니다. 이를 참고하여 각 프로젝트를 진행하고 엔트리 코드를 구성할 수 있습니다.

ChatGPT가 제시해 준 엔트리 코드 예시를 참고하여 엔트리 코드를 만들어 보았습니다. ChatGPT가 안내해 준 코드를 참고하여 학생 수준에 맞게 만들어 가면 좋습니다.

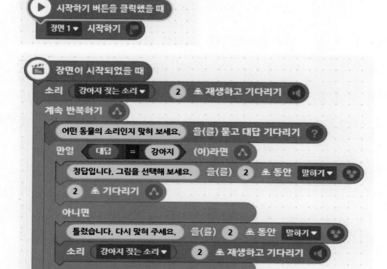

1. 동물 소리 알아맞히기(물음표 부분 코딩)	

1. 동물 소리 알아맞히기(강아지 코딩)	1. 동물 소리 알아맞히기(고양이, 병아리 코딩)

첫 번째 동물 소리 알아맞히기 코드는 배경화면에 병아리, 강아지, 고양이, 물음표 오브젝트를 넣었습니다.

물음표 오브젝트에 〈1. 동물소리 알아맞히기〉 코딩을 합니다. 강아지 소리가 나면 '어떤 동물의 소리인이 알아맞혀 보세요'를 묻고 대답을 기다립니다. 대답에서 '강아지'라고 쓰고 답을 맞추면 '그림을 선택해 보세요.'를 말합니다.

강아지 그림 오브젝트를 클릭하고 코딩을 시작합니다. 학생이 강아지 그림을 선택하면 '축하합니다. 강아지 울음소리입니다.'라고 말해 주고 프로그램을 끝냅니다.

이번에는 병아리 그림 오브젝트를 클릭하고 코딩을 시작합니다. 학생이 병아리 그림을 선택했을 때 '틀렸습니다. 다시 맞혀 주세요.'라고 말해 주고 첫 장면으로 넘어가서 다시 강아지 소리를 들려주고 맞힐 때까지 계속 반복하도록 합니다.

마지막으로 고양이 그림 오브젝트를 클릭하고 병아리 그림 오브젝트 코딩과 동일하게 합니다.

묻고 대답 기다리기 코딩은 대표적인 순차 구조입니다.

만일 대답이 강아지라면 정답이라고 말해 주는 코딩은 선택 구조입니다.

답이 틀렸을 경우 다시 돌아와서 정답을 맞출 때까지 돌아가서 질문이 시작되도록 하는 것은 반복 구조입니다.

2. 동물정보 앱

동물정보 앱 '원하는 동물 번호를 쓰세요'를 먼저 말하고 '하늘을 나는 동물은 1, 땅에 사는 동물은 2, 바다에 사는 동물은 3입니다.'를 묻고 대답을 기다립니다.

만일 대답이 1(하늘에 사는 동물)인 경우 '하늘을 나는 동물을 선택하셨군요'를 말하고 하늘을 나는 동물의 예('비둘기, 참새, 독수리, 갈매기가 있습니다.')를 말해 줍니다.

만일 대답이 2(땅에 사는 동물)인 경우 '땅에 사는 동물을 선택하셨군요.'를 말하고 땅에 사는 동물의 예('개, 고양이, 사자, 호랑이가 있습니다.')를 말해 줍니다.

만일 대답이 3(물에 사는 동물)인 경우 '물에 사는 동물을 선택하셨군요.'를 말하고 물에 사는 동물의 예('상어, 고래, 붕어, 연어가 있습니다.')를 말해 줍니다.

학생들은 이와 같은 코딩을 하면서 여러 가지 동물의 기본적인 정보를 조사하여 다양한 내용을 넣어 코딩을 할 수 있습니다.

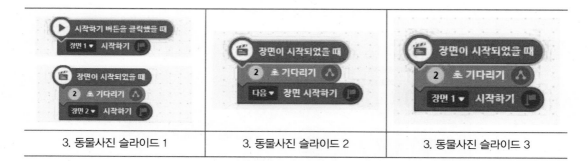

3. 동물사진 슬라이드 1	3. 동물사진 슬라이드 2	3. 동물사진 슬라이드 3

동물 사진 슬라이드는 엔트리 화면 각 장면에 동물 이미지를 넣고 2초 마다 다음 장면으로 넘어가 도록 하는 코딩입니다. 마지막 장면에서는 다시 처음 장면으로 돌아가도록 하여 계속 반복되도록 합니다. 장면이 시작되었을 때 블록에 이어 동물 소개 내용을 말하기로 넣어도 좋습니다.

4. 동물이야기 쓰기

동물이야기 쓰기 코딩은 원하는 동물을 선택하여 그 동물과 관련된 이야기를 만들어 주도록 하고 있습니다. 먼저 '동물이름'이라는 변수를 만들어서 만일 블록에서 비교하기 연산값을 넣어 이야기 만들고 싶은 동물을 선택합니다. 선택한 동물에 대한 이야기는 대답에서 입력합니다.

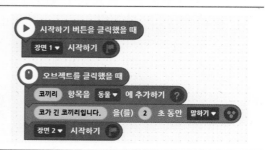

5. 동물도감 (장면1)	코끼리 리스트 추가하며 동물 정보 말해주기

5. 동물도감 (장면2)	사자 리스트 추가하며 동물 정보 말해주기

5. 동물도감 (장면3)	호랑이 리스트 추가하며 동물 정보 말해주기

동물도감은 엔트리 각 장면마다 동물들의 그림을 클릭하면 동물 정보를 말해주면서 동물 리스트를 추가해 주는 코딩입니다. 리스트는 '자료'블록에서 '리스트 만들기'를 선택한 후 리스트의 이름은 '동물'을 입력해서 만듭니다. '오브젝트를 클릭했을 때'블록에서 '리스트 추가하기'블록을 가져오고 동물 정보를 말해주는 말하기 블록을 가져오며 '다음 장면 시작하기' 블록을 가져옵니다.

6. 동물 퀴즈 게임

동물 퀴즈는 묻고 대답 기다리기 블록으로 만들고 만일 블록(선택 구조)으로 정답을 맞추면 축하 메시지를 보냅니다. 그리고 연결된 다음 문제를 묻고 기다립니다. 모두 맞추었다면 말하기 블록으로 축하 메시지를 말하고 틀렸다면 다시 맞힐 수 있도록 반복하도록 합니다.

시작하기 버튼을 클릭했을 때
계속 반복하기
그림 속 동물의 울음소리를 흉내내어 보세요. 읽어주기
그림 속 동물의 울음소리를 흉내내어 보세요. 을(를) 2 초 동안 말하기 ▼
음성 인식하기
음성을 문자로 바꾼 값 읽어주고 기다리기
음성을 문자로 바꾼 값 을(를) 2 초 동안 말하기 ▼
만일 음성을 문자로 바꾼 값 = 개굴개굴 (이)라면
축하합니다. 동물은 개굴개굴 개구리입니다. 읽어주고 기다리기
축하합니다. 동물은 개굴개굴 개구리입니다. 을(를) 2 초 동안 말하기 ▼
아니면
다시 한번 흉내내어 주세요. 읽어주고 기다리기
다시 한번 흉내내어 주세요. 을(를) 2 초 동안 말하기 ▼

7. 동물 울음소리 흉내내기(인공지능)

첫 번째 수업인 동물 소리 알아맞히기와 비슷한 내용이므로 인공지능 블록을 추가하여 동물울음 소리 흉내내기로 바꾸어 보았습니다. 인공지능 블록을 사용하려면 먼저 온라인 에디터의 인공지능 확장블록에서 오디오감지 기능과 읽어주기 기능을 추가합니다. 배경화면의 동물 그림을 보고 동물 울음 소리를 직접 흉내내어 보고 정답이면 축하 메세지를 메시지를 음성으로 읽어주도록 합니다. 동물 울음소리를 문자로 정확하게 모두 표현할 수는 없지만 대표적인 흉내내는 말로 표현하고 그것과 다른 말을 했을 때는 '다시 한 번 흉내내어 주세요.'라고 음성으로 들려주고 다시 시작합니다.

시작하기 버튼을 클릭했을 때
소리 당신은 누구십니까 ▼ 30 초 재생하기
소리 강아지 짖는 소리 ▼ 30 초 재생하기
소리 개구리 울음 소리 ▼ 30 초 재생하기

8. 동물 배경음악 생성기

동물 배경음악 생성기는 여러 가지 소리를 추가하고 동물들이 많이 있는 자연 속 배경음악을 만들어 보는 코딩입니다. 엔트리 소리 블록에서 여러 가지 동물 소리를 추가하고 재생해 봅니다.

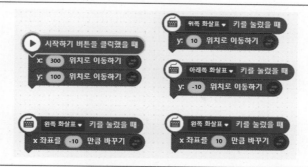

9. 동물 퍼즐 게임

동물 퍼즐 게임은 동물 이동 게임으로 바꾸어서 코딩해 보았습니다. 다람쥐에게 숨겨둔 열매를 찾아 주는 게임입니다. 시작하기 버튼을 누르면 다람쥐가 시작 위치로 갈 수 있도록 위치를 지정해 줍니다. 왼쪽 키, 오른쪽 키, 위쪽 키, 아래쪽 키를 누르면서 다람쥐가 열매를 찾아갈 수 있도록 합니다.

10. 동물 보호 관리시스템

동물 보호 관리시스템에서는 동물을 입양해 갈 수 있는 조건을 정해서 묻도록 합니다. 예시에서 는 첫 번째 조건으로 '가족의 동의를 모두 받았나요?', 두 번째 조건으로는 ' 집에서 키울 수 있는 동 물인가요?'로 정했습니다. 두 가지 조건이 모두 충족되어야 동물을 입양해 갈 수 있도록 선택 구조를 활용한 코딩입니다.

08

ChatGPT와 함께 만드는
체육 수업 디자인

체육과 교수-학습과정안

다음은 ChatGPT와 함께 만든 체육과 교수학습과정안 사례입니다.

교 과	체육	학년 학기	6학년 1학기
단원명	2. 운동 체력을 길러요		

교 과	체육	학년 학기	6학년 1학기
단원명	2. 운동 체력을 길러요		
성취기준	[6체01–03] 신체활동 참여를 통해 부족했던 체력의 향상을 체험함으로써 타인과 다른 자신의 신체적 기량과 특성을 긍정적으로 수용한다. [6체01–06] 건강 증진을 위해 계획에 따라 운동 및 여가 활동에 열정을 갖고 꾸준히 참여한다.		
학습 목표	놀이를 통하여 체력을 증진하고 협동심을 길러 봅시다.		
교수학습 자료	장애물, 풍선 등	교수학습 모형	협력학습 모형 Cooperative Learning Model

학습 단계	학습 과정	교수 학습 과정	시간 (분)	자료(🎬) 및 유의점(※)
도입	동기유발	• 준비운동 – 자유롭게 노래에 맞춰 율동을 따라한다. – 준비 체조 및 스트레칭을 통해 몸을 이완시켜 부상을 방지하고 운동능력을 증대하도록 한다.	5′	🎬 율동영상 🎬 준비체조
	학습목표 제시	• 학습 목표 제시 – 놀이를 통하여 체력을 증진하고 협동심을 길러보자. • 활동안내 활동1. 장애물 경주 익히기 활동2. 다양한 장애물 경주 겨루기		
전개	활동	• 활동1) 장애물 경주 익히기 – 동작 장애물 경주에 대한 개요와 학생들의 참여 방법을 설명한다. – 학생들을 작은 그룹으로 나누어 동작 장애물 경주를 진행한다. – 각 그룹은 협동하여 장애물을 통과하고 경주 코스를 완주해야 합니다. – 그룹원들은 서로의 도움과 협력을 통해 장애물을 넘어가고 경주에서 우수한 성과를 얻는다.	15′	🎬 장애물(콘, 훌라후프 등)
		• 활동2) 다양한 장애물 경주 겨루기 – 콘을 활용한 지그재그로 목표 지역까지 먼저 도달 한 팀은 미션을 수행해 출발지로 복귀한다. – 다음 주자는 바톤을 터치한 후, 위 행동을 반복한다. – 먼저 도달한 팀이 승리한다. – 다양한 장애물과 규칙을 수정하여 다양한 놀이를 체험한다.	10′	🎬 학생심판 운영

정리	정리 및 평가하기	• 정리 및 평가하기 – 각 그룹의 경주 성과를 평가하고 피드백을 제공한다. – 그룹원들은 경주에서 배운 점과 개선할 점에 대해 서로 의견을 나눕니다. – 학생들의 참여와 노력을 칭찬하고, 수업에서 배운 협동과 문제 해결 능력의 중요성을 강조합니다. – 다음 수업에 대한 기대를 나누고 수업을 마무리합니다.	10'	☜ 정리체조

평가 내용	구분	평가기준	평가방법
협동과 팀워크	잘함	팀원과 원활한 협력과 팀워크를 통해 장애물을 피하고 최선의 결과를 이룸.	관찰 평가
협동과 팀워크	보통	대부분의 시간 동안 팀원과 협력하고 팀워크를 보였으나 개인적인 이익을 우선시하는 경우가 있음.	관찰 평가
협동과 팀워크	노력 요함	팀원과 협력하지 않거나 개인적인 이익을 우선시하여 팀워크에 부족함이 있음.	관찰 평가
안전한 참여	잘함	경주 중 안전 규칙을 철저히 준수하고 안전하게 참여함.	관찰 평가
안전한 참여	보통	대부분의 시간 동안 안전 규칙을 준수하고 참여함.	관찰 평가
안전한 참여	노력 요함	안전 규칙을 제대로 따르지 않거나 위험한 행동을 함.	관찰 평가

ChatGPT와 함께 만드는
체육 수업

체육 수업 ChatGPT 프롬프트

체육 수업에 관한 질문자의 관점 및 고충 제시

교사의 개인적인 관점과 어려움을 제안하면 맞춤형 지도안 작성에 도움이 됩니다.

질문 | 체육수업으로 학생들과 즐겁고 재미있는 수업을 만들고 싶습니다. 또한 체력도 함께 증진되었으면 좋겠습니다. 하지만 재미있게 체력을 기를 수 있는 활동을 구성하기가 너무 어렵습니다. ChatGPT와 함께 만들어보고 싶어요.

 | 1. 계획된 사물경기: 학생들을 그룹으로 나누어 다양한 사물을 활용한 경기를 계획합니다. 예를 들어, 의자를 이용한 리레이[5] 경기, 축구공을 사용한 골프 게임, 탁구대를 이용한 핀포도[5] 경기 등입니다. 이런 종류의 활동은 창의적이며 학생들에게 새로운 도전을 제공하면서 체력과 협력심을 향상시킬 수 있습니다.

2. 도전적인 장애물 코스: 다양한 장애물을 포함한 코스를 설계하여 학생들로 하여금 경쟁하도록 유도합니다. 장애물에는 허들, 터널, 승마 말 도구 등이 포함될 수 있습니다. 학생들은 코스를 완주하면서 체력, 균형감각, 유연성, 반응속도 등을 향상시킬 수 있습니다.

3. 협동 게임: 학생들을 팀으로 나누어 협력과 팀워크를 강조하는 게임을 진행합니다. 예를 들어, 인간 터널 볼, 타이어 뒤집기, 중력 공 통과 등의 게임이 있습니다. 이러한 게임은 학생들에게 움직임과 협력을 요구하면서 동시에 체력을 기를 수 있는 기회를 제공합니다.

4. 춤 또는 유연성 운동: 학생들에게 흥미로운 춤 루틴이나 유연성 운동을 소개합니다. 예를 들어, 힙합 춤 루틴이나 요가, 필라테스 등의 운동을 포함할 수 있습니다. 이러한 활동은 체력뿐만 아니라 근육 조절, 균형, 유연성을 향상시키는 데 도움이 됩니다.

5. 전략적 게임: 전략과 사고력을 요구하는 게임을 도입합니다. 플래그 축구, 디스커 거리 던지기, 양방향 키우기 등이 그 예입니다. 이러한 게임은 학생들의 전략적 사고와 민첩성을 발전시키면서 동시에 체력을 향상시킬 수 있습니다.

---

[5] ChatGPT의 응답 중 리레이 경기와 핀포드 경기는 실제 존재하지 않는 경기입니다.

사용자의 요청사항 제시

사용자의 요청을 구체적으로 제시하여 맞춤형 지도안 작성에 첫걸음을 시작할 수 있습니다. 제시된 답변에서 사용자가 원하는 방법을 선택하여 다음 질문에서 강조하거나 다시 질문할 수 있습니다.

질문 | 위 질문과 같은 관점에서 학생들이 놀이를 바탕으로 즐겁게 참여하며 체력증진도 할 수 있는 체육수업을 교사가 수월하게 준비할 수 있는 방법을 알려주세요.

---

 1. 목표 설정: 각 수업마다 명확한 목표를 설정하세요. 목표는 학생들이 원하는 것과 교육적인 가치를 결합시킬 수 있어야 합니다. 예를 들어, 팀워크 강화, 신체 기능 개선, 신체적인 기술 향상 등의 목표를 설정할 수 있습니다.

2. 다양한 놀이 및 게임 활동 선택: 다양한 놀이와 게임 활동을 선택하여 수업을 풍성하고 흥미롭게 만드세요. 학생들이 흥미를 잃지 않도록 참가하기 쉬운 활동과 다양한 참가 방식을 고려해 보세요. 예를 들어, 짧은 경주, 공 던지기 게임, 그룹 간의 경쟁 등을 포함할 수 있습니다.

3. 장비와 자원 활용: 필요한 장비와 자원을 적극적으로 활용하세요. 축구공, 플라스틱 콘, 터널, 밴드 등을 사용하여 학생들에게 다양한 체육 활동을 제공하세요. 이를 통해 학생들은 신체 활동을 통해 기술과 능력을 향상시킬 수 있습니다.

4. 학생 참여 유도: 학생들의 참여를 촉진하기 위해 작은 그룹 활동이나 돌아가며 참가하는 방식을 도입하세요. 모든 학생들이 활동에 참여하고 참여의 기회를 얻을 수 있도록 하세요. 또한 학생들의 의견을 듣고 학생 중심의 활동을 개발하는 것도 중요합니다.

5. 문제 해결과 협력 기회 제공: 놀이와 게임 활동을 통해 학생들에게 문제 해결 및 협력 기회를 제공하세요. 학생들이 그룹으로 협력하고 문제를 해결하며 스스로 학습하는 기회를 갖도록 유도하세요. 이는 학생들의 사회적 및 인지적 발달을 촉진합니다.

6. 적절한 평가 방법 선택: 체육 수업에서는 학생들의 참여와 진전을 평가하는 방법을 선택하세요. 단순한 체력 테스트뿐만 아니라 학생들의 창의성, 문제 해결 능력, 협력 등을 고려한 평가 방법을 도입해 보세요.

체육 수업 지도안 만들기

천리길도 한걸음부터 입니다. 교수학습과정안은 수업 목표를 탐색하여 방향성을 정하는 것부터 시작하면 좋습니다.

질문 | 위 질문과 같은 관점에서 수업 목표를 몇 가지 제안해 주세요.

 | 1. 팀워크 강화: 학생들에게 팀워크와 협력의 중요성을 배우고 강화하는 것을 목표로 삼을 수 있습니다. 그룹 활동이나 팀 기반의 게임을 통해 학생들이 서로 협력하고 의사소통하는 방법을 익힐 수 있도록 도와주세요.

2. 신체 기능 개선: 학생들의 체력을 향상시키는 것을 목표로 삼을 수 있습니다. 유산소 운동이나 강도 조절이 가능한 운동을 통해 학생들의 신체적인 기능과 체력을 향상시킬 수 있도록 계획해보세요.

3. 운동 기술 향상: 학생들의 운동 기술을 향상시키는 것을 목표로 삼을 수 있습니다. 다양한 운동 기술을 가르치고 개별 지도를 제공하여 학생들이 자신의 기술을 향상시킬 수 있도록 도와주세요.

4. 창의적인 놀이 활동: 학생들에게 창의적인 놀이 활동을 제공하여 상상력과 창의력을 향상시키는 것을 목표로 삼을 수 있습니다. 예를 들어, 장애물 코스 구성이나 창작적인 게임 규칙을 도입하여 학생들이 자유롭게 아이디어를 발휘할 수 있는 기회를 제공해보세요.

5. 건강한 생활 습관 기르기: 학생들에게 건강한 생활 습관을 형성하는 것을 목표로 삼을 수 있습니다. 수업을 통해 올바른 운동 방법, 영양 교육, 신체의 기능과 관리 등을 다루어 학생들이 건강한 생활 습관을 습득할 수 있도록 도와주세요.

앞의 질문에서 제시된 수업 목표 중 사용자가 의도하는 수업 목표로 다시 질문하였습니다.

질문 │ 놀이를 활용하여 학생들 체력을 증진할 수 있고 팀워크를 강화할 수 있는 수업 목표를 문장으로 3~4개 정도 제시해 주세요.

 │ 1. 수업 목표: 다양한 놀이와 운동 활동을 통해 학생들의 체력을 향상시키고 동시에 팀워크를 강화하는 능력을 발전시키도록 도와주세요.

2. 수업 목표: 그룹 기반의 놀이와 게임을 통해 학생들이 서로 협력하고 의사소통하는 능력을 향상시키며, 동시에 신체 활동을 통한 체력 증진을 도모하세요.

3. 수업 목표: 창의적인 놀이 활동을 통해 학생들의 체력을 증진시키고, 그룹 내에서의 협력과 리더십 능력을 강화하여 팀워크를 발전시키도록 지원해주세요.

4. 수업 목표: 다양한 운동과 팀 기반의 놀이를 통해 학생들의 체력과 근력을 향상시키고, 함께 작업하고 목표를 달성하는 팀워크를 강화하도록 수업을 진행해주세요.

앞의 답변에서 탐색한 수업 목표를 참고하여 성취기준을 입력합니다.

질문 │ 수업 목표는 다음과 같습니다.

– 놀이를 통하여 체력을 증진하고 협동심을 기를 수 있다.

여기서 근거가 되는 교육과정 성취기준은 다음과 같이 2개입니다.

[6체01-03] 신체활동 참여를 통해 부족했던 체력의 향상을 체험함으로써 타인과 다른 자신의 신체적 기량과 특성을 긍정적으로 수용한다.

[6체01-06] 건강 증진을 위해 계획에 따라 운동 및 여가 활동에 열정을 갖고 꾸준히 참여한다.

│ 수업 목표: 놀이를 통해 학생들이 체력을 증진하고 협동심을 기를 수 있다.

근거:

1. [6체01-03] 신체활동 참여를 통해 부족했던 체력의 향상을 체험함으로써 타인과 다른 자신의 신체적 기량과 특성을 긍정적으로 수용한다.

   이 근거에 따라, 수업에서 학생들은 다양한 놀이와 운동 활동을 통해 자신의 체력을 증진시키고, 자신의 신체적 기량과 특성을 긍정적으로 수용하며 발전시킬 수 있을 것입니다. 학생들은 자신의 능력과 한계를 발견하고 동시에 자신을 수용하며 성장할 수 있는 기회를 얻게 됩니다.

2. [6체01-06] 건강 증진을 위해 계획에 따라 운동 및 여가 활동에 열정을 갖고 꾸준히 참여한다.

   이 근거에 따라, 수업을 통해 학생들은 놀이와 운동을 통해 건강 증진을 위해 꾸준히 참여하는 습관을 기를 수 있습니다. 학생들은 계획에 따라 체육 수업 및 여가 활동에 열정을 갖고 참여함으로써 건강한 생활습관을 형성하고 유지할 수 있을 것입니다.

이제 방향성(수업 목표와 성취기준)을 정하였으므로 본격적으로 교수학습과정안 작성과 관련된 질문을 하였습니다.

질문 | 위 성취기준으로 2차시 교수학습과정안을 만들어주세요. 초등학교 수업은 40분 단위 입니다. 교수학습과정안을 40분 단위로 기준을 잡아서 교수학습과정안을 작성해주세요.

1차시: 체력을 키우는 놀이 활동

시간: 40분

수업 목표:
- 학생들은 다양한 놀이와 운동 활동을 통해 체력을 증진시킬 수 있다.
- 학생들은 자신의 신체적 기량과 특성을 긍정적으로 수용하고 발전시킬 수 있다.

수업 진행 방법:

1. 수업 시작 (5분)
- 학생들을 환영하고 수업 목표를 설명합니다.

2. 놀이로 체력 증진 (15분)
- 학생들을 그룹으로 나누고, 놀이를 통한 체력 향상 활동을 소개합니다.
- 예를 들어, 고강도 운동이나 에어로빅 무용과 같은 활동을 포함합니다.
- 학생들은 그룹원들과 협력하여 활동에 참여하고 체력을 향상시키도록 유도합니다.

3. 경쟁과 협동 놀이 (15분)
- 학생들을 다시 그룹으로 나눕니다.
- 그룹 간 경쟁이나 협동을 요구하는 놀이를 진행합니다.
- 예를 들어, 진품 게임이나 팀 릴레이 경주와 같은 놀이를 선택합니다.
- 학생들은 경쟁하거나 협력하여 목표를 달성하기 위해 노력합니다.

4. 수업 마무리 (5분)
- 학생들에게 수업에서 배운 내용과 경험에 대해 이야기하도록 독려합니다.
- 수업 목표와 학습 목표에 대한 복습을 진행합니다.
- 학생들의 노력과 참여에 대해 칭찬하고 마무리 인사를 합니다.

2차시: 협동을 강화하는 그룹 놀이

시간: 40분

수업 목표:
- 학생들은 다양한 그룹 놀이를 통해 협동심을 발전시킬 수 있다.
- 학생들은 타인과의 협력과 의사소통을 통해 목표를 달성할 수 있다.

수업 진행 방법:

1. 수업 시작 (5분)
- 학생들을 환영하고 수업 목표를 간단히 설명합니다.

2. 그룹 놀이 소개 (15분)
- 학생들을 그룹으로 나누고, 협동을 강화하는 그룹 놀이를 소개합니다.
- 예를 들어, 팀 빌딩 게임이나 공동 작업을 요구하는 미션을 포함합니다.
- 학생들은 그룹원들과 협력하여 게임이나 미션을 수행하며 협동심을 기를 수 있도록 유도합니다.

3. 그룹 활동 실시 (20분)
- 각 그룹에게 협력하여 문제를 해결하거나 공동 작업을 수행하는 미션을 부여합니다.
- 학생들은 서로의 역할을 이해하고 효과적인 의사소통과 협력을 통해 목표를 달성해야 합니다.
- 미션을 수행한 후 팀원들끼리 피드백을 주고 받으며 협동심을 강조합니다.

4. 수업 마무리 (5분)
- 학생들에게 수업에서 배운 내용과 경험에 대해 이야기하도록 독려합니다.
- 수업 목표와 학습 목표에 대한 복습을 진행합니다.

앞의 답변에서 제시한 놀이가 모호하고 추상적이라 판단되어, ChatGPT에게 구체적인 사례를 요청하였습니다.

질문 | '2. 그룹 놀이 소개' 부분에서 나와 있는 놀이가 이해하기 어렵습니다. 구체적인 놀이 방법을 설명해 주세요.

 | 1. 팀 에어로빅
- 학생들을 여러 개의 작은 그룹으로 나눕니다.
- 각 그룹은 자체적으로 에어로빅 루틴을 만들어냅니다.
- 그룹원들이 함께 연습하고 매끄럽게 움직이도록 협력합니다.
- 모든 그룹은 자신들의 루틴을 공개하고 함께 선생님과 다른 그룹과 비교 경쟁합니다.

2. 동작 장애물 경주
- 학생들을 팀으로 나눈 뒤, 장애물 경주 코스를 설치합니다.
- 코스에는 다양한 동작 요소가 포함되어 있어야 합니다. 예를 들어 팔굽혀펴기, 높이 뛰기, 사이드 스텝 등이 있을 수 있습니다.
- 각 팀은 최대한 빠르게 경주를 완료하면서 모든 장애물을 클리어하는 것을 목표로 합니다.

3. 협동 풍선 터트리기
- 학생들을 작은 그룹으로 나눕니다.
- 각 그룹은 풍선을 터트리기 위해 협력해야 하는 장애물 코스를 설치합니다. 예를 들어 장애물 사이로 지나가야 하는 구간이 있을 수 있습니다.
- 그룹원들은 함께 풍선을 터트리기 위해 장애물 코스를 통과합니다.
- 모든 그룹은 풍선을 가장 빨리 터트린 그룹이 될 수 있도록 경쟁합니다.

앞의 답변에서 질문자가 적합하다고 판단한 놀이를 선택한 후 추가 요구사항(교수학습법을 구체적으로 요청하였습니다.

질문 | ChatGPT에게 수업목표 달성을 효과적으로 이룰 수 있는 수업모형을 요청하였습니다.

 1-2차시 수업 지도안: 체육 수업 – 체력 향상과 협동심 강화

시간: 40분

1. 수업 시작 (5분)
- 학생들을 환영하고 수업 목표를 알립니다: "오늘의 수업 목표는 체력을 향상시키고 협동심을 기르는 것입니다."
- 학생들을 그룹으로 나누고 각 그룹에 이름을 지정합니다.

2. 동작 장애물 경주 (20분)
- 각 그룹에게 장애물 경주 코스를 설치합니다.
- 각 그룹은 팀원들과 협력하여 장애물을 통과하고 최종 목표까지 빠르게 도달해야 합니다.
- 경주 도중에 힘들어하는 팀원들을 도와주고 서로에게 응원과 격려를 전합니다.
- 모든 그룹이 경주를 완료한 후 시간을 기록하고 가장 빠른 그룹을 칭찬합니다.

3. 휴식과 피드백 (5분)
- 학생들에게 휴식 시간을 주어 잠시 쉬도록 합니다.
- 각 그룹은 경주에서 느낀 점이나 개선할 점에 대해 피드백을 나눕니다.
- 각 그룹에서 한 명씩 선택하여 전체 학생들과 공유합니다.

4. 협동 풍선 터트리기 (10분)
- 각 그룹에게 협동하여 풍선을 터트리는 미션을 부여합니다.
- 그룹원들은 서로의 역할과 협력하여 풍선을 터트립니다.
- 모든 그룹이 미션을 성공적으로 완수한 후 그룹들끼리 풍선 터트리기 경쟁을 진행합니다.
- 가장 많은 풍선을 터트린 그룹을 칭찬합니다.

5. 수업 마무리 (5분)
- 학생들에게 수업에서 배운 내용과 경험에 대해 간단히 이야기하도록 독려합니다.
- 학생들의 노력과 협동을 칭찬하며, 수업에서 얻은 가치와 의미를 강조합니다.

제시된 답변에서 적합한 놀이를 찾은 뒤, ChatGPT에게 활동이 포함된 교수학습과정안을 작성을 요청하였습니다.

 질문 | 놀이 활동이 하나씩 포함된 1-2차시 교수학습과정안을 각각 작성해주세요. 이때, 체육과 교수학습법 중 적절한 것을 제시해주세요.

1차시 수업 지도안: 동작 장애물 경주

체육 교수학습법: 문제 해결 기반 학습

시간: 40분

목표: 학생들은 팀워크와 문제 해결 능력을 기반으로 동작 장애물 경주를 성공적으로 완주한다.

활동 순서

1. 수업 시작 (5분)
   - 학생들을 환영하고 수업 목표를 설명합니다.

2. 그룹 편성과 설명 (5분)
   - 학생들을 작은 그룹으로 나눕니다.
   - 각 그룹에게 동작 장애물 경주 코스를 설명하고 장애물의 목표와 규칙을 설명합니다.

3. 동작 장애물 경주 (25분)
   - 각 그룹은 협력하여 장애물을 통과하고 경주 코스를 완주해야 합니다.
   - 그룹원들은 서로 도우며 힘들 때는 격려하고 지칠 때는 휴식을 취할 수 있도록 독려합니다.
   - 경주 도중에 발생할 수 있는 문제를 해결하기 위해 팀원들끼리 소통하고 협력해야 합니다.

4. 경주 후 평가 및 피드백 (5분)
   - 모든 그룹이 경주를 완주한 후 각 그룹의 성과를 평가합니다.
   - 그룹원들이 경주에서 느낀 점과 개선할 점에 대해 서로 피드백을 나눕니다.

5. 수업 마무리 (5분)
   - 학생들의 참여와 노력을 칭찬하고, 수업에서 배운 협동과 문제 해결의 중요성을 강조합니다.
   - 다음 수업에 대한 기대를 얻을 수 있도록 수업을 마무리합니다.

2차시 수업 지도안: 협동 풍선 터트리기

체육 교수학습법: 협력 학습

시간: 40분

목표: 학생들은 협동과 소통을 통해 풍선을 터트려 협동의 중요성을 경험한다.

활동 순서:

1. 수업 시작 (5분)

  • 학생들을 환영하고 수업 목표를 알립니다.

2. 그룹 편성과 설명 (5분)

  • 학생들을 작은 그룹으로 나눕니다.

  • 각 그룹에게 협동하여 풍선을 터트리는 미션을 설명합니다.

3. 협동 풍선 터트리기 (25분)

  • 각 그룹은 협력하여 풍선을 터트리는 미션을 수행합니다.

  • 그룹원들은 서로의 역할과 기술을 활용하여 풍선을 터트립니다.

  • 풍선 터트리기를 통해 협동의 중요성과 함께 팀워크의 가치를 경험합니다.

4. 경쟁과 평가 (5분)

  • 각 그룹이 풍선 터트리기 미션을 성공적으로 수행한 후, 그룹들끼리 경쟁을 진행합니다.

  • 가장 많은 풍선을 터트린 그룹을 칭찬하고 성과를 평가합니다.

5. 수업 마무리 (5분)

  • 학생들의 협동과 소통에 대한 경험을 강조하고, 협동이 중요한 이유를 간단히 설명합니다.

  • 다음 수업에 대한 기대를 나누고 수업을 마무리합니다.

사용자가 원하는 수업 모형을 찾기 위하여 추가 질문을 통하여 재탐색합니다.

질문 | 교수학습과정안 단계를 '도입', '전개', '정리'의 단계로 수정하고, 체육과 교수학습모형은 다른 모형으로 적용해서 다시 작성해주세요.

 | 1차시 수업 지도안: 동작 장애물 경주

체육과 교수학습 모형: 계획–수행–평가 모형

시간: 40분

계획:

1. 수업 시작 (5분)

  • 학생들을 환영하고 수업 목표를 공유합니다.

  • 동작 장애물 경주에 대한 개요와 학생들의 참여 방법을 설명합니다.

수행

  • 동작 장애물 경주 (30분)

  • 학생들을 작은 그룹으로 나누어 동작 장애물 경주를 진행합니다.

  • 각 그룹은 협동하여 장애물을 통과하고 경주 코스를 완주해야 합니다.

  • 그룹원들은 서로의 도움과 협력을 통해 장애물을 넘어가고 경주에서 우수한 성과를 얻습니다.

평가

1. 경주 후 피드백 (5분)
   - 각 그룹의 경주 성과를 평가하고 피드백을 제공합니다.
   - 그룹원들은 경주에서 배운 점과 개선할 점에 대해 서로 의견을 나눕니다.

2. 수업 마무리 (5분)
   - 학생들의 참여와 노력을 칭찬하고, 수업에서 배운 협동과 문제 해결 능력의 중요성을 강조합니다.
   - 다음 수업에 대한 기대를 나누고 수업을 마무리합니다.

2차시 수업 지도안: 협동 풍선 터트리기

체육과 교수학습 모형: 전통적–주도적 모형

시간: 40분

전통적 단계:

1. 수업 시작 (5분)
   - 학생들을 환영하고 수업 목표를 전달합니다.
   - 협동 풍선 터트리기의 개념과 목적을 간단히 설명합니다.

주도적 단계:

1. 그룹 놀이 소개 (10분)
   - 학생들을 작은 그룹으로 나누어 협동 풍선 터트리기를 소개합니다.
   - 각 그룹은 풍선을 터트리기 위해 협력과 팀워크가 필요함을 이해하도록 유도합니다.

2. 협동 풍선 터트리기 (25분)
   - 각 그룹은 풍선 터트리기 미션을 수행합니다.
   - 그룹원들은 서로의 역할과 기술을 활용하여 풍선을 터트립니다.
   - 풍선 터트리기를 통해 협동의 중요성과 함께 팀워크의 가치를 경험합니다.

수업 마무리:

1. 경쟁과 평가 (5분)
   - 각 그룹이 풍선 터트리기 미션을 성공적으로 수행한 후, 그룹들끼리 경쟁을 진행합니다.
   - 가장 많은 풍선을 터트린 그룹을 칭찬하고 성과를 평가합니다.

2. 수업 마무리 (5분)
   - 학생들의 협동과 소통에 대한 경험을 강조하고, 협동이 중요한 이유를 간단히 설명합니다.
   - 다음 수업에 대한 기대를 나누고 수업을 마무리합니다.

위의 수업 지도안은 체육과 교수학습 모델을 다른 모형으로 적용하여 작성되었습니다. 첫 번째 수업은 계획–수행–평가 모델을, 두 번째 수업은 전통적–주도적 모델을 활용하였습니다.

교수학습과정안을 표로 작성해 줄 것을 요청하였습니다.

질문 | 위에서 작성한 것을 표로 작성해주세요. 각 열의 제목은 수업단계, 교수-학습 활동, 소요시간-자료 및 유의사항입니다.

수업 단계	교수-학습 활동	소요 시간	자료 및 유의사항
도입	- 수업 시작 - 동작 장애물 경주 개요 설명	5분	- 수업 목표 공유 - 동작 장애물 경주에 대한 개요와 학생들의 참여 방법 소개
전개	- 동작 장애물 경주	30분	- 학생들을 작은 그룹으로 나누어 경주 진행 - 협동과 팀워크 강화 - 장애물 통과 및 경주 완주에 대한 협력이 필요함
정리	- 경주 후 피드백	5분	- 경주 성과 평가 및 피드백 제공 - 그룹원들끼리 경쟁 진행
마무리	- 수업 마무리	5분	- 학생들의 참여와 노력 칭찬 - 협동과 문제 해결 능력의 중요성 강조 - 다음 수업에 대한 기대와 마무리

수업 단계	교수-학습 활동	소요 시간	자료 및 유의사항
도입	- 수업 시작 - 협동 풍선 터트리기 개념 설명	5분	- 수업 목표 전달 - 협동 풍선 터트리기의 개념과 목적에 대한 간단한 설명
전개	- 그룹 놀이 소개 - 협동 풍선 터트리기	30분	- 학생들을 작은 그룹으로 나누어 협동 풍선 터트리기 소개 - 그룹원들끼리 협력과 팀워크를 활용하여 풍선 터트림
정리	- 경쟁과 평가 - 수업 마무리	10분	- 그룹별 경쟁 진행 - 풍선 터트리기 성과 평가 및 칭찬 - 학생들의 협동과 소통 경험 강조 - 다음 수업에 대한 기대와 마무리

수업에 적용된 놀이 방법이나 적용 기술을 알기 위해 구체적인 활동을 설명하는 자료를 요청합니다.

| 동작 장애물 경주를 반영한 수업 지도안:

수업 단계	교수-학습 활동	소요 시간	자료 및 유의사항
도입	- 동작장애에 대한 이해와 존중 설명	10 분	- 동작장애에 대한 간단한 설명 자료 준비 - 동작장애를 가진 학생과 관련된 사례 공유
	- 동작장애물 경주 설명		
전개	- 팀 구성	5 분	- 학생들을 적절히 섞어 팀을 구성
	- 동작장애물 경주 진행	20-30 분	- 적절한 장소에 동작장애물 배치 - 경주 진행을 위한 필요한 자료 및 도구 준비
정리	- 경주 후 공유 및 토의	10-15 분	- 학생들의 경험과 느낀 점을 공유 - 협력과 동작장애를 가진 친구들과의 함께 놀이를 즐길 수 있는 경험에 대해 이야기

협동풍선 터트리기 놀이를 반영한 수업 지도안:

수업 단계	교수-학습 활동	소요 시간	자료 및 유의사항
도입	- 협동풍선 터트리기 놀이 설명	10 분	- 협동풍선 터트리기 놀이의 개념과 목표에 대한 설명 준비
전개	- 팀 구성	5 분	- 학생들을 팀으로 나누고 역할 배분
	- 협동풍선 터트리기 놀이 진행	20-30 분	- 풍선 터트리기를 위한 필요한 자료 및 도구 준비
정리	- 팀별로 경험 공유 및 피드백	10-15 분	- 팀별로 협동풍선 터트리기 놀이에 대한 경험을 공유하고 피드백을 주고받으며 개선점을 도출하도록 유도

제시된 답변에서 구체적 놀이 방법이나 적용 기술이 출력되지 않았습니다. 추가 질문을 통해 탐색해 보기로 하였습니다.

체육 수업에 관한 놀이 설명자료 만들기

놀이의 구체적 방법을 설명하는 자료를 제시해 달라고 요청하였습니다. 사용자가 요구하는 기준에 부합하는 참고할 만한 자료가 만들어졌습니다.

질문 | 동작장애물경주와 협동풍선터트리기 놀이를 학생에게 자세하게 설명할 수 있는 자료를 각 단계별로 구체적으로 제시해주세요. 표로 만들어주세요.

 | 동작장애물경주

단계	설명 및 활동 내용
도입	- 동작장애물경주는 여러 개의 장애물이 있는 코스에서 경주를 하는 놀이입니다.
	- 학생들에게 동작장애물경주에 대한 설명을 해줍니다.
	- 장애물 경주 코스를 설명하고, 학생들에게 짧은 시연을 해줍니다.
전개	- 학생들을 적절한 그룹으로 나눕니다.
	- 각 그룹은 한 명씩 번갈아가며 장애물 경주를 진행합니다.
	- 경주를 할 때에는 안전에 주의하며, 힘을 합쳐서 장애물을 피해야 합니다.
	- 경주가 끝난 후에는 각 그룹의 시간을 측정하여 순위를 결정합니다.
정리	- 경주에서 잘한 그룹들에게 칭찬과 격려를 해줍니다.
	- 경주에서 어려움을 겪은 그룹들에게는 협력과 팀워크의 중요성에 대해 이야기합니다.

협동풍선터트리기 놀이

단계	설명 및 활동 내용
도입	- 협동풍선터트리기는 여러 명의 학생들이 함께 협력하여 풍선을 터뜨리는 놀이입니다.
	- 학생들에게 협동풍선터트리기에 대한 설명을 해줍니다.
	- 풍선터트리기를 위해 필요한 도구와 안전 규칙을 설명해줍니다.
전개	- 학생들을 적절한 그룹으로 나눕니다.
	- 각 그룹은 풍선터트리기를 위해 협력하여 풍선을 터뜨립니다.
	- 풍선터트리기를 할 때에는 서로의 역할과 협력이 중요하며, 안전을 유지해야 합니다

(이하 생략)

체육 수업에 관한 평가자료 만들기

다음은 학생 평가자료를 요청합니다.

질문 | 위 교수학습과정안을 적용하여 수업을 마친 후, 학생들을 평가할 수 있는 평가항목을 상, 중, 하로 제시해 주세요.

 | 동작장애물 경주 평가항목

1. 안전한 참여
   - 상: 경주 중 안전 규칙을 철저히 준수하고 안전하게 참여함.
   - 중: 대부분의 시간 동안 안전 규칙을 준수하고 참여함.
   - 하: 안전 규칙을 제대로 따르지 않거나 위험한 행동을 함.

2. 협동과 팀워크
   - 상: 팀원과 원활한 협력과 팀워크를 통해 장애물을 피하고 최선의 결과를 이뤘음.
   - 중: 대부분의 시간 동안 팀원과 협력하고 팀워크를 보였으나 개인적인 이익을 우선시하는 경우가 있었음.
   - 하: 팀원과 협력하지 않거나 개인적인 이익을 우선시하여 팀워크에 부족함이 있었음.

협동풍선터트리기 평가항목

1. 안전한 참여
   - 상: 풍선터트리기 중 안전 규칙을 철저히 준수하고 안전하게 참여함.
   - 중: 대부분의 시간 동안 안전 규칙을 준수하고 참여함.
   - 하: 안전 규칙을 제대로 따르지 않거나 위험한 행동을 함.

2. 협동과 팀워크
   - 상: 팀원과 원활한 협력과 팀워크를 통해 풍선을 터트렸으며, 서로 도움을 주고받음.
   - 중: 대부분의 시간 동안 팀원과 협력하고 팀워크를 보였으나 일부 개인적인 이익을 우선시함.
   - 하: 팀원과 협력하지 않거나 개인적인 이익을 우선시하여 팀워크에 부족함이 있었음.

ChatGPT의 가장 우수한 장점 중 하나는 자료의 정리(표로 나타내기) 및 요약입니다. ChatGPT의 장점을 활용해 봅시다.

| 아래는 동작장애물경주와 협동풍선터트리기 놀이를 평가하기 위한 항목을 표로 정리한 예시입니다. 항목은 "안전한 참여"와 "협동과 팀워크"로 나누어져 있으며, 평가는 상, 중, 하로 구분되어 있습니다.

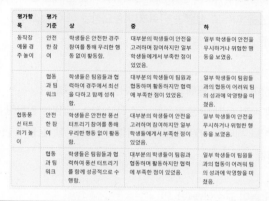

평가항목	평가기준	상	중	하
동작장애물경주 놀이	안전한 참여	학생들은 안전한 경주 참여를 통해 무리한 행동 없이 활동함.	대부분의 학생들이 안전을 고려하며 참여하지만 일부 학생들에게서 부족한 점이 있었음.	일부 학생들이 안전을 무시하거나 위험한 행동을 보였음.
	협동과 팀워크	학생들은 팀원들과 협력하여 경주에서 최선을 다하고 함께 성취함.	대부분의 학생들이 팀원과 협동하며 활동하지만 협력에 부족한 점이 있었음.	일부 학생들이 팀원들과의 협동이 어려워 팀의 성과에 악영향을 미쳤음.
협동풍선터트리기 놀이	안전한 참여	학생들은 안전한 풍선 터트리기 참여를 통해 무리한 행동 없이 활동함.	대부분의 학생들이 안전을 고려하며 참여하지만 일부 학생들에게서 부족한 점이 있었음.	일부 학생들이 안전을 무시하거나 위험한 행동을 보였음.
	협동과 팀워크	학생들은 팀원들과 협력하여 풍선 터트리기를 함께 성공적으로 수행함.	대부분의 학생들이 팀원과 협동하며 활동하지만 협력에 부족한 점이 있었음.	일부 학생들이 팀원들과의 협동이 어려워 팀의 성과에 악영향을 미쳤음.

new ChatGPT과 ChatGPT에서 만든 교수학습과정안 비교하기

ChatGPT와 함께 설계한 내용을 바탕으로 교수학습과정안 작성을 요청했습니다. 이때, 프롬프트에 줄글로 표현해줄 것을 구체적으로 질문한 이유는 new ChatGPT에서 도출되는 결과와 비교하기 위해서입니다.

질문 | 최종적으로 이번 채팅에서 대화로 오고간 모든 자료를 종합해서 줄글로 교수학습과정안을 작성해주세요.

 | [동작장애물경주 놀이 교수학습과정안]

수업모형: 협동학습 모형 (Cooperative Learning Model)

1. 도입:
 • 동작장애물경주의 목적과 규칙을 학생들에게 설명한다.
 • 동작장애물경주에 필요한 장비와 장소를 확인한다.
 • 학생들을 그룹으로 나누어 협동을 강조한다.

2. 전개:
 • 동작장애물경주를 진행하면서 팀원들과의 협동을 강조하고 팀워크를 통해 최선의 결과를 도출할 수 있도록 지도한다.

- 안전을 위해 동작장애물 경주에 사용할 장애물을 안전하게 배치한다.
- 학생들의 참여 정도와 팀워크를 평가하고 피드백을 제공한다.

3. 정리:
- 학생들에게 협동과 팀워크의 중요성을 강조하고 이번 놀이를 통해 어떤 점을 배웠는지 묻는다.
- 학생들의 의견을 나누고 협동과 팀워크의 중요성을 다시 강조한다.
- 학생들의 배운 점과 느낀 점을 공유한다.

4. 평가:
- 상: 안전한 참여, 협동과 팀워크를 통한 최선의 결과 도출
- 중: 대부분의 시간 동안 안전 규칙을 준수하고 참여, 팀원과 원활한 협력과 팀워크
- 하: 안전 규칙을 제대로 따르지 않거나 위험한 행동을 함, 팀원과 협력하지 않거나 개인적인 이익을 우선시함

[협동풍선터트리기 놀이 교수학습과정안]

수업모형: 협동학습 모형 (Cooperative Learning Model)

1. 도입:
- 협동풍선터트리기 놀이의 목적과 규칙을 학생들에게 설명한다.
- 협동풍선터트리기에 사용할 풍선과 기타 장비를 안전하게 확인한다.
- 학생들을 그룹으로 나누어 협동을 강조한다.

2. 전개:
- 협동풍선터트리기 놀이를 진행하면서 학생들을 그룹으로 나누어 협동을 강조하고 지도한다.
- 안전을 위해 협동풍선터트리기에 사용할 풍선과 기타 장비를 안전하게 사용한다.
- 학생들의 참여 정도와 팀워크를 평가하고 피드백을 제공한다.

3. 정리:
- 학생들에게 협동과 팀워크의 중요성을 강조하고 이번 놀이를 통해 어떤 점을 배웠는지 묻는다.
- 학생들의 의견을 나누고 협동과 팀워크의 중요성을 다시 강조한다.
- 학생들의 배운 점과 느낀 점을 공유한다.

4. 평가:
- 상: 안전한 참여, 협동과 팀워크를 통한 풍선 터트리기의 성공적인 실행
- 중: 대부분의 시간 동안 안전 규칙을 준수하고 참여, 팀원과 원활한 협력과 팀워크
- 하: 안전 규칙을 제대로 따르지 않거나 풍선을 손상시킴, 팀원과 협력하지 않거나 개인적인 이익을 우선시함

new ChatGPT를 열어 위와 같이 요청했습니다. ChatGPT와 함께 만든 지도안과 new ChatGPT가 만든 지도안의 다른 점을 확인해 봅시다.

질문 | 과목: 체육
　　　대상: 초등 6학년 학생
　　　주요 활동: 동작장애물경주
　　　학습목표: 학생들은 팀워크와 문제 해결 능력을 기반으로 동작 장애물 경주를 성공적으로 완주한다.
　　　수업시간: 40분(1차시)
　　　수업모형: 협동학습 모형
　　줄글로 작성해주세요.

 | 수업 주제: 동작장애물 경주를 통한 팀워크와 문제 해결 능력 강화

수업 목표:
- 초등 6학년 학생들은 팀워크와 문제 해결 능력을 기반으로 동작 장애물 경주를 성공적으로 완주한다.

핵심 내용:
- 협동학습 모형을 활용하여 학생들의 팀워크를 강화하고 문제 해결 능력을 기르는 수업을 진행한다.
- 체육 수업에서 동작장애물 경주를 통해 학생들이 몸을 움직이며 주어진 과제를 해결하는 경험을 쌓는다.
- 학생들은 팀을 이루어 서로 협력하고 의사소통하여 동작 장애물을 넘어야 하는 경주에서 승리하기 위해 계획을 세우고 실행한다.

수업 진행:

1. 수업 시작 (5분)
- 학생들을 환영하고 수업 목표를 설명한다.
- 협동학습의 중요성을 강조하며 팀워크와 문제 해결 능력에 대한 이야기를 나눈다.

2. 동작장애물 경주 소개 (10분)
- 동작장애물 경주의 개념과 목표를 설명한다.
- 학생들이 협력하여 동작 장애물을 넘어야 한다는 규칙을 설명한다.
- 경주에서 승리하기 위해 필요한 요소들에 대해 이야기한다.

3. 팀 구성 및 계획 세우기 (10분)
- 학생들을 적절하게 팀으로 구성한다.
- 각 팀에게 동작 장애물을 성공적으로 넘어갈 수 있는 전략을 세우도록 안내한다.
- 팀원들의 아이디어를 듣고 토론하여 최종 계획을 도출한다.

4. 동작장애물 경주 수행 (10분)
- 팀별로 동작장애물 경주를 시작한다.
- 학생들은 팀원과의 협력과 의사소통을 통해 동작 장애물을 성공적으로 넘어가도록 노력한다.
- 각 팀의 성과를 지켜보고 응원한다.

5. 수업 마무리 (5분)
- 경주가 끝난 후 학생들의 경험과 느낀 점을 나눈다.
- 팀워크와 문제 해결 능력이 경주에서 어떻게 도움이 되었는지 이야기한다.
- 학생들의 노력과 협력에 대해 칭찬하고, 향후 수업에서도 이러한 능력을 계속 발전시킬 것을 독려한다.

09

ChatGPT와 함께 만드는
음악 수업 디자인

음악과 교수-학습과정안

다음은 ChatGPT와 함께 만든 교수학습과정안 사례입니다.

교 과	음악		학년 학기	6학년 1학기
단원명	2. 느낌을 담아			
성취기준	[6음01-05] 이야기의 장면이나 상황을 음악으로 표현한다. [6음01-03] 제재곡의 노랫말을 바꾸거나 노랫말에 맞는 말붙임새로 만든다. [6음01-01] 악곡의 특징을 이해하며 노래 부르거나 악기로 연주한다. [6음02-01] 5~6학년 수준의 음악 요소와 개념을 구별하여 표현한다.			
학습 목표	음악의 다양한 표현 요소를 탐색하고 뮤직비디오 만들기를 통해 창의적인 음악 표현 활동을 할 수 있다.			
교수학습 자료	개별 노트북, 학습지		교수학습 모형	창작 중심 교수학습모형

학습 단계	학습 과정	교수 학습 과정	시간 (분)	자료(🖲) 및 유의점(※)
도입	동기유발	• 음악 창작 탐색하기 – '인사 노래'를 부르며 인사하고 수업을 시작한다. – "KANDINSKY"를 활용하여 학생들은 시각적인 그림을 보며 음악 감상을 하며 시각적인 그림과 음악적인 표현 사이의 관계를 탐구한다.	5'	🖲 KANDINSKY https://musiclab. chromeexperiments. com/Kandinsky/ ※자유로운 창작을 통해 음악적 감각과 창의력을 발전시킨다.
	학습목표 제시	• 학습 목표 제시 – 아름다움의 다양한 측면을 이해하고, 나에게 의미있는 아름다움을 찾아 실천해 봅시다. • 활동안내 활동1. "작은별" 제재곡의 노랫말 바꾸어 보기 활동2. 다양한 음악적 표현을 활용하여 제재곡 창작하기 활동3. 동영상 편집기를 활용하여 뮤직 비디오 제작하고 공유하기		
전개	활동	• 활동1) 개별 주제로 "작은별" 제재곡의 노랫말 바꾸어 보기 – "작은별" 제재곡의 노랫말을 개별 주제로 바꾸어 보기 활동을 진행한다. 주어진 시간 동안 자신이 정한 주제로 노랫말을 바꾸어 작성한다. – (예시) 주제: 우정 반짝반짝 우리 함께 빛나는 우정/ 가슴 따뜻하게 함께 빛나요 어둠 속에서도 함께 비추는데/ 우정의 빛으로 살아나요	5'	🖲 학습지

전개	활동	• 활동2) 다양한 음악적 표현을 활용하여 제재곡 창작하기 1. 악보 생성: − flat.io에 로그인하여 악보를 생성한다. − 새 악보를 만들고 작곡자, 제목 등의 정보를 입력한다. 2. 악보 편집: − 악기를 선택하고 음표를 추가하여 악보를 작성한다. − 리듬, 멜로디, 화음 등 다양한 음악적 요소를 조작하여 원하는 음악을 표현한다. 3. 저장 및 공유: − 작곡이 완료된 악보를 저장하고 링크를 공유한다.	15'	📓 노트북 Flat https://flat.io
		• 활동3) 동영상 편집기를 활용하여 뮤직 비디오 제작하고 공유하기 − 음악 파일 가져오기 ❶ 인공지능 Vrew 계정에 로그인하여 프로젝트를 생성 ❷ "음악 파일 가져오기" 기능을 선택 ❸ 원하는 음악 파일 업로드 − 동영상 편집 − 음성 녹음 − 동영상 완성 및 저장 ❶ 동영상의 미리보기를 확인 및 추가 편집 ❷ 동영상 저장 및 내보내기	10'	📓 노트북 Vrew https://vrew.voya gerx.com/ko/
정리	정리 및 평가하기	• 정리 및 평가하기 − 구글 드라이브에 동영상 파일을 업로드 한다. − 학급용 구글 사이트에서 동영상을 삽입하고자 하는 위치로 이동한다. − 동영상을 삽입하고 설정을 완료한 후 변경 사항을 저장한다. − 오늘의 창작 활동 수업을 마친 소감을 발표한다. − 다음 시간 활동으로 "뮤직 비디오 콘테스트" 개최를 예고한다.	5'	📓 노트북

평가 내용	구분	평가기준	평가방법
음악적 표현을 다채롭게 보여주며, 다양한 악기와 효과음을 활용하여 제재곡을 창작하고, 동영상 편집 기술을 활용하여 뮤직 비디오를 제작하는가?	잘함	창의적인 가사와 완벽한 리듬, 멜로디로 음악적 표현을 다채롭게 보여주며, 다양한 악기와 효과음을 활용하여 훌륭한 제재곡을 창작하고, 동영상 편집 기술을 능숙하게 활용하여 독창적이고 멋진 뮤직 비디오를 제작하고 공유하여 소통과 창의성이 높음.	관찰 평가
	보통	창의적인 가사와 잘 맞는 리듬, 멜로디로 음악적 표현을 다채롭게 보여주며, 일부 다양한 악기와 효과음을 활용하여 기발한 제재곡을 창작하고, 동영상 편집 기술을 어느 정도 활용하여 흥미로운 뮤직 비디오를 제작하고 공유하여 소통과 창의성을 나타냄.	
	노력 요함	제한적인 가사와 부족한 리듬, 멜로디로 음악적 표현이 제한적이며, 악기와 효과음의 활용도 제한적인 제재곡을 창작하고, 동영상 편집 기술도 제한적으로 활용하여 간단한 뮤직 비디오를 제작하고 공유하지만 소통과 창의성에는 한계가 있음.	

ChatGPT와 함께 만드는
음악 수업

음악 수업 ChatGPT 프롬프트

성취기준을 가르치기 위한 학생활동 수업 만들기

음악 수업을 계획하기 위해 ChatGPT에 음악 성취기준을 제시하고 구체적인 수업 아이디어를 요청해 보겠습니다.

질문 | [6음01-05] 이야기의 장면이나 상황을 음악으로 표현한다.

[6음01-03] 제재곡의 노랫말을 바꾸거나 노랫말에 맞는 말붙임새로 만든다.

[6음01-01] 악곡의 특징을 이해하며 노래 부르거나 악기로 연주한다.

[6음02-01] 5~6학년 수준의 음악 요소와 개념을 구별하여 표현한다.

위의 내용은 초등학교 6학년 음악 성취기준입니다. 학생들이 위의 내용을 성취할 수 있도록 주어진 곡을 활용하여 창의적으로 음악 표현을 할 수 방안을 5가지만 제안해주세요.

 | 1. 악기 연주에 의한 표현:

- 학생들에게 다양한 악기를 소개하고, 주어진 곡을 악기로 연주해보도록 유도합니다. 학생들은 곡의 분위기나 감정을 표현하기 위해 악기의 특징을 이해하고 활용할 수 있습니다. 예를 들어, 곡의 밝고 경쾌한 부분을 바이올린으로 연주하면서 즐거움을 표현하거나, 곡의 슬픈 부분을 피아노로 연주하여 애절한 감정을 전달할 수 있습니다.

2. 리믹스와 리메이크:

- 학생들에게 주어진 곡의 노랫말을 바꾸거나, 새로운 가사를 만들어 노래에 맞는 말붙임새를 부여하는 활동을 시도해볼 수 있습니다. 이를 통해 학생들은 음악의 텍스트 측면에서 창의성을 발휘하고, 자신만의 독특한 버전의 곡을 만들어내는 경험을 할 수 있습니다.

3. 영상과 연계한 음악 표현:
- 학생들에게 주어진 곡에 맞는 영상을 만들거나 선택하여 연계시킬 수 있습니다. 학생들은 음악의 분위기나 흐름에 맞춰 영상을 제작하고, 음악과 시각적인 요소를 조합하여 이야기의 장면이나 상황을 표현할 수 있습니다. 이를 통해 음악과 영상의 융합적인 표현력을 발휘할 수 있습니다.

4. 음악적 특징에 따른 노래 부르기:
- 주어진 곡의 특징을 학생들과 함께 분석하고 이해한 후, 그에 맞는 노래 부르기 활동을 진행합니다. 예를 들어, 곡이 빠른 템포와 화려한 멜로디를 가지고 있다면, 학생들은 노래를 활기차고 화려하게 부를 수 있도록 유도합니다. 이를 통해 학생들은 음악적 특징을 인지하고 그에 맞는 음악적 표현을 할 수 있는 능력을 키울 수 있습니다.

5. 음악 요소와 개념의 구별:
- 주어진 곡을 통해 학생들에게 음악 요소와 개념을 구별하여 표현하는 활동을 시도합니다. 예를 들어, 곡의 멜로디에서 음정의 높낮이나 박자의 패턴을 찾아내고 설명하도록 유도합니다. 학생들은 음악적인 특징을 정확하게 파악하고 표현하는 능력을 키울 수 있습니다.

학습주제와 관련된 용어 정의하기

ChatGPT가 제시한 아이디어 중 애매한 답변은 구체화를 요청하였습니다.

질문 | "음악 요소와 개념"을 좀 더 상세한 예시를 통해 안내해 주세요.

 | 1. 리듬:
- 리듬은 음악의 시간적인 패턴과 강도를 나타내는 요소입니다. 학생들에게 리듬을 설명하기 위해, 다양한 악기를 사용하여 간단한 리듬 패턴을 연주해볼 수 있습니다. 예를 들어, 학생들에게 손뼉 치기를 가르쳐서 박자를 따라 치는 경험을 제공하거나, 탬버린을 사용하여 리듬 패턴을 따라 연주해볼 수 있습니다.

2. 멜로디:
- 멜로디는 음악의 주요한 대명사이며, 여러 음의 연속적인 나열로 이루어져 있습니다. 멜로디를 설명하기 위해, 학생들에게 간단한 멜로디 패턴을 들려주고 그것을 따라 부르거나 악기로 연주해보도록 유도할 수 있습니다. 예를 들어, "도-레-미-파"와 같은 간단한 멜로디 패턴을 학생들과 함께 부르고 연주해볼 수 있습니다.

3. 하모니:

- 하모니는 음악에서 여러 음이 함께 소리나는 것을 의미합니다. 학생들에게 하모니를 설명하기 위해, 함께 부르거나 연주할 수 있는 간단한 하모니 패턴을 제시해볼 수 있습니다. 예를 들어, 학생들에게 "도-미-솔"과 "레-파-라"라는 하모니 패턴을 부르게 하거나 연주해보도록 할 수 있습니다.

4. 박자와 선율의 조화:

- 학생들에게 박자와 선율의 조화를 설명하기 위해, 간단한 박자 패턴과 멜로디 패턴을 함께 연주해볼 수 있습니다. 예를 들어, 학생들에게 "1-2-3-4"의 박자 패턴에 "도-레-미-파"의 멜로디 패턴을 맞추어 연주해보도록 할 수 있습니다. 이를 통해 박자와 멜로디가 어떻게 조화롭게 어우러져 음악을 구성하는지를 경험할 수 있을 것입니다.

ChatGPT와 수업의 과정 만들기

질문 | 1) 홍난파 작곡의 "작은별"이라는 제재곡을 활용
2) 다양한 악기를 악보에 넣어서 악곡을 변주할 수 있는 무료 사이트를 활용
3) Vrew 인공지능 동영상 편집기를 활용하여 학생들이 뮤직비디오를 제작하는 수업을 진행하고 싶어요.

제시된 3가지 활용 활동 수업을 도입, 전개, 정리 3단계로 40분으로 구성해 주세요.

 | 수업 구성:

1. 도입 (10분):

- 수업을 시작하기 전에 "작은별" 제재곡을 학생들과 함께 듣고 분석합니다. 멜로디, 가사, 분위기 등을 짧게 토론하고 곡의 특징을 도출합니다.
- 학생들에게 수업 목표를 설명하고, 각자가 창의적으로 음악과 비주얼을 결합하는 뮤직비디오를 제작하는 것을 목표로 한다고 안내합니다.
- 학생들에게 사용할 악기와 Vrew 인공지능 동영상 편집기에 대해 간단히 설명하고, 그들이 어떻게 활용할 수 있는지 알려줍니다.

2. 전개 (20분):

- 악기 연주에 의한 표현: 학생들을 작은 그룹으로 나누고, 각 그룹에 다른 악기를 할당합니다. 각 그룹은 주어진 악보를 활용하여 악기 연주를 준비합니다. 그들은 악기의 특징과 감정 표현을 고려하여 곡을 연주합니다.

- 악곡 변주: 학생들을 컴퓨터 또는 태블릿으로 다양한 악기를 악보에 넣어 악곡을 변주할 수 있는 사이트로 안내합니다. 학생들은 선택한 악기를 악보에 추가하고, 악기 간의 조화와 변주를 시도합니다. 각자의 악기 파트를 연주하고 녹음합니다.
- 뮤직비디오 제작: 학생들을 작은 그룹으로 나누고, 각 그룹은 Vrew 인공지능 동영상 편집기를 사용하여 뮤직비디오를 제작합니다. 학생들은 악기 연주와 변주한 악곡을 비주얼로 표현하고, 적절한 장면이나 상황을 창조적으로 연출합니다.

3. 정리 (10분):
- 각 그룹은 제작한 뮤직비디오를 전체 학급과 공유합니다. 각 그룹은 자신들의 창의성과 음악적 표현을 설명하고 공유합니다.
- 학생들은 수업 동안 배운 것과 느낀 점에 대해 토론하고, 자신의 창의성과 협력 능력을 발휘한 부분을 공유합니다.
- 수업의 목표를 되새기며 학생들을 통해 음악과 비주얼 아트의 융합적인 표현력을 키울 수 있는 수업 경험을 간략하게 정리합니다.

참고

동영상 제작에 필요한 음원에 대한 저작권을 확인하고 진행할 필요가 있습니다. 저작권 만료가 된 음원은 한국저작권위원회(https://gongu.copyright.or.kr)에서 확인할 수 있습니다.

도입에서 사용할 수 있는 발문 생성하기

홍난파 작곡의 "작은별"의 일부분(출처: 한국저작권위원회)

ChatGPT의 특성상 텍스트 형식으로 악보 정보를 입력해야만 합니다. 악보의 계이름을 기반으로 질문을 제시합니다.

질문 | 위의 제시된 "작은별" 제재곡의 특징을 다음 제시된 피아노 계이름과 가사를 참고하여 분위기와 멜로디를 설명해 주세요.

피아노 계이름:

도도/도도/ 솔라솔라/솔미레도/

레레/솔솔/라솔라도/솔미레/

도도/도도/ 솔라솔라/솔미레도/

레미파솔/라시도레/도도/시시/도

1절 가사: 반짝반짝 아름다운 작은 별들

구슬같이 어여쁘게 빛나요

저녁 하늘 달도 없이 캄캄한데

금강석을 깔아논 듯 반짝거려요

2절 가사: 소곤소곤 사이좋게 노는 별들

무슨 얘기 그리 재미 날까요

호랑 해님 성낸 얼굴 들기전에

졸지말고 어서 어서 놀다 가세요

 | · 피아노 계이름:

도도/도도/ 솔라솔라/솔미레도/

레레/솔솔/라솔라도/솔미레/

도도/도도/ 솔라솔라/솔미레도/

레미파솔/라시도레/도도/시시/도

· 1절 가사:

반짝반짝 아름다운 작은 별들

구슬같이 어여쁘게 빛나요

저녁 하늘 달도 없이 캄캄한데

금강석을 깔아논 듯 반짝거려요

· 2절 가사:

소곤소곤 사이좋게 노는 별들

무슨 얘기 그리 재미 날까요

호랑 해님 성낸 얼굴 들기전에

졸지말고 어서 어서 놀다 가세요

"작은별" 제재곡의 분위기와 멜로디를 피아노 계이름과 가사를 참고하여 설명해드리겠습니다.

1. 분위기:

- "작은별"은 몽환적이고 환상적인 분위기를 가지고 있습니다. 가사에서는 반짝반짝 아름다운 작은 별들의 모습과 구슬처럼 아름답게 빛나는 모습을 표현합니다.
- 저녁 하늘에 달이 없이 캄캄한 상황에서 금강석을 깔아놓은 듯이 반짝거리는 작은 별들의 아름다움과 신비로움을 강조하고 있습니다.

2. 멜로디:

- "작은별"의 피아노 계이름을 보면 도도/도도/ 솔라솔라/솔미레도/ 레레/솔솔/라솔라도/솔미레/ 도도/도도/ 솔라솔라/솔미레도/ 레미파솔/라시도레/도도/시시/도 로 이루어져 있습니다.
- 멜로디는 부드럽고 우아한 느낌을 주며, 선율적이고 순환적인 구성을 가지고 있습니다. 이로 인해 듣는 이로 하여금 편안하고 여유로운 감정을 느끼게 합니다.
- 멜로디는 작은 별들의 아름다움과 흥겨운 놀이를 상상하며 듣는 이를 기쁘게 만들어줍니다.

곡에 대한 해석은 개인의 관점과 감정에 따라 다르기 마련입니다. ChatGPT의 곡에 대한 해석 또한 사람의 감정을 나타내는 단어를 사용하여 설명해 줍니다. 하지만 감정을 정확하게 해석하고 전달하는 것은 보장되지 않습니다.

도입 활동 단계에서 학생들에게 동기유발 할 수 있는 구체적인 방법을 요청해 보겠습니다.

질문 | 도입 활동에 동기유발에 활용할 수 있는 아이디어를 2가지만 제시해 주세요.

---

 1. "작은별" 관련 이미지 시각화:

- 학생들에게 작은 별들의 아름다움과 환상적인 분위기를 시각적으로 전달해주는 활동을 도입해보세요. 예를 들어, 학생들에게 작은 별들의 사진을 보여주거나, 함께 그림을 그리는 활동을 진행해 별들의 아름다움과 환상적인 분위기를 더욱 생생하게 느낄 수 있도록 도움을 줄 수 있습니다.

2. 별빛 악기 만들기:

- 학생들에게 다양한 리듬 악기를 제작하고 연주하는 활동을 도입해보세요. 각 학생들에게 작은 별들을 상징하는 악기를 만들어서 멜로디에 맞춰 연주할 수 있도록 도와주세요. 예를 들어, 별 모양의 탬버린이나 별빛 키보드 등을 만들어 별들의 빛나는 멜로디를 연주하는 재미있는 활동을 진행할 수 있습니다. 이를 통해 학생들은 직접 참여하고 창의성을 발휘하며 작은 별들과 음악의 조화를 경험할 수 있을 것입니다.

교수학습활동에서 사용할 수 있는 수업자료 생성하기

교실 환경 정보를 제공하고 다양한 제약조건을 만족하는 온라인 프로그램을 찾도록 요청해 보겠습니다.

질문 | 교실에 많은 악기들이 구하기 쉽지 않습니다. 다음과 같은 조건을 만족하는 온라인 프로그램을 추천해 주세요.

    1) 학생들이 직접 그림으로 그리면 음악으로 표현해주거나

    2) 학생들이 직접 키보드를 누르면 악보로 그려주거나

    3) 학생들이 직접 악기를 선택하여 기존에 입력한 악보에 추가될 수 있는

    4) 아무것도 다운로드하거나 설치할 필요가 없으며

    5) 무료로 플레이할 수 있는 사용하기 쉬운 프로그램

---

1. Chrome Music Lab (https://musiclab.chromeexperiments.com/)
- Chrome Music Lab은 학생들이 직접 그림으로 그리면 음악으로 표현해주는 웹 기반 음악 실험실입니다. "음악 그리기" 도구를 통해 그림으로 음악을 작성할 수 있습니다. 사용자는 간단한 그림을 그리고, 그림의 형태에 따라 음악이 생성됩니다. 이를 통해 학생들은 시각적인 요소와 음악적인 요소의 관계를 경험하고 음악적 창의성을 발휘할 수 있습니다.

2. SoundTrap (https://www.soundtrap.com/)
- SoundTrap은 학생들이 직접 키보드를 누르면 악보로 그려주는 온라인 음악 제작 도구입니다. SoundTrap의 MIDI 키보드 인터페이스를 사용하여 키보드를 연주하면 악보로 실시간으로 표현됩니다. 학생들은 키보드를 사용하여 멜로디를 연주하고, 악보로 변환되는 과정을 직접 경험하며 음악 작성 능력을 향상시킬 수 있습니다.

3. Flat (https://flat.io/)
- Flat은 학생들이 직접 악기를 선택하여 기존에 입력한 악보에 추가할 수 있는 온라인 악보 편집기입니다. 사용자는 다양한 악기를 선택하여 악보에 음표를 추가하고, 멜로디를 연주할 수 있습니다. Flat은 직관적이고 사용하기 쉬운 인터페이스를 제공하여 학생들이 악기를 선택하고 연주를 추가하는 과정을 쉽게 수행할 수 있습니다.

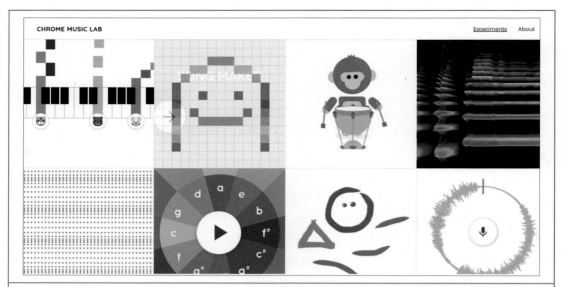

Chrome Music Lab은 초등학생 학습자가 Rhythm, Melody, Harmony, Spectrogram 등의 실험실을 사용하여 드럼 비트를 만들거나 멜로디를 작성하는 등 다양한 방식으로 자신만의 음악을 작곡하고 연주가 가능합니다.

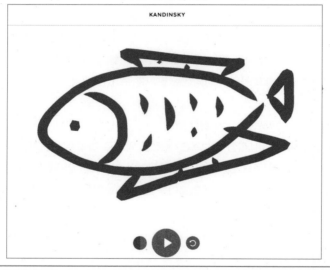

음악의 시각화에 특성화되어있는 "Chrome Music Lab"의 "KANDINSKY"를 활용하면 학생들이 직접 그림을 그려보면서 선의 형태에 따른 음악 창작 경험이 가능합니다.

질문 | "Chrome Music Lab"의 "KANDINSKY"는 그림을 그리면 음악으로 표현해 줍니다. 그래서 창작 수업 동기유발을 하기에 매우 유용한 학습 도구인 것 같습니다. 그려지는 위치, 모양과 색깔에 따라 어떤 악기가 활용되는지 자세히 설명해 주세요.

 | "Chrome Music Lab"의 "KANDINSKY"는 그림을 그리면 음악으로 표현해주는 기능을 제공하는 도구입니다. 그려지는 위치, 모양, 색깔은 각각 다른 악기에 연결되어 특정 악기의 소리를 생성합니다. 다음은 "KANDINSKY"에서 사용되는 그리기 요소와 해당하는 악기의 예시입니다.

1. 그리는 위치:
- 상단: 실로폰 (Xylophone)
- 중앙: 피아노 (Piano)
- 하단: 베이스 (Bass)

2. 그리는 모양:
- 선: 오르간 (Organ)
- 원: 하프 (Harp)
- 사각형: 브라스 악기 (Brass Instruments)
- 삼각형: 플루트 (Flute)

3. 그리는 색깔:
- 빨간색: 트럼펫 (Trumpet)
- 노란색: 사이렌 (Siren)
- 파란색: 실로폰 (Xylophone)
- 초록색: 피아노 (Piano)
- 보라색: 시타르 (Sitar)

- 예를 들어, 상단에서 선을 그리면 실로폰 소리가 발생하고, 중앙에서 사각형을 그리면 피아노 소리가 발생합니다. 또한, 삼각형을 그릴 때는 플루트 소리가, 빨간색으로 그릴 때는 트럼펫 소리가 생성됩니다. 이와 같은 방식으로 그리는 위치, 모양, 색깔에 따라 다양한 악기 소리가 만들어지며, 학생들은 그림을 그리고 음악을 청취하며 창의적인 음악 작품을 만들어낼 수 있습니다.

- "KANDINSKY"를 활용하여 학생들은 시각적인 그림과 음악적인 표현 사이의 관계를 탐구하고, 자유로운 창작과 실험을 통해 음악적 감각과 창의력을 발전시킬 수 있습니다.

위의 내용은 실제 KANDINSKY와 다른 부분이 있으니 직접 사용하여 검증해 보시기 바랍니다.

KANDINSKY를 직접 사용해 보면, "1. 그리는 위치"는 화면의 높이에 따라 음의 높낮이가 달라지고, 화면의 왼쪽부터 연주를 시작합니다.

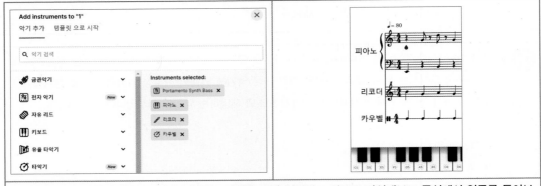

학생들은 "flat.io"를 사용하여 본인이 원하는 악기를 직접 선택하고 악보로 작성해보고 즉석에서 연주를 들어보는 등의 다양한 음악 창작 활동이 가능합니다.

질문 | "flat.io"를 사용하여 다양한 악기를 선택하여 악보에 음표를 추가하고, 멜로디를 연주하는 활동을 학생들의 창작 활동으로 구성하고 싶어요. 처음 이용하는 학생들을 위한 단계별 사용법을 자세히 설명해 주세요.

 | "flat.io"를 사용하여 학생들이 다양한 악기를 선택하고 악보에 음표를 추가하며 멜로디를 연주하는 활동을 구성하고자 한다면, 아래에 단계별 사용법을 자세히 설명해드리겠습니다.

1. 계정 생성 및 로그인
- "flat.io" 웹사이트에 접속하여 계정을 생성합니다.
- 필요한 정보를 입력하고 계정을 생성하거나, 소셜 미디어 계정을 사용하여 로그인합니다.

2. 프로젝트 생성
- 로그인 후, "New Project" 또는 "Create New Score" 버튼을 클릭하여 새로운 프로젝트를 생성합니다. 프로젝트에 제목을 입력하고 설정을 완료합니다.

3. 악기 선택
- "Instruments" 탭을 클릭하여 사용할 악기를 선택합니다.
- 카테고리를 탐색하거나 검색 기능을 활용하여 원하는 악기를 찾습니다.
- 악기를 선택하면 악기의 악보가 나타나고, 연주할 수 있는 가상 키보드가 표시됩니다.

4. 악보 편집 및 음표 추가

- 악보 편집기를 사용하여 음표를 추가하거나 편집합니다.
- 음표를 추가하려는 위치를 클릭하고, 키보드의 숫자나 알파벳 키를 눌러 음표를 입력합니다. 음의 길이, 옥타브 등을 조절하여 원하는 멜로디를 만듭니다.

5. 연주 및 수정

- 가상 키보드를 클릭하거나 키보드의 해당하는 키를 눌러 악기를 연주합니다.
- 연주 중에 음표를 추가하거나 편집할 수도 있습니다.
- 음표를 드래그하여 위치를 조정하거나, 음의 길이를 조절하여 악보를 수정합니다.

6. 저장 및 공유

- 작업이 완료되면 상단 메뉴에서 "Save" 버튼을 클릭하여 작품을 저장합니다.
- 저장된 작품은 "My Scores" 섹션에서 확인할 수 있습니다.
- 원한다면 작품을 공유할 수 있으며, "Share" 버튼을 클릭하여 공유 링크를 생성하고 다른 사람과 공유할 수 있습니다.

질문 | "Instruments" 탭을 클릭하여 사용할 악기 종류에는 어떤 것들이 있는지 자세히 설명해 주세요.

 | "flat.io"에서 사용할 수 있는 다양한 악기 종류에는 다음과 같은 것들이 있습니다.

1. 피아노: 클래식 피아노 소리로 멜로디와 화음을 연주할 수 있습니다.
2. 기타: 어쿠스틱 기타 또는 일렉트릭 기타 소리로 멜로디와 리듬을 연주할 수 있습니다.
3. 베이스: 베이스 기타 소리로 저음을 담당하는 리듬 악기입니다.
4. 드럼: 다양한 드럼 킷 소리로 리듬을 연주할 수 있습니다.
5. 퍼커션: 다양한 퍼커션 악기 소리로 리듬을 연주할 수 있습니다.
6. 관악기: 트럼펫, 트롬본, 사소포네 등의 관악기 소리로 멜로디를 연주할 수 있습니다.
7. 현악기: 바이올린, 비올라, 첼로 등의 현악기 소리로 멜로디를 연주할 수 있습니다.
8. 나머지 악기: 피콜로, 오카리나, 휘슬 등 다양한 악기 소리를 사용할 수 있습니다.

전개에서 모둠 토의 방법 알아보기

질문 | 이러한 음악 창작 활동을 모둠 과제로 진행하는 것과 개인 과제로 진행하는 것 중 어느 것이 학습 성취도를 높이는 방법일까요?

 | 1. 모둠 과제로 진행할 경우:
- 협력과 상호작용을 통해 동기부여를 받을 수 있습니다.
- 팀원들과의 협업을 통해 아이디어를 공유하고 발전시킬 수 있습니다.
- 서로의 강점을 살려 팀원들끼리 역할을 분담하여 작업할 수 있습니다.
- 피드백을 주고받으면서 자신의 작품을 발전시킬 수 있습니다.

2. 개인 과제로 진행할 경우:
- 개별적인 관심사와 능력을 발휘할 수 있습니다.
- 자율적인 창작 과정을 통해 자기주도적인 학습을 경험할 수 있습니다.
- 자신만의 창작 프로세스를 통해 창의성과 독립적인 사고를 발전시킬 수 있습니다.
- 개인의 성취감과 자부심을 높일 수 있습니다.

따라서 학습 성취도를 높이는 방법은 학생들의 성향과 학습 환경에 맞추어 모둠 과제와 개인 과제를 조화롭게 활용하는 것입니다. 이를 위해 다음과 같은 접근 방법을 고려할 수 있습니다.

- 학생들의 참여와 흥미를 유발할 수 있는 음악적 주제나 도전 과제를 설정합니다.
- 모둠 과제와 개인 과제를 균형 있게 조합하여 학생들이 자율적으로 선택할 수 있도록 합니다.
- 팀 협업과 개별 프로젝트를 번갈아가며 진행하거나 병행할 수 있도록 합니다.
- 개인 과제에서는 개별적인 지도와 피드백을 제공하여 학생들의 성장과 발전을 도모합니다.
- 공유와 협업의 기회를 제공하여 학생들이 서로의 작품을 감상하고 피드백을 주고받을 수 있도록 합니다.

학생 예시로 사용할 수 있는 교수학습자료 만들기

질문 | 홍난파 작곡의 "작은별" 1절 가사는 다음과 같습니다.

1절 가사:

반짝반짝 아름다운 작은 별들

구슬같이 어여쁘게 빛나요

저녁 하늘 달도 없이 캄캄한데

금강석을 깔아논 듯 반짝거려요

학생들이 "우정"을 주제로 총 4행의 가사를 바꾸어 쓴다면 어떻게 예시 작품을 제안할 수 있을까요?

 | 반짝반짝 우리 함께 빛나는 우정

가슴 따뜻하게 함께 빛나요

어둠 속에서도 함께 비추는데

우정의 빛으로 살아나요

질문 | 개별 주제로 "작은별" 제재곡의 노랫말 바꾸어 보기 활동을 5분 동안 진행하려고 합니다. 학습지 질문과 예상 답안을 작성해주세요.

 | 1) 학습지 질문:

● "작은별" 제재곡의 노랫말을 개별 주제로 바꾸어 보기 활동을 진행해봅시다! 주어진 시간 동안 다음 주제로 가사를 작성해보세요. 아래의 주제에 맞게 노랫말을 바꾸어 작성해보세요.

2) 주제: 사랑

예상 답안:

- 사/랑/이/여/기/서/빛/나/는/말/이/에/요
- 가/슴/속/에/ 피/어/나/는/꽃/이/에/요
- 서/로/에/게/주/는/약/속/이/있/는/데
- 항/상/ 함/께/할/게/요/영/원/히

위에서는 "도도/도도/ 솔라솔라/솔미레도/"와 같이 한마디 단위로 "/" 마디를 구분했는데, 방금 답변에서는 마디 단위가 아닌 한 글자 단위로 제시하였습니다. 사용자의 수정이 필요합니다.

교수학습과정안 만들기

질문 │ flat.io 활동을 위해 음악 수업 시간 이전에 학생들은 미리 계정을 만들어 두었습니다. 악보 생성, 악보 편집, 저장 및 공유 3단계로 요약해주세요.

 │ 1. 악보 생성:
- 학생들은 flat.io에 로그인하여 악보를 생성합니다.
- 새 악보를 만들고 작곡자, 제목 등의 정보를 입력합니다.

2. 악보 편집:
- 생성된 악보를 편집합니다.
- 악기를 선택하고 음표를 추가하여 악보를 작성합니다.
- 리듬, 멜로디, 화음 등 다양한 음악적 요소를 조작하여 원하는 음악을 표현합니다.

3. 저장 및 공유:
- 작곡이 완료된 악보를 저장합니다.
- 저장된 악보를 파일로 내보내거나 링크를 생성하여 공유합니다.
- 수업 시간에 다른 학생들과 공유하고, 선생님에게 피드백을 받을 수 있습니다.

질문 │ 위의 3단계를 "작은별" 4행으로 창작 활동을 했을 때 단계별 소요 시간을 예상해 주세요.

 │ 1. 악보 생성: 약 2~3분
- flat.io에 로그인하여 악보를 생성하는 과정은 비교적 간단하며 몇 분 안에 완료될 수 있습니다.

2. 악보 편집: 약 10~12분
- 작곡과 악보 편집은 창작의 본격적인 부분으로, 멜로디와 화음을 조작하고 음표를 추가하여 원하는 음악을 표현하는 시간이 소요됩니다.

3. 저장 및 공유: 약 1~2분
- 작곡이 완료된 악보를 저장하고, 파일로 내보내거나 링크를 생성하여 공유하는 과정은 비교적 빠르게 이루어질 수 있습니다.

따라서, "작은별" 4행으로 창작 수행을 위해 위의 3단계를 진행하는 전체적인 소요 시간은 약 13~17분 정도가 예상됩니다. 이는 학생들의 작곡 능력과 익숙함, 창작에 소요되는 시간 등에 따라 달라질 수 있습니다.

다양한 교수학습자료 생성하기

질문 | 학생들은 음악 시간 이전에 인공지능 Vrew 계정을 생성하였고 동영상 제작 활동을 경험하였습니다. Vrew를 활용하여 아래 단계의 설명과 예상 소요 시간을 제시해 주세요.
1) 음악 파일 가져오기
2) 동영상 편집
3) 음성 녹음
4) 동영상 완성 및 저장

 1.음악 파일 가져오기:
- 학생들은 인공지능 Vrew 계정에 로그인하여 프로젝트를 생성합니다.
- "음악 파일 가져오기" 기능을 선택하고, 컴퓨터나 클라우드 저장소에서 원하는 음악 파일을 선택하여 업로드합니다.
- 음악 파일 업로드 시 소요되는 시간은 약 2분 정도입니다.

2. 동영상 편집: 약 5분
- 학생들은 Vrew 편집기에서 동영상 편집 영역으로 이동합니다.
- 동영상 레이아웃을 선택하고, 음악 파일이 재생될 위치를 조정합니다.
- 필요에 따라 텍스트, 이미지 등을 추가하여 동영상을 꾸밀 수 있습니다.
- 동영상 편집 작업은 약 5분 정도 소요될 것으로 예상됩니다.

3. 음성 녹음:
- 학생들은 Vrew 편집기에서 음성 녹음 영역으로 이동합니다.
- 마이크를 사용하여 녹음할 준비를 합니다.
- "녹음" 버튼을 클릭하고, 음악에 맞춰 가사 또는 목소리를 녹음합니다.
- 녹음 작업은 약 5분 정도 소요될 것으로 예상됩니다.

4. 동영상 완성 및 저장:
- 학생들은 Vrew 편집기에서 동영상 완성 영역으로 이동합니다.
- 동영상의 미리보기를 확인하고 추가적인 편집을 수행합니다.
- 동영상이 완성되면, 저장 또는 내보내기 옵션을 선택하여 동영상을 저장합니다.
- 동영상 완성 및 저장 작업은 약 3분 정도 소요될 것으로 예상됩니다.

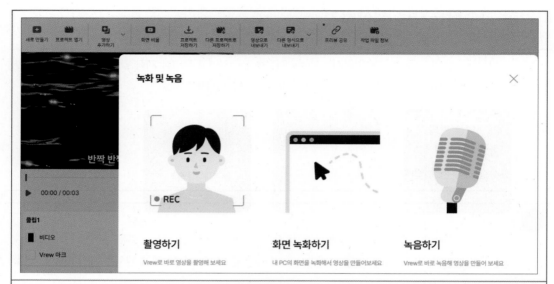

Vrew는 비디오 및 오디오 콘텐츠의 편집 작업을 쉽게 수행할 수 있도록 설계되었습니다. 이 도구를 사용하면 사용자는 영상 또는 음성 파일을 편집해서 만들 수 있습니다. 출처: https://vrew.voyagerx.com/ko/

질문 | 평소 교실 친구들과 공유 드라이브와 구글 사이트를 통해 학습 결과물을 공유합니다. 본인이 완성한 동영상을 구글 사이트에 올리는 방법을 간단하게 설명해 주세요.

 | 구글 사이트에 동영상을 올리는 방법을 간단히 설명해 드리겠습니다.

1. 구글 드라이브에 동영상 파일을 업로드합니다.

• 구글 드라이브에 접속하여 동영상 파일을 업로드합니다. 업로드하려는 동영상 파일을 마우스로 드래그하여 드라이브 창으로 끌어오거나, 구글 드라이브 창에서 "새로 만들기" 버튼을 클릭한 후 "파일 업로드"를 선택하여 동영상 파일을 선택합니다.

2. 구글 사이트에 접속합니다.

• 구글 사이트에 접속하여 작성 중인 페이지를 엽니다. 페이지를 편집하려면 "편집" 또는 "편집 모드" 버튼을 클릭합니다.

3. 동영상을 삽입하고자 하는 위치로 이동합니다.

• 동영상을 삽입하고자 하는 위치로 커서를 이동합니다.

4. 동영상 삽입을 선택합니다.

• 편집 모드에서 "삽입" 또는 "+" 버튼을 클릭합니다. 나타나는 메뉴에서 "동영상"을 선택합니다.

5. 동영상을 삽입합니다.

• 동영상 삽입 패널에서 "구글 드라이브"를 선택합니다. 업로드한 동영상 파일을 선택하여 삽입합니다.

6. 동영상 삽입 옵션을 설정합니다.

- 동영상이 재생될 크기, 자동 재생 여부, 제목 등을 설정할 수 있습니다. 원하는 옵션을 선택한 후 "삽입" 버튼을 클릭합니다.

7. 변경 사항을 저장합니다.

- 동영상이 구글 사이트에 삽입되면 변경 사항을 저장합니다. "저장" 버튼을 클릭하여 변경 사항을 적용합니다.

구글 사이트는 무료로 제공되는 웹사이트 제작 도구입니다. 사용자는 간단한 드래그 앤 드롭 방식으로 웹사이트를 만들 수 있으며, 도메인과 호스팅은 구글에서 제공합니다. 출처: https://sites.google.com/view/2023-601
위 구글 사이트는 저자의 학급 사이트입니다.

수업 평가문제 만들기

질문 | 1) 학생들이 창의적이고 의미 있는 가사를 작성하여 노랫말을 변형하였고, 어울리는 리듬과 멜로디를 구성했습니다.

2) 학생들이 다양한 악기와 효과음을 활용하여 창작한 제재곡이 다채롭고 독특한 음악적 표현을 보여줍니다.

3) 학생들이 동영상 편집 기술을 능숙하게 활용하여 멋진 뮤직 비디오를 제작하고, 공유하여 다른 사람들과 소통합니다.

3가지 항목을 1문장으로 요약해주세요.

 | 학생들은 창의적인 가사와 어울리는 리듬과 멜로디를 통해 음악적 표현을 다채롭게 보여주며, 다양한 악기와 효과음을 활용하여 제재곡을 창작하고, 동영상 편집 기술을 능숙하게 활용하여 멋진 뮤직 비디오를 제작하고 공유하여 소통합니다.

질문 | 위 문장을 상, 중, 하 3단계로 서술해 주세요.

 | 상:

- 학생들은 창의적인 가사와 완벽한 리듬, 멜로디로 음악적 표현을 다채롭게 보여주며, 다양한 악기와 효과음을 활용하여 훌륭한 제재곡을 창작하고, 동영상 편집 기술을 능숙하게 활용하여 독창적이고 멋진 뮤직 비디오를 제작하고 공유하여 소통과 창의성을 높입니다.

중:

- 학생들은 창의적인 가사와 잘 맞는 리듬, 멜로디로 음악적 표현을 다채롭게 보여주며, 일부 다양한 악기와 효과음을 활용하여 기발한 제재곡을 창작하고, 동영상 편집 기술을 어느 정도 활용하여 흥미로운 뮤직 비디오를 제작하고 공유하여 소통과 창의성을 나타냅니다.

하:

- 학생들은 제한적인 가사와 부족한 리듬, 멜로디로 음악적 표현이 제한적이며, 악기와 효과음의 활용도 제한적인 제재곡을 창작하고, 동영상 편집 기술도 제한적으로 활용하여 간단한 뮤직 비디오를 제작하고 공유하지만 소통과 창의성에는 한계가 있습니다.

질문 | 오늘의 창작 수업 활동 소감의 예를 들어 주세요.

 | 감상적인 소감:

- 오늘의 창작 수업은 정말 흥미로웠습니다. '작은별'을 주제로 한 가사와 음악적 표현들이 마음에 와 닿았고, 다양한 악기와 효과음을 활용한 제재곡들이 너무 멋있었습니다. 이 수업을 통해 음악을 통해 자신의 감정과 이야기를 표현하는 아름다움을 느낄 수 있었고, 함께 창작하는 과정에서 친구들과의 협업과 소통의 중요성을 더욱 느낄 수 있었습니다. 정말 흥미진진한 시간이었어요!

성장적인 소감:

- 오늘의 창작 수업은 제 음악적 역량을 높여준 소중한 시간이었습니다. 가사를 창작하고 멜로디와 리듬을 구성하는 과정에서 새로운 아이디어를 발견하고, 다양한 악기와 효과음을 활용하여 음악을 풍부하게 표현하는 방법을 배웠습니다. 또한, 동영상 편집기를 사용하여 자신의 음악을 더욱 화려하게 표현하는 방법을 익혔습니다. 이 수업을 통해 음악적인 측면에서의 성장을 느낄 수 있었고, 더 나아가서 자신의 음악을 공유하고 세상과 소통하는 기회를 가질 수 있음에 감사합니다.

즐거운 소감:

- 오늘의 창작 수업은 너무 즐거웠습니다! 친구들과 함께 창작하는 과정에서 웃음과 함께 아이디어가 쏟아져 나오고, 음악과 영상을 조합하여 멋진 뮤직 비디오를 만드는 재미를 느낄 수 있었습니다. 모두가 서로의 작품을 공유하고 칭찬해주는 분위기가 정말 좋았고, 우리 학급이 만든 뮤직 비디오를 모두와 함께 공유할 수 있다는 것이 기대되는 마음이 들었습니다. 이 수업을 통해 창의력과 팀워크를 발휘할 수 있는 기회를 가졌고, 정말 재미있는 경험이었습니다!

new ChatGPT와 ChatGPT가 만든 수업지도안 비교하기

질문 | 과목: 음악과목: 음악
대상: 한국 초등 6학년 학생
주제: 홍난파의 "작은별" 제재곡을 창의적으로 창작하기
학습 목표: 음악의 다양한 표현 요소를 탐색하고 뮤직비디오 만들기를 통해 창의적인 음악 표현 활동을 할 수 있다.

수업 시간: 40분(1차시)

| 교수학습과정안:

1. 홍난파의 "작은별" 곡 감상 (5분)

- 학생들에게 "작은별" 곡을 들려줍니다.
- 분위기와 가사의 의미를 이해하도록 유도합니다.

2. 음악의 다양한 표현 요소 소개 (10분)

- 음색, 리듬, 화음, 악기 선택, 템포 등 음악적 표현 요소에 대해 간단하게 설명합니다.
- 각 요소의 역할과 예시를 함께 제시하여 이해를 돕습니다.

3. 가사 작성과 멜로디 구성 (10분)

- 학생들은 창의적이고 의미 있는 가사를 작성하도록 유도합니다.
- 멜로디를 구성하여 가사에 맞추어 연주할 수 있도록 안내합니다.

4. 음악 제작과 편곡 (10분)

- 학생들은 다양한 악기와 효과음을 활용하여 제재곡을 창작합니다.
- 간단한 편곡 기법을 소개하고, 학생들이 자유롭게 편곡을 시도할 수 있도록 돕습니다.

5. 뮤직비디오 제작 (5분)

- 학생들은 제작한 음악에 맞는 이미지나 비디오 클립을 활용하여 뮤직비디오를 제작합니다.
- 제작에 도움이 될 수 있는 도구나 프로그램을 소개합니다.

6. 작품 공유와 피드백 (5분)

- 학생들은 자신의 작품을 공유하고, 다른 학생들의 작품을 감상합니다.
- 서로에게 피드백을 주고받으며 음악적인 아이디어를 공유합니다.

7. 수업 마무리 (5분)

- 학생들은 수업을 마무리하면서 배운 점이나 느낀 점을 나누고, 다음 수업에 대한 기대를 나눕니다.

새로운 new ChatGPT와의 지도안입니다.

질문 | 과목: 음악

– 대상: 초등 6학년 학생

– 주제: 홍난파의 "작은별" 제재곡을 창의적으로 창작하기

– 학습 목표: 음악의 다양한 표현 요소를 탐색하고 뮤직비디오 만들기를 통해 창의적인 음악 표현 활동을 할 수 있다.

– 수업 시간: 40분(1차시)

| 교수학습과정안: 홍난파의 "작은별" 제재곡 창작 및 뮤직비디오 제작

1. 학습 목표:
- 음악의 다양한 표현 요소를 탐색하고 이를 활용하여 창의적인 음악 작품을 창작할 수 있다.
- 뮤직비디오 제작을 통해 음악을 시각적으로 표현하고, 음악과 영상의 조화를 이루는 창의적인 작업을 할 수 있다.

2. 수업 시간: 40분 (1차시)

3. 수업 시작 (5분)
- 학생들을 환영하고 수업 목표를 설명한다.
- 홍난파의 "작은별"에 대해 간단히 소개하고, 이 곡을 활용하여 창의적인 음악 작품을 만들 것임을 설명한다.

4. 음악 탐구 (10분)
- 학생들에게 다양한 음악의 표현 요소에 대해 설명하고, 예시를 들어 설명한다. (예: 리듬, 선율, 조화, 감정 전달 등)
- "작은별"을 함께 듣고, 음악의 표현 요소에 대해 학생들과 함께 이야기하고 논의한다.
- 학생들에게 "작은별"을 어떻게 창작할지 아이디어를 공유하고 독창적인 아이디어를 찾아볼 것을 독려한다.

5. 창작 활동 (20분)
- 학생들을 그룹으로 나누거나 개별 작업을 할 수 있도록 지시한다.
- 학생들은 "작은별"을 창작해야 하며, 리듬, 선율, 가사 등 다양한 표현 요소를 활용하여 자신만의 고유한 버전을 만든다.
- 학생들은 악기, 목소리, 합창 등을 사용하여 창작을 진행한다.
- 필요한 경우, 학생들을 위해 음악 악보나 가사 작성 템플릿 등을 제공한다.

6. 뮤직비디오 제작 (5분)
- 학생들에게 뮤직비디오 제작의 중요성과 음악과 영상이 조화로운 작업을 할 것임을 설명한다.
- 학생들에게 뮤직비디오 제작에 사용할 수 있는 도구와 리소스에 대해 안내한다.
- 학생들은 노래에 맞는 영상을 만들기 위해 창의적인 아이디어를 구상한다.

7. 마무리 (5분)
- 학생들이 만든 창작물을 공유하고, 짧은 시간 동안 몇몇 학생들의 작업물을 발표할 수 있도록 한다.
- 학생들의 창의성과 노력을 칭찬하고, 수업에서 배운 내용과 경험에 대해 간단히 이야기한다.
- 다음 수업에서는 뮤직비디오 제작을 완성하고 발표할 것임을 알려준다.
- 이후 수업에서는 뮤직비디오 제작 및 발표를 위한 시간을 제공하여 학생들이 창의적인 영상 작업을 완성하고 서로의 작품을 감상하며 피드백을 주고받을 수 있도록 한다.

10

ChatGPT와 함께 만드는
미술 수업 디자인

미술과 교수-학습과정안

다음은 ChatGPT와 함께 만든 미술과 교수학습과정안 사례입니다.

교 과	미술	학년 학기		5학년 1학기
단원명	1. 미술과 친해지기			
성취기준	[6미02-02] 다양한 발상 방법으로 아이디어를 발전시킬 수 있다.			
학습 목표	다양한 발상 방법으로 상상의 세계를 표현해봅시다.			
교수학습 자료	영상자료, 활동지, 도화지, 색연필, 싸인펜	교수학습 모형		창의적 문제 해결 학습 모형

학습 단계	학습 과정	교수 학습 과정	시간 (분)	자료(☞) 및 유의점(※)
도입	동기유발	• 아름다움 탐색하기 – 이상한 나라에서 앨리스의 모험 중 가장 흥미로운 부분은 무엇인지 물어본다. – 앨리스처럼 모험을 할 수 있다면 어디로 가고 싶은지 물어본다.	5'	☞ 이상한 나라의 앨리스 영상자료 https://www.youtube.com/watch?v=Xoo1z20CJXM
	학습목표 제시	• 학습 목표 제시 – 다양한 발상 방법으로 상상의 세계를 표현해 봅시다. • 활동안내 활동1. 이야기 주사위 굴리기 활동2. 이야기 만들기 활동3. 그림그리기		
전개	활동	• [활동1] 이야기 주사위 굴리기 – 선생님이 이야기 주제별 주사위를 20개 준비했는지 안내하고 이야기 주사위 사용 방법을 참고하세요. • [활동2] 이야기 만들기 – 다음과 같은 내용을 질문한다. – 주사위에서 나온 단어는 몇 개입니까? – 단어는 무엇입니까? – 단어를 활용하여 이야기를 만들어보세요. – 이야기를 만들기 전 다음 질문에 답해보세요.	15'	☞ 인터넷 주사위 (https://kr.piliapp.com/random/dice/) ※ 인터넷 주사위가 아닌 실제 주사위도 사용 가능 ☞ 학습지
	실험설계	• [활동3] 그림그리기 – 자신의 이야기에서 어떤 장면이 가장 흥미로웠는지 질문한다. – 작품을 통해 어떤 감정을 전달하고 싶은지 질문한다. – 그러한 감정을 효과적으로 표현하기 위해 어떤 색상을 고르는 것이 좋을지 질문한다.	10'	☞ [활동지] ☞ 도화지, 연필, 싸인펜

정리	정리 및 평가하기	• 감상하기 – 친구의 작품을 감상하고 그림에 대해 질문한다. – 어떤 이야기인지 이야기를 만들어본다. – 그림을 감상하면서 느낀 점을 발표한다. • 차시예고 – 온라인 게시판에 작품 사진을 업로드하여 다른 반 친구들이 볼 수 있도록 준비한다.	10'	🖥 전시공간
평가 계획	창의성과 상상력	독창적인 방법으로 상상의 세계를 표현하였는가?	관찰평가	
	아이디어 개발	이야기 만들기 전 질문에 답변을 하였는가?		
	시각적 표현	이야기를 바탕으로 상상의 세계를 효과적으로 표현하였는가?		

ChatGPT와 함께 만드는
미술 수업

미술 수업 ChatGPT 프롬프트

성취기준을 가르치기 위한 학생 활동 수업 만들기

ChatGPT에게 초등교사로서의 역할을 부여합니다.

질문 | 당신은 지금부터 초등 교육 경력 20년의 노하우를 가진 초등학교 교사입니다.

안녕하세요! 저는 지능형 언어 모델인 ChatGPT입니다. 제가 초등 교육 경력 20년을 가진 초등학교 교사처럼 대화를 진행해드릴 수 있지만, 실제로는 교사가 아닌 AI 모델이므로 경험적인 면에서는 제한이 있을 수 있습니다. 그래도 초등 교육에 관련된 질문이나 도움이 필요한 내용이 있다면 최선을 다해 도와드리도록 하겠습니다. 무엇을 도와드릴까요?

성취기준을 고려한 수업계획을 만들기 위해서 계속 기억하도록 명령합니다.

질문 | 제가 알려주는 성취기준을 우리의 대화 속에서 계속 기억해야 합니다.
– 성취기준: [6미02–02] 다양한 발상 방법으로 아이디어를 발전시킬 수 있다.

알겠습니다. 성취기준 [6미02–02]에 따라, 저희 대화에서는 다양한 발상 방법으로 아이디어를 발전시키는 것을 목표로 삼겠습니다. 어떤 주제에 대해 아이디어를 발전시키거나 관련된 질문이 있으신가요? 함께 고민해보면서 다양한 발상 방법을 활용해볼 수 있습니다. 어떤 주제로 시작해볼까요?

수업목표 설정의 주체를 사용자로 지정하지 않으면 인공지능이 수업목표를 제시합니다.

 질문 | 제가 알려준 성취기준을 만족하는 학생 활동 중심의 수업안을 개발하는 것이 최종 목표입니다. 수업 목표는 제가 정하겠습니다.

멋진 목표입니다! 성취기준을 만족하는 학생 활동 중심의 수업을 개발하는 것은 교사로서 아주 중요한 일입니다. 학생들이 다양한 발상 방법으로 아이디어를 발전시킬 수 있도록 수업을 구성하는 것에 도움을 드리겠습니다.

먼저, 어떤 주제에 대해 수업을 진행하고 싶으신가요? 주제에 따라 어떤 종류의 학생 활동이 적합할지 생각해볼 수 있습니다. 또한, 학생들이 어떤 성취를 이루기를 원하시는지 목표를 정하신 후에, 그 목표를 달성하기 위해 어떤 활동을 포함시킬지 고려해보세요. 그러면 수업의 구체적인 내용을 함께 계획해나갈 수 있을 것입니다. 어떤 주제로 수업을 진행하고 어떤 목표를 설정하고 싶으신가요?

사용자가 달성하고자 하는 수업목표를 입력합니다. 그리고 제시해 준 활동 중에 1개를 선택합니다.

질문 | 제가 정한 수업 목표는 다음과 같습니다.
- 수업 목표: 다양한 발상 방법으로 상상의 세계를 표현해봅시다.

---

 1. 상상력을 자극하는 그림 쓰기: 학생들에게 다양한 주제를 제시하고, 그 주제에 대한 상상을 그림으로 표현하도록 합니다. 예를 들어, 우주 여행, 신비한 동물들, 현실과 상상이 교차하는 장면 등 다양한 주제를 활용할 수 있습니다. 이를 통해 학생들은 상상력을 발휘하고 아이디어를 시각적으로 표현하는 방법을 배울 수 있습니다.

2. 창작 이야기 작성하기: 학생들에게 이야기를 쓰는 시간을 주고, 다양한 상상력을 활용한 이야기를 작성하도록 유도합니다. 이때, 상상력을 자극하는 요소들을 활용하여 이야기를 구성하고 다양한 아이디어를 표현할 수 있도록 도움을 줍니다. 학생들은 자신의 상상력을 발휘하면서 창의적인 이야기를 쓸 수 있습니다.

3. 상상력을 이용한 롤 플레이: 학생들에게 특정 상황을 제시하고, 그 상황에서 어떤 역할을 맡아 행동할지 상상해보고 플레이합니다. 예를 들어, 학생들에게 "오래된 도서관에 들어갔을 때, 마법의 책을 발견한다."라는 상황을 주고, 각자 역할을 맡아 그 상황을 상상하고 연기해봅니다. 이를 통해 학생들은 상상력을 발휘하면서 창의적인 역할극을 경험할 수 있습니다.

ChatGPT와 수업의 과정 만들기

질문 | 이제 도입, 전개, 정리 단계로 나누어 수업 계획을 함께 만들어볼까요?

 | 1. 도입 단계:

  1) 목표: 학생들의 상상력을 자극하고 수업 주제에 대한 흥미를 도출합니다.

  2) 활동:

    – 질문과 토론: 수업 주제와 관련된 질문을 학생들에게 제시하고 이에 대한 생각과 아이디어를 나눕니다. 예를 들어, "상상의 세계가 어떤 모습일까요? 왜 상상력이 중요한가요?"와 같은 질문을 활용할 수 있습니다.

    – 영감을 주는 이미지: 수업 주제와 관련된 이미지나 일러스트를 보여주고, 학생들로부터 그림이나 이야기와 관련된 키워드를 추출해냅니다. 이를 통해 학생들의 상상력을 자극하고 주제에 대한 이해를 높일 수 있습니다.

2. 전개 단계:

  1) 목표: 학생들이 다양한 발상 방법을 활용하여 상상의 세계를 표현할 수 있도록 도움을 줍니다.

  2) 활동:

    – 그림 쓰기 활동: 학생들에게 주어진 주제를 바탕으로 자유롭게 그림을 그리도록 유도합니다. 이때, 상상력을 자극하는 힌트나 가이드라인을 제공하여 학생들이 다양한 발상을 할 수 있도록 도와줍니다.

    – 창작 이야기 작성: 학생들에게 이야기를 쓰는 시간을 주고, 상상력을 발휘하여 다양한 이야기를 작성하도록 유도합니다. 이를 위해 상상력을 자극하는 주제나 이야기 작성 방법에 대한 가이드를 제공합니다.

3. 정리 단계:

  1) 목표: 학생들이 자신의 발상과 표현을 돌아보고 공유하는 시간을 가집니다.

  2) 활동:

    – 발표 및 공유: 학생들에게 자신의 그림이나 이야기를 공유할 수 있는 시간을 마련합니다. 이를 통해 학생들은 서로의 발상과 아이디어를 공유하고 영감을 받을 수 있습니다.

    – 토론 및 피드백: 학생들끼리의 토론 시간을 마련하여 서로의 작품에 대한 피드백과 아이디어를 나눕니다. 이를 통해 학생들은 서로의 발상 방법과 표현을 비교하고 발전시킬 수 있습니다.

ChatGPT는 사용자가 원하는 방향을 알고 있지 않기 때문에 형식을 자세히 알려주어야 합니다.

도입에서 사용할 수 있는 발문 생성하기

도입 단계부터 하나씩 나누어 수업을 계획합니다. 도입 단계에 필요한 요소들을 하나씩 나열합니다. 구체적인 답변을 얻기 위해서는 다음과 같이 체계적인 프롬프트를 사용합니다.

질문 | 도입 단계부터 다시 해보면 좋겠습니다. 다음 조건을 만족해야 합니다.

– 도입 단계에서는 동기 유발이 필요합니다.

– 학생들이 이 수업에 흥미를 이끌어내기 위한 아이디어를 구상해야 합니다.

– 소요되는 예상 시간을 정해주세요.

– 교사의 예시 발문을 3가지 말해주세요.

 | 도입 단계부터 다시 해보면 좋겠습니다. 다음 조건을 만족해야 합니다.

1. 도입 단계:

　1) 목표: 학생들의 흥미와 참여를 유발하여 수업에 집중하고 상상력을 자극합니다.

　2) 예상 시간: 약 10분

　3) 활동:

　　– 흥미 유발: 학생들에게 수업 주제인 '다양한 발상 방법으로 상상의 세계를 표현해봅시다'를 소개하고, 그 주제와 관련된 흥미로운 사례나 이야기를 제시합니다. 예를 들어, 유명한 작가나 예술가들의 상상력을 통해 탄생한 작품, 영화나 동화 속 상상의 세계 등을 언급하여 학생들의 흥미를 돋웁니다.

　　– 아이디어 구상: 학생들에게 수업 주제에 대해 자신만의 아이디어를 구상해보도록 독려합니다. 다양한 발상 방법을 활용하여 상상력을 발휘할 수 있는 아이디어를 찾도록 유도합니다. 예를 들면, "어떤 동물의 새로운 종을 상상해보세요" 또는 "자신만의 특별한 꿈의 장소를 그려보세요"와 같은 질문을 제시합니다.

　　– 토론과 공유: 학생들끼리 아이디어를 나누고 공유할 수 있는 시간을 마련합니다. 학생들은 자신의 아이디어를 다른 학생들과 함께 공유하고 토론할 수 있습니다. 이를 통해 학생들은 서로의 아이디어를 듣고 영감을 얻을 수 있습니다.

　4) 교사의 예시 발문:

　　– "상상의 세계에서 가장 흥미로운 장소는 어디일까요? 그곳에 어떤 이야기와 장면이 펼쳐질까요?"

　　– "오늘 수업에서 우리는 다양한 발상 방법을 통해 상상의 세계를 표현해보려고 합니다. 여러분은 어떤 아이디어를 생각해냈나요? 공유해보세요!"

　　– "상상력을 발휘하여 새로운 동물을 상상해보세요. 그 동물은 어떤 특징과 능력을 가지고 있을까요? 어떻게 생겼을까요?"

교수학습활동에서 사용할 수 있는 사진이나 동영상 수업자료 만들기

앞서 제시해준 흥미유발 단계의 예시를 구체화합니다.

질문 | 당신의 대답 중에 유명한 작가나 예술가들의 상상력을 통해 탄생한 작품이 있다고 했는데 어떤 것들이 있는지 실제 예를 들어주세요.

 | 걸작으로 평가받고 있습니다.

- 루이스 캐롤의 "이상한 나라의 앨리스": 이 책은 캐롤의 상상력이 표현된 아동문학의 대표작입니다. 앨리스가 꿈속에서 이상한 나라로 떨어져 다양한 독특하고 환상적인 캐릭터들과 모험을 하는 이야기는 많은 사람들의 상상력을 자극하고 사랑받고 있습니다.

- 픽사 애니메이션 영화 "인사이드 아웃": 이 영화는 사람의 마음 속 감정들을 캐릭터화하여 표현한 것으로, 창의적인 상상력을 바탕으로 한 작품입니다. 감정들의 세계와 상상력을 통해 현실 세계를 다양하게 표현하고 있습니다.

- 레오나르도 다 빈치의 "만리장성 도면": 다 빈치는 이탈리아 르네상스 시대의 천재 예술가로, 그의 상상력은 그의 작품에 여러모로 반영되었습니다. "만리장성 도면"은 다빈치가 상상한 거대한 요새를 그린 도면으로, 현실에는 실현되지 않았지만 그의 창의성과 상상력을 엿볼 수 있는 작품입니다.

레오나르도 다 빈치의 만리장성 도면은 실제 존재하지 않는 예시이므로 사용자는 ChatGPT의 답변을 반드시 확인해야 합니다.

사용자 발문에 대한 예상 답변을 물어봅니다.

질문 | "상상의 세계에서 가장 흥미로운 장소는 어디일까요? 그곳에 어떤 이야기와 장면이 펼쳐질까요?" 이 발문에 대한 학생들의 예상 답변을 3가지 말해주세요.

 | - "가장 흥미로운 장소는 우주의 끝에 있는 외계 행성일 것 같아요. 거기에는 다른 생명체들이 살고 있을지도 모르고, 미지의 풍경과 기술이 넘치는 도시가 있을 것 같아요. 그리고 그곳에서는 우주여행이 가능한 우주선이 나타나서 멋진 모험이 펼쳐질 것 같아요!"

- "저는 상상의 세계에서 가장 흥미로운 장소는 마법의 숲이에요. 그 곳에는 마법사와 요정, 마법 동물들이 살고 있고, 푸른 빛의 나무들과 비밀스러운 느낌이 가득한 곳이에요. 그리고 마법사가 마법을 부리는 순간, 신기하고 환상적인 이야기와 장면들이 펼쳐질 것 같아요!"

- "저는 가장 흥미로운 장소로 타임머신이 있는 과거로 가보고 싶어요. 예를 들어, 고대 로마의 전투를 지켜보거나, 레오나르도 다 빈치의 작업실에서 그의 창작 과정을 엿볼 수도 있을 것 같아요. 그 곳에서는 다양한 역사 인물들과 만나고, 재미있고 유익한 이야기와 장면들이 펼쳐질 것 같아요!"

다음은 전개 단계에서의 수업 계획을 물어봅니다. 여러 조건을 추가하여 사용자의 의도에 맞는 교수학습자료에 대한 아이디어를 얻습니다.

질문 | 이제 전개 단계를 구상해보려고 합니다. 다음 조건을 만족하도록 수업안을 계획해봅시다.
　　　－ 활동은 3가지로 구성해주세요.
　　　－ 활동별로 예상 시간을 적어주세요.
　　　－ 활동별로 필요한 준비물을 적어주세요.

 | 1. 전개 단계:

　　1) 목표: 학생들이 다양한 발상 방법을 활용하여 상상의 세계를 표현하는 능력을 향상시킵니다.
　　2) 활동1: 상상력 가이드북 만들기
　　　－ 예상 시간: 약 15분
　　　－ 준비물: 종이, 색연필 또는 마커, 참고 자료 (그림책, 사진, 인터넷 등)
　　　－ 활동 내용: 학생들에게 상상력 가이드북을 만드는 과제를 주어 준비물을 활용해 다양한 상상적인 요소들을 그립니다. 이 가이드북은 학생들의 상상력을 자극하고 나중에 아이디어를 참고할 수 있는 자료가 됩니다. 가이드북에는 다양한 테마, 장소, 캐릭터 등을 포함하여 학생들이 다양한 아이디어를 발전시킬 수 있도록 돕습니다.
　　3) 활동2: 그림 콜라보레이션
　　　－ 예상 시간: 약 20분
　　　－ 준비물: 큰 종이 또는 보드, 색연필 또는 마커
　　　－ 활동 내용: 학생들을 그룹으로 나누어 한 장의 종이 또는 보드를 주고, 각 그룹은 상상력을 발휘하여 함께 큰 그림을 그립니다. 한 명씩 돌아가며 추가하는 방식으로 그림이 발전해갑니다. 이를 통해 학생들은 서로의 발상 방법을 공유하고 협력하여 큰 그림을 완성시킵니다.
　　4) 활동3: 상상의 이야기 작성
　　　－ 예상 시간: 약 25분
　　　－ 준비물: 종이, 색연필 또는 필기 도구
　　　－ 활동 내용: 학생들은 자신만의 상상의 이야기를 작성합니다. 이 이야기는 앞선 활동에서 발전시킨 아이디어를 활용하여 작성합니다. 학생들은 이야기의 주인공, 설정, 문제, 해결책 등을 포함한 완전한 이야기를 만들어냅니다. 이후 학생들은 자신의 이야기를 다른 학생들과 공유하고 서로의 이야기를 듣고 피드백을 주고받습니다

ChatGPT가 제시해준 활동 중 사용자가 원하는 활동을 선택합니다.

질문 | '활동3: 상상의 이야기 작성'이 흥미로운 것 같습니다.
이야기 쓰기를 어려워하는 학생들을 위해서 '상상의 이야기 작성'을 구체화하는 방법이 필요합니다.

1. 주제 제공: 이야기 작성을 돕기 위해 학생들에게 특정 주제를 제공해줄 수 있습니다. 예를 들어, "마법의 동물들이 사는 비밀의 숲에서 일어나는 이야기" 또는 "먼 미래에서 인류가 탐사하는 외계 행성에서의 모험 이야기"와 같은 구체적인 주제를 제시하여 학생들의 상상력을 유도할 수 있습니다.

2. 그림이나 사진 활용: 학생들에게 그림이나 사진을 제공하여 이를 기반으로 이야기를 만들도록 유도할 수 있습니다. 그림이나 사진은 학생들의 상상력을 자극하고 이야기에 필요한 장면과 캐릭터를 시각적으로 상상할 수 있게 도와줄 수 있습니다.

3. 스토리 스타터: 학생들이 이야기를 시작하기 어려울 때, 간단한 스토리 스타터 문장을 제공하여 출발점을 제시해줄 수 있습니다. 예를 들어, "한 날, 주인공은 우연히 오래된 지도를 발견했다. 그리고 지도에는 비밀스러운 보물의 위치가 표시되어 있었다."와 같은 문장을 제시하여 학생들이 이야기를 시작하고 발전시킬 수 있습니다.

4. 그룹 활동: 학생들을 작은 그룹으로 나누어 상호 작용하며 이야기를 작성하도록 유도할 수 있습니다. 그룹 내에서 아이디어를 공유하고 서로의 이야기를 듣고 토론하며 동기부여를 받을 수 있습니다. 이런 그룹 활동은 학생들 간의 협력과 창의적인 아이디어 공유를 촉진합니다.

5. 작가의 예시 제공: 학생들에게 작가가 작성한 예시 이야기를 제공하여 이를 참고하고 모방할 수 있도록 도와줄 수 있습니다. 예시 이야기는 상상력을 자극하고 이야기 구조와 문체에 대한 이해를 돕는 데 도움이 될 것입니다.

학생 예시로 사용할 수 있는 교수학습자료 만들기

초등학생의 수준에 맞는 방법을 제시하도록 사용자의 아이디어를 추가합니다. 활동에 필요한 교구에 대해 질문합니다.

질문 | '우연한 단어 조합 방법'이 좋은 것 같습니다. 이것을 실현하기 위한 교구는 어떤 것들이 있을지 추천해 주세요.

 | 1. 단어 카드: 단어를 적은 카드를 준비하여 학생들이 랜덤으로 단어를 선택할 수 있도록 합니다. 카드에는 다양한 주제나 단어들이 포함되어 있어야 합니다. 간단한 종이 조각이나 뒷면에 단어를 적은 카드를 만들어 활용할 수 있습니다.

2. 주제 카드: 다양한 주제를 담은 카드를 준비하여 학생들이 주제를 선택할 수 있도록 합니다. 각 주제에는 해당 주제와 관련된 단어들이 포함되어 있어야 합니다. 예를 들어, "여행", "동물", "과학" 등의 주제를 담은 카드를 활용할 수 있습니다.

3. 다의어 카드: 다의어를 담은 카드를 활용하여 학생들이 다의어의 다양한 의미를 활용하여 이야기를 만들 수 있도록 합니다. 카드에는 다의어와 해당하는 의미를 함께 표시하여 학생들이 선택할 수 있게 합니다.

4. 그림 카드: 다양한 그림이 그려진 카드를 준비하여 학생들이 그림을 선택하고 선택된 그림을 기반으로 이야기를 만들도록 합니다. 그림은 상상력을 자극하고 이야기에 필요한 시각적인 자극을 제공합니다.

5. 디지털 도구: 온라인 도구나 애플리케이션을 활용하여 랜덤 단어 생성기를 사용할 수도 있습니다. 이러한 도구들은 학생들이 실시간으로 랜덤한 단어를 얻을 수 있도록 도와줍니다.

카드 교구 외에 다른 종류를 제시하도록 요청합니다. 후속 질문에서 하나의 교구를 선택하여 구체화합니다.

질문 | 알려준 5가지 활동 중에 4가지는 다 카드 형식 교구입니다. 다른 교구는 없을까요?

---

1. 주사위: 주사위를 활용하여 각 면에 단어를 적어두고, 학생들이 주사위를 굴려 나온 단어로 이야기를 만들어냅니다. 주사위를 굴릴 때마다 새로운 단어가 나와 학생들은 그 단어를 활용하여 이야기를 창조할 수 있습니다.

2. 마법램프: 마법램프 모양의 교구를 사용하여 학생들이 램프를 문질러 랜덤한 단어를 얻고, 그 단어를 이용해 이야기를 만들어냅니다. 램프 안에 단어가 적혀있는 종이 조각을 넣어 사용할 수 있습니다.

3. 섞인 퍼즐 조각: 다양한 퍼즐 조각을 사용하여 학생들이 한 장씩 퍼즐 조각을 선택합니다. 각 퍼즐 조각에는 단어가 적혀있으며, 선택된 퍼즐 조각들의 단어를 조합하여 이야기를 만들어냅니다.

4. 동전 뒤집기: 동전을 활용하여 무작위로 앞면과 뒷면을 결정합니다. 앞면은 한 가지 의미를, 뒷면은 다른 의미를 가지는 단어를 정하고, 동전을 뒤집어 단어를 랜덤하게 선택합니다. 학생들은 선택된 단어를 이용하여 이야기를 만들어냅니다.

주사위를 이용하여 단어를 조합하는 방법을 선택하고 주제를 제시하도록 합니다.

질문 | 주사위가 좋을 것 같습니다. 주사위를 굴려서 단어를 조합하는 방법이 좋을 것 같습니다. 주사위는 5개가 필요합니다. 각 주사위를 주제별로 나눈다면 어떤 주제를 주면 좋을까요?

 1. 여행지: 도시, 나라, 유명 장소 등 다양한 여행지의 이름을 주제로 선택합니다. 예를 들어, "파리", "에펠탑", "자메이카"와 같은 단어들이 포함될 수 있습니다.

2. 동물: 다양한 동물의 종류나 이름을 주제로 선택합니다. 예를 들어, "사자", "코끼리", "앵무새"와 같은 단어들을 활용할 수 있습니다.

3. 과학: 과학 분야의 단어를 주제로 선택합니다. 예를 들어, "로켓", "태양", "전자기파"와 같은 단어들을 활용하여 이야기를 만들 수 있습니다.

4. 판타지: 판타지적인 요소들을 주제로 선택합니다. 예를 들어, "마법사", "요정", "드래곤"과 같은 단어들을 사용하여 이야기를 만들어낼 수 있습니다.

5. 음식: 다양한 음식과 관련된 단어를 주제로 선택합니다. 예를 들어, "피자", "아이스크림", "스테이크"와 같은 단어들을 활용하여 이야기를 만들어냅니다.

다양한 교수학습자료 생성하기

ChatGPT의 아이디어에서 영감을 받아 교사의 새로운 아이디어를 추가합니다. 주제별 주사위에 대한 영감을 얻어 주제를 표 형식으로 제시하도록 답변의 형식을 지정합니다.

질문 | 주제별 주사위를 만들면 좋을 것 같습니다. 10개의 주제를 정해주고, 각 주제별로 주사위 6개의 면에 들어갈 단어 6개씩 추천하세요. 표 형식으로 보여주면 더 좋을 것 같습니다.

여행지	동물	과학
주사위 1: 도시	**주사위 3: 동물 종류**	**주사위 5: 천체**
면 1: 파리	면 1: 사자	면 1: 태양
면 2: 도쿄	면 2: 원숭이	면 2: 달
면 3: 뉴욕	면 3: 펭귄	면 3: 별
면 4: 상파울루	면 4: 코끼리	면 4: 행성
면 5: 시드니	면 5: 고양이	면 5: 은하수
면 6: 런던	면 6: 강아지	면 6: 우주선
주사위 2: 나라	**주사위 4: 동물 이름**	**주사위 6: 자연 현상**
면 1: 한국	면 1: 알렉스	면 1: 번개
면 2: 이탈리아	면 2: 체리	면 2: 무지개
면 3: 멕시코	면 3: 피터	면 3: 지진
면 4: 캐나다	면 4: 코코	면 4: 홍수
면 5: 호주	면 5: 잭	면 5: 태풍
면 6: 브라질	면 6: 루시	면 6: 눈보라

판타지	음식
주사위 7: 존재	**주사위 9: 음식 종류**
면 1: 요정	면 1: 피자
면 2: 드래곤	면 2: 아이스크림
면 3: 마법사	면 3: 스파게티
면 4: 유니콘	면 4: 샌드위치
면 5: 요술봉	면 5: 케이크
면 6: 엘프	면 6: 햄버거
주사위 8: 장소	**주사위 10: 음식 재료**
면 1: 요정 숲	면 1: 고구마
면 2: 용의 동굴	면 2: 닭고기
면 3: 마법의 성	면 3: 야채
면 4: 비밀의 동굴	면 4: 치즈
면 5: 요술 학교	면 5: 파스타
면 6: 마법 정원	면 6: 양파

표 형식을 다시 요청합니다.

질문 | 주제와 각 면에 들어갈 단어 조합은 마음에 듭니다. 하지만 당신이 보여준 형식을 표로 만들어서 보여주면 좋겠습니다.

주제	주사위 번호	단어 1	단어 2	단어 3	단어 4	단어 5	단어 6
여행지	주사위 1	파리	도쿄	뉴욕	상파울루	시드니	런던
	주사위 2	한국	이탈리아	멕시코	캐나다	호주	브라질
동물	주사위 3	사자	원숭이	펭귄	코끼리	고양이	강아지
	주사위 4	알렉스	체리	피터	코코	잭	루시
과학	주사위 5	태양	달	별	행성	은하수	우주선
	주사위 6	번개	무지개	지진	홍수	태풍	눈보라
판타지	주사위 7	요정	드래곤	마법사	유니콘	요술봉	엘프
	주사위 8	요정 숲	용의 동굴	마법의 성	비밀의 동굴	요술 학교	마법 정원
음식	주사위 9	피자	아이스크림	스파게티	샌드위치	케이크	햄버거
	주사위 10	고구마	닭고기	야채	치즈	파스타	양파

수업 계획의 주체는 사용자 본인이어야 합니다. 활동1을 정하고 적절한 활동인지 수업목표에 비추어 확인하는 질문을 해볼 수 있습니다.

질문 | 전개 단계의 첫 번째 활동으로 다음 내용은 어떤가요?
　　　 – 활동1 : 이야기 주사위를 고르고, 주사위를 굴려

활동1인 "이야기 주사위를 고르고, 주사위를 굴려라"는 흥미로운 활동입니다. 이를 통해 학생들은 주사위를 굴려 나온 단어들을 활용하여 새로운 이야기를 만들어내는 창의적인 경험을 할 수 있을 것입니다. 이는 상상력과 창의력을 발휘하고 다양한 아이디어를 발전시키는 데 도움이 될 것입니다. 이 활동은 약 10분에서 15분 정도의 시간이 소요될 것으로 예상됩니다.

학생들이 준비해야 할 것은 이야기 주사위를 선택하는 것입니다. 주사위를 미리 제작하여 준비하거나, 주사위를 만들 수 있는 교구를 사용하여 학생들이 직접 주사위를 만들 수도 있습니다. 주사위를 굴릴 때에는 각 주사위에 대응하는 주제에 관련된 이야기를 학생들이 자유롭게 만들어내도록 유도해 주시면 좋을 것입니다.

다음 활동 계획으로 넘어갑니다. 활동2는 활동1과 개연성이 있도록 수업계획을 요청합니다. 목표를 다시 한 번 상기시키고, 소요 시간과 준비물도 질문합니다.

질문 | 전개 단계의 두 번째 활동을 준비해 봅시다.
- 첫 번째 활동과 연관이 되었으면 좋겠습니다.
- 수업목표는 다양한 발상 방법으로 상상의 세계를 표현하는 것입니다.
- 두 번째 활동의 소요 시간과 필요한 준비물도 알려 주세요.

 | 활동2: 이야기 그림 그리기

1. 활동 설명: 학생들은 첫 번째 활동에서 얻은 주사위로 나온 단어를 기반으로 상상의 세계를 그림으로 표현합니다. 학생들은 자신이 상상한 이야기의 장면이나 주요 요소를 그림으로 그려냅니다.
2. 소요 시간: 약 15분에서 20분
3. 준비물:
   - 그림용지 또는 노트북/태블릿 등 그림을 그릴 수 있는 도구
   - 색연필, 크레용, 마커 등 그림에 사용할 색칠 도구
   - 필요에 따라 붓, 수채화, 콜라주 등 다양한 예술적 재료 (선택 사항)

활동1 주사위를 굴려서 얻은 단어들을 조합해서 이야기를 만드는 것을 활동2로 설정하고, ChatGPT에게 얘기해줍니다. ChatGPT를 협력 교사로 생각하고 수업의 방향성을 같이 확인해보는 장면입니다.

질문 | 이야기를 만드는 것이 좋을 것 같습니다.

 | 활동2: 이야기 만들기
1. 활동 설명: 학생들은 첫 번째 활동에서 얻은 주사위로 나온 단어를 활용하여 상상의 세계를 이야기로 표현합니다. 학생들은 주어진 단어를 포함하는 흥미로운 이야기를 작성합니다. 이야기에는 시작, 전개, 결말이 포함되어야 합니다.
2. 소요 시간: 약 20분에서 25분
3. 준비물:
   - 공책, 노트북, 종이 등 이야기를 작성할 수 있는 작성 도구
   - 필요에 따라 색연필, 마커 등을 사용하여 이야기를 꾸밀 수 있습니다.

활동3으로 넘어가기 전에 활동1과 활동2 내용을 정리합니다.

질문 | '활동1: 이야기 주사위를 굴려라'와 '활동2: 이야기 만들기'를 연결해서 수업 계획을 작성해 주세요.

 | 수업목표: 다양한 발상 방법으로 상상의 세계를 표현해봅시다.

1. 도입 (약 10분):
   – 학생들에게 수업 목표를 설명합니다. "오늘 수업에서는 다양한 발상 방법을 통해 상상의 세계를 표현하는 방법을 배우겠습니다."
   – 학생들에게 이야기 주사위를 소개하고 어떻게 활용할 것인지 설명합니다.
   – 학생들에게 주사위를 굴려 나온 단어를 활용하여 짧은 이야기를 만들어보라고 동기를 부여합니다.

2. 활동1: 이야기 주사위를 굴려라 (약 15분):
   – 학생들은 주어진 주사위를 굴려 단어를 얻습니다.
   – 학생들은 주사위에서 나온 단어를 활용하여 짧은 이야기를 만듭니다.
   – 각 학생은 자신의 이야기를 공유하고 발표합니다.

3. 전개 (약 5분):
   – 이야기 주사위를 통해 만들어낸 다양한 이야기들을 살펴봅니다.
   – 학생들이 이야기를 만들 때 사용한 발상 방법과 상상력을 칭찬하고 강조합니다.

4. 활동2: 이야기 만들기 (약 20분):
   – 학생들은 이번에는 주사위 대신 주어진 단어를 기반으로 자신만의 이야기를 작성합니다.
   – 학생들은 시작, 전개, 결말이 포함된 이야기를 작성하도록 유도합니다.
   – 필요한 경우 학생들에게 창의적인 아이디어나 문장 구성에 대한 가이드를 제공합니다.

5. 정리 (약 5분):
   – 학생들이 작성한 이야기 중 몇 가지를 선택하여 읽어주고, 학생들끼리 이야기를 공유하도록 유도합니다.
   – 수업에서 배운 내용을 간단히 정리하고, 학생들의 참여와 노력에 대해 칭찬합니다.
   – 마지막으로, 다음 수업에서의 기대를 언급하고 마무리합니다.

교수학습과정안에 따라 수업 시연 예상해보기

ChatGPT에게 학생의 역할을 부여합니다. 학생의 입장에서 수업 활동을 시켜봅니다. 실제 주사위를 굴리지는 않지만 ChatGPT가 제시한 주사위의 6개의 면에 있는 단어를 랜덤으로 얻을 수 있도록 요청합니다.

질문 | 지금부터는 이 수업을 듣는 학생이라고 생각하고 대답해 주세요.
활동1에서 주사위 20개 중에 어떤 주사위를 선택했나요?

 | 안녕하세요! 활동1에서 주사위를 고르기 위해 20개의 주사위 중에서 한 개의 주사위를 골랐습니다. 고른 주사위는 "동물" 주제의 주사위입니다. 이 주사위에는 다양한 동물들의 이름이 적혀있어요. 이 동물들의 이름을 활용하여 흥미로운 이야기를 만들어볼 수 있습니다. 그럼 이야기 작성에 도전해 보시겠어요?

질문 | 주사위는 3개 이상 골라야 합니다. 다시 선택해 주세요.

 | 죄송합니다. 다시 주사위를 골라드릴게요. 이번에는 3개의 주사위를 골라보세요. 주사위 1, 2, 3 중에서 어떤 주사위를 고르시겠어요?

이야기 주사위 20개 중 몇 개를 굴려야 하는지 개수를 정해줍니다. 구체적으로 명령해야 알아듣습니다.

질문 | 지금부터는 이 수업을 듣는 학생이라고 생각하고 대답해 주세요.
활동1에서 주사위 20개 중에 어떤 주사위를 선택했나요? 주사위는 5개 이상 선택해야 합니다.

| 활동1에서는 20개의 주사위 중 5개를 고를 것입니다. 아래 주사위 중 5개를 골라주세요.

동물 주제의 주사위	요리 주제의 주사위	운동 주제의 주사위
단어 1: 사자	단어1: 피자	단어 1: 축구
단어 2: 코끼리	단어 2: 파스타	단어 2: 농구
단어 3: 원숭이	단어 3: 샐러드	단어 3: 수영
단어 4: 곰	단어 4: 스테이크	단어 4: 테니스
단어 5: 호랑이	단어 5: 케이크	단어 5: 요가
도시 주제의 주사위	자연 주제의 주사위	
단어 1: 도서관	단어 1: 해변	
단어 2: 공원	단어 2: 산	
단어 3: 학교	단어 3: 강	
단어 4: 박물관	단어 4: 숲	
단어 5: 시장	단어 5: 꽃밭	

사용자는 교사, ChatGPT는 학생으로 설정하고 실제 수업 활동을 해보는 장면입니다.

질문 | 이제 5개의 주사위를 굴렸습니다. 그리고 랜덤으로 주사위 면이 나왔습니다. 그 주사위 면에 적힌 단어가 무엇인지 발표해 주세요.

 | – 동물 주제의 주사위: 원숭이

– 도시 주제의 주사위: 박물관

– 요리 주제의 주사위: 피자

– 자연 주제의 주사위: 숲

– 운동 주제의 주사위: 축구

이제 이 단어들을 활용하여 흥미로운 이야기를 만들어보세요. 상상력을 발휘하여 어떤 이야기가 펼쳐질지 기대됩니다!

ChatGPT는 이야기를 만드는 데 탁월합니다. 이야기가 풍성해지도록 독려하기도 합니다.

질문 | 5개의 단어를 결합하여 이야기를 꾸며주세요.

 | 한 날 박물관에 가던 원숭이가 숲에서 축구를 하는 피자를 발견했어요. 피자는 숲 속에서 축구공을 가지고 뛰어다니며 원숭이와 놀기를 원했어요. 하지만 원숭이는 피자의 장난스러운 행동에 당황했고, 박물관으로 돌아가기로 결심했어요. 피자는 그럼에도 불구하고 원숭이를 따라와 박물관에서 함께 재미있는 모험을 시작했답니다.

ChatGPT의 한계

사용자가 이야기의 오류 부분을 찾아서 짚어주고 수정하도록 요구합니다.

질문 | 피자는 축구를 할 수 없습니다. 이 부분을 수정해서 다시 이야기를 만들어 주세요.

 | 한 날 박물관에 가던 원숭이가 숲에서 신기한 축구공을 발견했어요. 그 축구공은 노란색으로 빛나며, 마법같이 움직일 수 있었어요. 원숭이는 궁금해서 그 축구공을 가지고 재미있는 게임을 해보기로 했어요. 숲에서 축구공과 함께 다른 동물 친구들과 팀을 이루어 즐거운 경기를 펼쳤답니다.

역할을 부여해서 조금 더 수준 높은 이야기를 만들도록 합니다. 수업의 예시자료로 활용하기 좋습니다.

질문 | 지금부터는 당신은 20년 경력의 초등학교 교사라고 생각해봅시다. 이 5개의 단어로 재미있는 이야기를 만들어 주세요. 이 이야기는 학생들에게 들려줄 예시가 될 것입니다.

 | 한 날, 원숭이 친구들과 함께 박물관을 방문했습니다. 그곳에서 원숭이들은 다양한 보물들을 관찰하고, 그 중에서도 가장 흥미로운 보물을 찾아야 했습니다. 그 동안 숲에서 열심히 축구를 했던 원숭이는 축구공과 함께 박물관 안을 뛰어다니며 숨은 보물을 찾기 시작했습니다. 축구공이 이끄는 원숭이 친구들은 숨은 보물을 찾기 위해 박물관 곳곳을 탐험하며 여러 어려움과 재미있는 도전을 겪었습니다. 마침내 원숭이들은 축구공을 이용해 보물의 힌트를 찾아내고, 숨겨진 보물을 발견했습니다. 이는 박물관에서 가장 귀중한 보물로 선정되었고, 원숭이들은 자랑스럽게 이를 찾아내어 많은 칭찬을 받았답니다.

활동3은 사용자 주도로 설정합니다. 그리고 ChatGPT는 그림을 그릴 수 없지만 그림을 묘사하도록 시킵니다. 이후 다른 ChatGPT에게 사용할 프롬프트로 쓰일 재료로 활용할 것입니다.

질문 | 이 이야기로 그림을 그리려고 합니다. 활동3이 될 것입니다. 어떤 그림을 그리면 좋을지 자세하게 묘사해주세요.

이야기 속에서 원숭이 친구들이 박물관에서 숨겨진 보물을 찾는 모험을 한다고 가정해봅시다. 그림을 그릴 때, 다음과 같은 장면을 포함할 수 있습니다.

- 숲 속의 박물관: 큰 나무들과 우거진 숲 속에 위치한 박물관을 그립니다. 박물관은 독특한 형태나 디자인으로 표현될 수 있습니다. 나무들이 주변을 둘러싸고 있고, 문이나 창문 등 세부적인 요소도 포함시킬 수 있습니다.

- 원숭이 친구들: 주인공인 원숭이와 그의 친구들을 그려주세요. 각각은 다양한 자세와 표정을 가지고 있을 수 있습니다. 축구공이나 피자와 함께 웃고 놀고 있는 원숭이들을 표현해보세요. 그들이 숨은 보물을 찾기 위해 박물관 주변을 탐험하고 있는 모습도 그림에 담을 수 있습니다.

- 보물과 피자: 숨은 보물과 피자도 그림에 포함시켜 주세요. 보물은 박스나 상자 형태로 표현할 수 있고, 피자는 원형으로 그릴 수 있습니다. 보물이 박물관 안 어딘가에 숨겨져 있으며, 원숭이들이 그것을 찾아내는 장면을 그릴 수 있습니다.

- 숲의 배경: 숲의 경치를 배경으로 그림에 추가해주세요. 나무들과 푸른 잔디, 신비로운 분위기를 전달할 수 있는 조명과 그림자 등을 그림에 포함시킬 수 있습니다.

ChatGPT의 장점 극대화하기

화가로서 그릴 수 있는 그림에 대해 그리는 방법을 설명하도록 질문합니다.

질문 | 당신은 화가입니다. 이것을 그림으로 그리려면 어떻게 그리면 좋을지 조언해 주세요.

 1. 장면 설정: 공원이라는 배경을 그려주세요. 그림 속에 나무와 잔디, 그리고 사람들이 산책하고 앉아있는 풍경을 표현할 수 있습니다. 공원의 분위기와 활기찬 모습을 전달해주세요.

2. 인물 표현: 주인공과 친구를 그려주세요. 표정과 자세를 통해 그들이 사과를 먹으며 편안한 시간을 보내는 모습을 담을 수 있습니다. 웃고 이야기를 주고받으며 친근한 분위기를 표현해주세요.

3. 학습 장면: 주인공과 친구가 책상 앞에 앉아서 공부하는 모습을 그려주세요. 책과 필기 도구, 그리고 학습에 집중하는 모습을 표현할 수 있습니다. 이 부분에서는 조명과 세부적인 소품을 활용하여 분위기를 조성해보세요.

4. 대화 장면: 그림 속에 대화를 나타낼 수 있는 말풍선을 추가해주세요. 이야기를 나누는 주인공과 친구 사이의 대화를 그림으로 표현하면 더욱 생동감있는 장면이 될 수 있습니다.

5. 감정 전달: 그림을 통해 주인공과 친구의 흥미와 기쁨을 느낄 수 있도록 표현해주세요. 웃고 웃는 표정, 밝은 색상과 활기찬 분위기를 이용하여 즐거움을 전달할 수 있습니다.

질문 | 방금 답변을 3문장으로 요약해 주세요.

 | 주인공과 친구가 활기찬 공원에서 사과를 먹으며 즐거운 시간을 보냅니다. 그들은 책상 앞에서 집중하여 공부하고, 대화를 나누며 친근한 분위기를 형성합니다. 웃음 가득한 표정과 밝은 색상으로 표현된 그림은 흥미와 기쁨을 전달합니다.

최종 원하는 답변을 얻었습니다. 이 문장은 다른 생성형 인공지능에게 그림을 만들 프롬프트로 쓰일 것입니다.

수업 계획의 정리 단계에서 할 수 있는 활동에 대해 제안하도록 질문합니다.

질문 | 정리 단계에서는 어떤 활동을 하면 좋을까요?

 | 1. 그림 관찰과 토론: 학생들에게 그린 그림을 보여주고, 그림에 담긴 요소들을 관찰하고 이야기합니다. 그림에 있는 세부 사항, 색상, 감정 전달 등을 토론하며 학생들의 관찰력과 표현력을 향상시킬 수 있습니다.

2. 이야기 공유: 학생들에게 자신의 이야기를 공유하도록 독려합니다. 각자가 만든 이야기를 읽고 들으면서 이야기의 내용이나 구조에 대해 이야기하고 피드백을 주고받습니다.

3. 작품 분석과 비교: 다양한 작품을 보여주고 비교 분석하는 활동을 진행합니다. 예를 들어, 유명한 그림 작품을 보여주고 그 작품의 특징이나 의미에 대해 이야기하며 학생들의 해석과 비교를 유도합니다.

4. 작품 개선과 수정: 학생들이 작품을 보완하거나 수정하는 시간을 가질 수 있도록 독려합니다. 예를 들어, 그림에 더 많은 세부 사항이나 배경을 추가하거나 색상을 조정하는 등의 작업을 진행하면서 창의적인 표현을 유도합니다.

정리 단계에서 활동을 선택하고 계획을 질문합니다.

질문 | 정리 단계에서는 친구들의 그림을 감상하는 활동을 하는 것이 좋겠습니다. 정리단계 수업 계획을 만들어 주세요.

 | 수업 계획: 정리 단계 – 친구들의 그림 감상

1. 시간: 약 30분

2. 목표:
 – 학생들이 친구들의 그림을 감상하고 피드백을 주고 받으며 존중과 협력의 중요성을 이해합니다.
 – 학생들의 관찰력과 비판적 사고 능력을 향상시키고 창의성을 유도합니다.
 – 학생들이 자신의 그림을 다른 사람들과 공유하고 개선하는 과정을 경험합니다.

3. 수업 진행:
 1) 소개 (5분):
 – 학생들에게 정리 단계의 목적과 중요성을 간단히 설명합니다.
 – 친구들의 그림 감상과 피드백이 서로에게 도움이 되는 이유를 이야기합니다.
 2) 그림 감상 (15분):
 – 학생들에게 친구들의 그림을 전시합니다. 각자가 만든 그림을 가져오도록 요청합니다.
 – 학생들은 각각의 그림을 순서대로 감상하며, 그림에 대한 관찰과 생각을 메모합니다.
 – 감상 후에는 학생들끼리 그림에 대해 이야기하고 피드백을 주고 받습니다.
 – 각 그림에 대한 긍정적인 측면과 개선할 점을 서로에게 알려줍니다.
 3) 토론 및 피드백 (10분):
 – 학생들과 함께 토론을 진행합니다. 다음 질문들을 활용하여 학생들이 자신의 그림을 설명하고
   피드백을 주고 받습니다.
   예시)
    – 어떤 아이디어나 요소가 그림에서 특히 인상적이었나요?
    – 어떤 부분을 더 개선하거나 추가할 수 있을까요?
    – 친구의 그림을 감상하면서 무엇을 배웠나요?

구체화된 교수학습과정안으로 단계별 발문 만들기

사용자의 아이디어를 추가할 수 있습니다. 대화 내용을 기억하는 ChatGPT의 장점을 활용합니다.

질문 | 이상한 나라의 앨리스 이야기를 아시나요?

 | 예, 저는 이상한 나라의 앨리스 이야기에 익숙합니다. 루이스 캐롤이 쓴 고전 어린이 소설입니다. 이야기는 이상한 나라로 알려진 기발하고 상상력이 풍부한 세계로 토끼 굴을 통해 떨어지는 앨리스라는 어린 소녀를 따릅니다. 이 낯선 땅에서 앨리스는 하얀 토끼, 체셔 고양이, 모자 장수, 하트 여왕과 같은 독특한 캐릭터를 만납니다. 그녀는 초현실적인 풍경을 탐색하고 무의미한 대화에 참여하면서 다양한 모험을 떠납니다. 이 이야기는 생생한 이미지, 말장난, 정체성, 논리, 상상력과 같은 주제에 대한 탐구로 유명합니다.

수업목표를 고려한 발문의 아이디어를 질문합니다.

질문 | 동기부여 영상과 함께 이상한 나라의 앨리스 이야기를 학생들에게 들려주려고 합니다. 교사의 질문에 대한 좋은 아이디어는 무엇입니까? 다음 수업목표를 고려하면서 세 가지 질문을 해주세요. 초등학생도 이해할 수 있는 질문으로 만들어 주세요.
- 수업목표: 상상의 세계를 다양한 아이디어로 표현해봅시다.

 | - 이상한 나라에서 앨리스의 모험 중 가장 흥미롭거나 흥미로웠던 부분은 무엇입니까?
- 원더랜드와 같은 나만의 마법 세계를 만들 수 있다면 어떤 종류의 상상력이 풍부한 캐릭터나 생물을 포함하시겠습니까? 그들은 당신의 세상을 어떻게 특별하고 재미있게 만들까요?
- 앨리스의 이야기에서 그녀는 이상하고 터무니없는 상황에 직면합니다. 상상의 세계에서 경험하고 싶은 웃기거나 어리석은 상황을 생각할 수 있습니까? 그것이 당신을 어떻게 웃게 만들거나 행복하게 만들까요?

구체적인 활동 계획과 연계된 발문을 요청합니다.

질문 | 활동2: 주사위 위의 단어를 사용하여 이야기 만들기 (20분)
학생들이 주사위에 있는 단어를 사용하여 독특한 이야기를 전개하도록 안내합니다.
그들이 창의적으로 생각하고 플롯, 캐릭터 및 설정을 고려하도록 격려하십시오.
이 활동에서 교사가 학생들에게 할 수 있는 발문을 5가지 알려주세요.

---

1. 당신의 이야기에서 주인공의 이름은 무엇입니까? 그들의 성격이나 특징을 설명하십시오.

2. 이야기의 배경은 무엇입니까? 마법의 땅, 미래 도시 또는 다른 곳에 있습니까?

3. 이야기에서 주인공이 직면한 문제나 도전은 무엇입니까? 그들은 그것을 어떻게 극복합니까?

4. 스토리에 다른 캐릭터가 있나요? 그들은 어떤 역할을 하며 주인공과 어떻게 상호 작용합니까?

5. 이야기는 어떻게 끝납니까? 결심이나 교훈이 있습니까?

질문 | 활동3: 이야기를 바탕으로 그림 그리기 (30분)

미술용품을 제공하고 학생들에게 이야기를 시각적으로 표현하도록 지시합니다.

이야기에서 중요한 장면이나 등장인물을 강조합니다.

이 활동에서 교사가 학생들에게 할 수 있는 발문을 5가지 제시해주세요.

---

1. 당신의 이야기에서 어떤 장면이나 순간이 가장 흥미로웠나요? 당신의 그림에서 그것을 묘사할 수 있습니까?

2. 작품을 통해 어떤 감정을 전달하고 싶나요? 이러한 감정을 효과적으로 표현하기 위해 색상, 선 및 모양을 어떻게 사용할 수 있습니까?

3. 그림에서 강조하고 싶은 이야기의 특정 세부 사항이나 요소가 있습니까? 이러한 세부 사항이 눈에 띄게 하려면 어떻게 해야 합니까?

4. 그림의 구성과 배열을 어떻게 사용하여 보는 사람의 주의를 주인공이나 이야기의 중요한 요소로 안내할 수 있습니까?

5. 작품의 스토리텔링 측면을 향상시키기 위해 예술적 스타일이나 기법을 어떻게 사용하시겠습니까? 그림을 더욱 매력적으로 만들기 위해 어떤 독특한 터치를 추가할 수 있습니까?

질문 | 정리 단계에서 교사가 할 수 있는 발문을 5가지 안내해주세요.

드로잉의 어떤 요소나 장면이 당신의 시선을 끌었나요? 왜?

– 그림은 전달된 이야기를 어떻게 반영합니까? 해석 사이에 차이점이나 유사점이 있습니까?

– 예술가들이 그림에 사용한 창의적인 기법이나 예술적 선택을 확인할 수 있습니까? 이러한 선택이 어떻게 이야기의 전달력을 향상시키나요?

– 어떤 그림이 당신에게 특정한 감정이나 분위기를 불러일으켰습니까? 그 이유를 설명해 주시겠습니까?

교수학습과정안 완성하기

지금까지 설계한 내용을 바탕으로 교수학습과정안을 작성하도록 요구할 수 있습니다.

질문 | – 과목: 미술

– 대상: 한국 초등 5학년 학생

– 학습 목표: 다양한 발상 방법으로 상상의 세계를 표현해봅시다.

– 수업 시간: 40분(1차시)

위 수업에 해당하는 교수학습과정안을 작성해 주십시오.

 | 교수–학습 과정 계획: 미술 수업

– 주제: 예술

– 대상 : 한국 5학년 학생

– 학습 목표 : 상상의 세계를 다양한 아이디어로 표현해봅시다.

– 수업 시간: 40분(첫 번째 세션)

1. 소개(5분)
   – 학생들에게 인사하고 주제 소개: "오늘 우리는 예술을 통해 상상의 세계를 탐험하고 창의력을 발휘할 것입니다!"
   – 상상력의 중요성과 그것이 예술을 통해 어떻게 표현될 수 있는지 토론하십시오.
   – 학생들에게 자신이 좋아하는 상상의 세계나 캐릭터를 공유하도록 요청하고 어떻게 자신만의 세계를 만들고 싶은지 생각하도록 격려하십시오.

2. 워밍업 활동: 상상의 생물 그리기(10분)
   – 각 학생에게 종이와 미술 도구(색연필, 마커 등)를 제공합니다.
   – 학생들에게 서로 다른 동물이나 물체를 결합하여 독특한 것을 만들어 자신만의 상상의 생물을 그리도록 지시합니다.
   – 그림을 그리는 동안 생물의 특성, 특징 및 환경에 대해 생각하도록 격려하십시오.

3. 주요 활동: 상상의 세계 표현하기 (20분)
   – 콜라주, 그림 또는 혼합 매체와 같이 상상력을 표현하는 데 사용할 수 있는 다양한 미술 재료와 기법을 소개합니다.
   – 상상의 세계를 묘사한 작품의 예를 제시하고 사용된 기법에 대해 토론합니다.
   – 학생들에게 선호하는 예술 매체를 선택하고 상상의 세계를 시각적으로 표현하도록 지시합니다.
   – 상상의 세계를 구성하는 설정, 캐릭터 및 요소에 대해 생각하고 이를 작품에 통합하도록 격려하십시오.

4. 공유 및 토론(5분)

– 학생들이 작품을 전시할 수 있는 지정된 전시 공간을 제공합니다.

– 학생들이 서로의 작품을 보고 감상할 수 있는 시간을 허용합니다.

– 다음과 같은 질문을 통해 그룹 토론을 촉진합니다.

(예시)

– "상상 세계에 어떤 요소를 포함시켰으며 그 이유는 무엇입니까?"

– "당신의 작품을 통해 당신의 상상력을 어떻게 표현했습니까?"

– "창작 과정에서 어떤 어려움이 있었고, 어떻게 극복했나요?"

6. 결론 및 반성(5분)

– 수업을 요약하고 상상력과 창의적 표현의 중요성을 강조합니다.

– 학생들에게 자신의 경험을 되돌아보고 수업 중에 배우거나 즐겼던 한 가지를 공유하도록 요청하십시오.

– 긍정적인 피드백을 제공하고 학생들이 예술을 통해 자신의 상상력을 계속 탐구하도록 격려하십시오.

※ 참고: 학생들의 속도와 필요에 따라 시간과 활동을 조정하십시오.

new ChatGPT와 ChatGPT 비교하기

new ChatGPT로 만든 교수학습과정안과 사용자의 의도가 포함된 교수학습과정안을 비교해볼 수 있습니다.

질문 | – 과목: 미술

– 대상: 한국 초등 5학년 학생

– 학습 목표: 다양한 발상 방법으로 상상의 세계를 표현해봅시다.

– 수업 시간: 40분(1차시)

위 수업에 해당하는 교수–학습 과정 계획서를 작성해 주십시오.

 | 제목: 예술을 통한 상상의 세계 탐험

1. 수업 시간: 40분(첫 번째 세션)

2. 목적:

이 수업이 끝날 무렵, 한국의 5학년 학생들은 자신의 상상 세계를 나타내는 예술 작품을 만드는 데 집중하면서 자신의 생각을 다양한 방식으로 발전시키고 표현할 수 있게 될 것입니다.

3. 필요한 자료:

– 미술용품(종이, 연필, 지우개, 색연필 또는 마커)

– 시각 자료(가상의 세계, 판타지 생물 또는 풍경의 이미지)

– 화이트보드 또는 칠판

– 프로젝터(옵션)

4. 교수–학습 과정 계획:

1) 소개(5분):

– 학생들에게 인사를 하고 수업의 학습 목표를 간단히 설명합니다. 다양한 아이디어를 통해 상상의 세계를 예술로 표현합니다.

– 학생들에게 책, 영화 또는 게임에서 가장 좋아하는 상상의 세계를 공유하도록 요청하십시오. 그들의 대답을 칠판에 적는다.

– 학생들의 창의력을 고취하기 위해 다양한 가상 세계의 시각 자료를 보여줍니다.

2) 브레인스토밍(10분):

– 상상의 세계의 개념과 특징에 대해 학생들과 토론한다.

– 학생들이 자신의 상상 세계에 포함될 수 있는 독특하고 독창적인 요소에 대해 생각하도록 격려하십시오.

– 다양하고 창의적인 사고의 중요성을 강조하면서 그들의 생각을 칠판에 적는다.

3) 아이디어 개발(15분):

- 마인드 매핑이나 썸네일 스케치와 같은 아이디어 개발을 위한 다양한 기술을 소개합니다.

- 보드에서 또는 프로젝터를 사용하여 한두 가지 아이디어 개발 기술을 시연합니다.

- 학생들이 기술을 적용하고 상상의 세계에 대한 아이디어를 개발할 수 있도록 개인 또는 그룹 작업 시간을 제공합니다.

- 교실을 돌아다니며 필요에 따라 안내와 지원을 제공합니다.

4) 작품 창작(10분):

- 학생들이 개발한 개념에서 하나의 아이디어를 선택하고 상상의 세계를 나타내는 작품을 만들기 시작하도록 지시합니다.

- 아이디어를 실현하기 위해 세부 사항, 색상 및 구성에 주의를 기울이도록 상기시킵니다.

- 미술 도구를 제공하고 학생들이 개별적으로 또는 둘이서 작업할 수 있도록 합니다.

- 다양한 예술적 기법으로 창의성과 실험을 장려합니다.

5) 결론(5분):

- 학생들에게 자신의 작품을 반영하고 수업 중에 경험을 공유하도록 요청하십시오.

- 소수의 학생을 선택하여 작품을 발표하고 상상 세계의 요소를 설명합니다.

11

ChatGPT와 함께 만드는
영어 수업 디자인

ChatGPT를 활용해 만드는

영어과 교수-학습과정안

다음은 ChatGPT와 함께 만든 영어과 교수학습과정안 사례입니다.

교 과	영어		학년 학기	5학년 2학기
단원명	9. My Favorite Subject Is Art			
성취기준	[6영01-02] 일상생활 속의 친숙한 주제에 관한 간단한 말이나 대화를 듣고 세부 정보를 파악할 수 있다.			
학습 목표	좋아하는 과목을 묻고 답하는 말과 좋아하는 활동을 나타내는 말을 듣고 이해해 봅시다.			
교수학습 자료	PPT, 게임 그림카드		교수학습 모형	PPP 모형

학습 단계	학습 과정	교수 학습 과정	시간 (분)	자료(📖) 및 유의점(※)
도입	동기유발	• 동기 유발 – 자신이 가장 좋아하는 과목에 대해 생각하도록 유도한다. – What's your favorite subject? 질문을 이용하여 학생들의 의견을 듣고 공감한다.	5'	📖 e-book ※ 핵심 표현 판서한다.
	학습목표제시	• 학습 목표 제시 – What's your favorite subject? My favorite subject is ~를 듣고 이해해 봅시다.		
전개	Presentation (제시)	• 활동1) 대화 소개하기 – 학생들에게 "What's your favorite subject?"라는 질문을 통해 좋아하는 과목에 대한 다양한 답변을 들려준다. ex: My favorite subject is English/Math/Science – 대화문을 들려주며 내용을 파악한다. Dialogue: Teacher: Hi, everyone! Let's talk about our favorite subjects. Sarah, what's your favorite subject? Sarah: I like English. I enjoy learning new words and speaking in English. Teacher: Great, Sarah! How about you, Daniel? What's your favorite subject? −이하생략−	10'	※ 모법 답변과 함께 다양한 예시를 들어주어 올바른 언어 모델을 제공한다. 📖 대화문 대본 또는 오디오 파일
	Practice (연습)	• 활동2) Listen and Match – 선생님이 듣기 내용을 소리내어 읽으면, 학생들은 듣는 동안 자신의 그림 카드 중에서 해당하는 그림을 선택한다. – 듣기가 끝나면, 학생들은 자신이 선택한 그림카드를 보여주고 간단한 문장으로 그림을 설명한다. ex: My favorite subject is {그림 카드의 과목}	10'	📖 그림카드 세트 ※ 학생들이 적극적으로 참여할 수 있도록 독려한다.

전개	production (표현)	• 활동3) 표현하기 – 듣기 게임을 통해 나온 문장을 활용하여 자신이 가장 좋아하는 과목에 대한 문장을 만든다. – 선택한 그림에 대해 "My favorite subject is ～" 문장을 활용해 간단한 설명을 한다. – 자신의 문장을 공유하고 서로 질문하면서 공감의 표현을 사용해 소통한다.	10'	※ 강세, 리듬, 억양에 주의하여 듣도
정리	정리 및 평가하기	• 정리 및 평가하기 – 학생들의 참여와 생각을 공유한다. – What did you learn today? 와 같은 질문을 통해 학생들이 오늘의 학습 내용을 돌아보고 정리한다. – 간단한 피드백을 통해 학생들의 이해도를 확인하고 수업을 평가한다. – 다음 수업에서 다룰 내용을 간략히 소개하고 마무리한다.	5'	
평가 계획	문장 구성과 표현	적절한 문장 구조를 사용하여 자신의 관심사와 즐겨하는 과목에 대해 표현할 수 있는가?	관찰평가	
	듣기 이해력	듣기 활동에서 내용을 이해하고, 그에 맞는 그림 카드를 선택할 수 있는가?		
	게임 참여	게임 활동에 적극적으로 참여하고, 선택한 그림 카드를 사용하여 문장을 만들 수 있는가?		

ChatGPT와 함께 만드는
영어 수업

영어 수업 ChatGPT 프롬프트

영어의 주요 표현을 가르치기 위한 수업 지도안 만들기

단원 학습 목표는 영어로 핵심 표현을 분명하게 제시하는 것이 좋습니다.

질문 | 한국인 초등학생에게 영어를 가르치려고 합니다.

"What's your favorite subject?", "My favorite subject is ～", "I like ～"를 핵심 표현으로 하여 6차시 수업을 진행하고 싶습니다. 교수학습과정안을 작성해주세요.

 수업 제목: My Favorite Subject

차시 1:

목표: 학생들이 "What's your favorite subject?"라는 질문을 이해하고 답변할 수 있다.

1. 수업 시작

- 학생들을 환영하고 수업의 목표를 설명한다.
- "What's your favorite subject?"라는 질문을 칠판에 적고 설명한다.
- 질문을 예시를 들어 설명하며 학생들에게 이해시킨다.

2. 질문과 답변 연습

- 학생들에게 직접 질문하여 답변하도록 한다.
- "What's your favorite subject?"라는 질문을 하고, 각 학생들에게 차례대로 답변하게 한다.
- 학생들의 답변을 칠판에 적으면서 함께 확인한다.
- 어려움을 겪는 학생들을 위해 추가적인 설명과 도움을 준다.

3. 질문–응답 연습 게임

- 학생들을 팀으로 나눈다.
- 각 팀은 번갈아가며 질문자와 응답자 역할을 수행한다.

- 질문자는 "What's your favorite subject?"라는 질문을 하고, 응답자는 자신의 좋아하는 과목에 대한 답변을 한다.
- 시간 제한을 두고 게임을 진행하며, 올바른 답변을 한 팀에게 포인트를 주고 격려한다.

차시 2:
목표: 학생들이 "My favorite subject is ~" 문장을 만들고 사용할 수 있다.

1. 복습
- 직전 수업에서 학생들이 좋아하는 과목에 대해 어떤 대답을 했는지 복습한다.
- 칠판에 학생들의 답변을 적으면서 다시 확인한다.

2. 문법 설명
- "My favorite subject is ~" 문장의 구조를 설명한다.
- 주어, 동사 "is", 그리고 학생들이 좋아하는 과목의 이름으로 이루어진 문장을 만드는 방법을 예시와 함께 설명한다.
- 문장 구조를 칠판에 적어가며 설명한다.

3. 문장 만들기 실습
- 학생들에게 자신의 좋아하는 과목에 대해 "My favorite subject is ~" 문장을 만들어보도록 요청한다.
- 학생들이 문장을 작성한 후, 원하는 학생들에게 발표하도록 한다.
- 발표한 학생들의 문장을 칠판에 적으면서 함
  (이하 생략)

위와 같이 명확하게 하지 않을 경우, ChatGPT는 너무 많은 표현(I like ~, My favorite ~, I enjoy ~, I'm a big fan of~ 등)을 제시하기 때문에 초등학생이 익히기 어려울 수 있습니다. 따라서 핵심 단어와 문장을 ChatGPT에게 명확하게 서술합니다. 교과서 출판사가 달라도 각 단원마다 비슷한 핵심 표현과 단어가 제시되어 있으니 확인하고 활용하시기 바랍니다.

영어 교과에서 각 단원은 보통 Listening-Speaking-Reading-Writing 순으로 주요 단어 및 문장을 지도하고 있는데, ChatGPT는 첫 수업에서 바로 묻고 답하는 것을 목표로 잡고 있습니다. 따라서 듣기 위주인 1차시부터 이를 수정하여 지도안을 만들어 보겠습니다. 또한 위 지도안에서 수업을 위한 소요 시간이 빠져있습니다. 이를 추가하여 지도안을 작성할 수 있도록 요청해 보겠습니다.

1차시는 40분으로 구성되어 있으며, 영어과 교수학습법 중 적절한 것을 선택해 단계별로 지도안을 구성해 주세요.

 | 수업 시간: 40분

차시 1:
목표: 학생들이 좋아하는 과목을 묻고 답하는 말을 듣고 이해할 수 있으며, 좋아하는 활동을 나타내는 말을 듣고 이해할 수 있다.

1. 수업 시작 (5분)
• 학생들을 환영하고 수업의 목표를 설명한다.
• "What's your favorite subject?"라는 질문을 칠판에 적고 설명한다.
• 질문과 답변의 중요한 표현들을 함께 복습한다.

2. 대화 예시 소개 (5분)
• 학생들에게 "What's your favorite subject?"라는 질문을 통해 좋아하는 과목에 대한 답변을 들려준다.
• 다양한 답변을 준비하여 들려준다. (예: "My favorite subject is English/Math/Science.")

3. 듣기 활동1: 단일 문장 듣기 (10분)
• 학생들에게 여러 가지 문장들을 들려주고 이해하는지 확인한다.
• 예를 들어, "His favorite subject is math." 또는 "Her favorite subject is art."와 같은 문장을 들려준다.
• 학생들은 들은 문장에 대한 질문을 통해 이해도를 확인한다.

4. 듣기 활동2: 활동 설명 듣기 (10분)
• 학생들에게 다양한 활동을 나타내는 문장들을 들려주고 이해하는 지 확인한다.
• 예를 들어, "He likes to play soccer." 또는 "She enjoys drawing."과 같은 문장을 들려준다.
• 학생들은 들은 문장에 대한 질문을 통해 이해도를 확인한다.

5. 페어워크: 질문과 답변 연습 (7분)
• 학생들을 두 명씩 짝지어준다.
• 각 학생은 자신의 좋아하는 과목과 관련된 활동에 대한 질문을 상대방에게 던진다.
• 상대방은 질문에 대한 답변을 제시한다.
• 일정 시간 후에 역할을 바꿔 질문과 답변을 반복한다.

6. 전체 학급 대화 (3분)

- 몇몇 학생들에게 자신의 좋아하는 과목과 관련된 활동에 대해 질문하고, 학생들이 답변하도록 한다.
- 다양한 학생들의 발언을 듣고 칠판에 학생들의 답변을 함께 정리한다.
- 학생들의 발언을 들으면서 이해도를 확인하고 필요한 부분을 보충 설명한다.

7. 마무리 (5분)

- 수업의 내용을 정리하고 복습한다.
- 학생들에게 수업에서 배운 내용을 간단히 요약하도록 요청한다.
- 간단한 피드백을 통해 학생들의 이해도를 확인하고 수업을 평가한다.
- 다음 수업에서 다룰 내용을 간략히 소개하고 마무리한다.

위 ChatGPT의 답변을 보면 한국어를 완벽히 구사하지 못하고 있는 부분을 볼 수 있습니다.

Q 자꾸 말하다가 계속 끊기거나, 앞에서 말한 내용을 잊어버립니다. 해결 방법이 있나요?

A ChatGPT는 기억할 수 있는 대화의 양이 정해져 있으며, 기본적으로 영어를 사용합니다. 학습된 데이터의 80%가 영어이므로 영어로 질문하면 성능이 우수합니다. 한국어는 영어와 문법 구조가 다르며, 대화 상황에서 다양한 수준과 격식이 사용되어 언어 모델이 이해하기 어렵습니다. 한국어의 토큰화 과정도 복잡합니다. 따라서 한국어로 질문을 하면 처리 비용이 영어에 비해 4.5배 더 비싸다고 합니다. 그럼 ChatGPT에게 영어로 번역하여 질문하고, ChatGPT의 대답을 다시 한국어로 번역하여 읽으면 되지 않을까요? 이때 사용하기에 좋은 확장 프로그램이 있습니다.

 프롬프트 지니: ChatGPT 자동 번역기
★★★★☆ 186 ⓘ │ 생산성 │ 사용자 300,000+명

chrome 웹스토어 – 확장 프로그램 – 프롬프트 지니 검색

위 확장 프로그램을 Google chrome, MS Edge, Naver Whale 등에 추가해 보세요. ChatGPT의 프롬프트 입력장 아래에 ◉ 그림이 생겼다면, 정상적으로 사용할 준비가 된 것입니다. 이후 입력창에 프롬프트를 한국어로 작성하면, 자동으로 영어로 번역되어 ChatGPT에 입력되는 것을 볼 수 있습니다.

안녕하세요. 만나서 반갑습니다.

번역결과

hello. nice to meet you

 Hello! Nice to meet you too! I'm an AI language model here to assist you. How can I help you today?

번역결과

안녕하세요! 저도 만나서 반가워요! 나는 당신을 돕기 위해 여기 AI 언어 모델입니다. 무엇을 도와드릴까요?

위에서 했던 질문을 다시 한 번 해보세요. 이전보다 더 빠르고 자세하게 대답합니다. 평소에는 '프롬프트 지니'를 꺼놨다가 복잡하고 긴 글을 생성해야 할 때 사용하면 좋을 것 같습니다. 책의 내용은 '프롬프트 지니'를 사용하지 않고 입력한 프롬프트입니다. 비교를 위해 '프롬프트 지니'를 켜서 시도해 봅시다.

영어 수업의 전개 부분을 PPP모형으로 나타내고 싶습니다. 도입 – 전개(P-P-P) – 정리 순으로 나누어 작성해달라고 요청해 보겠습니다.

질문 | 전체 수업은 도입-전개-정리 순서로 진행됩니다. '도입'-'전개'-'정리' 순으로 작성하되, 그 중 '전개' 단계를 '제시(Presentation)'-'연습(Practice)'-'표현(Production)'으로 나누어 다시 작성해주세요.

 수업 진행 단계:

1. 도입:

• 수업의 목표를 설명하고 학생들의 관심을 끌 수 있는 동기부여를 한다.
• "What's your favorite subject?"라는 질문을 소개하고, 학생들이 자신의 좋아하는 과목에 대해 생각하도록 유도한다.

2. 제시 (Presentation):

• 학생들에게 좋아하는 과목을 묻고 답하는 표현들을 제시한다.
• 모범 답변과 함께 다양한 예시를 들어주어 올바른 언어 모델을 제공한다.

3. 연습 (Practice):

- 학생들을 그룹이나 짝을 지어 연습 활동을 진행한다.
- 학생들끼리 서로 질문하고 답변하면서 자신의 좋아하는 과목과 관련된 활동에 대해 대화한다.
- 학생들의 의사소통과 언어 사용 능력을 향상시키기 위해 여러 가지 연습 활동을 도입한다.

4. 표현 (Production):

- 전체 학급 대화를 통해 학생들이 자신의 의견을 표현하고 다른 학생들과 소통한다.
- 각 학생들에게 질문을 하고 응답을 요청하여 적극적인 참여를 유도한다.
- 학생들이 Presentation와 Practice에서 학습한 내용을 활용하여 자유롭게 의사소통하며 영어를 사용한다.

5. 정리:

- 수업에서 배운 내용을 요약하고 복습한다.
- 학생들에게 수업에서 얻은 인사이트나 학습 결과에 대해 이야기하도록 유도한다.
- 다음 수업에서 다룰 내용을 간략히 소개하고 마무리한다.

위와 같이 수업을 '도입'-'전개'-'정리' 순서로 진행하되, '전개' 단계를 '제시 (Presentation)'-'연습 (Practice)'-'표현(Production)'으로 세분화하여 수업을 진행할 수 있습니다. 이렇게 단계별로 진행하면 학생들은 적절한 모델링과 연습을 통해 새로운 언어 표현을 습득하고 실제 상황에서 영어를 적극적으로 사용할 수 있는 기회를 얻게 됩니다.

사용자의 의도대로 수업 진행 단계를 잘 나타내주었으나, 이번에는 학습 목표와 소요 시간이 빠졌습니다. 교수학습과정안에서 사용자가 직접 수정하시길 바랍니다.

이번에는 위에서 정리한 교수학습과정안을 표로 나타내려고 합니다. 사용자의 프롬프트를 기억하여 수업단계, 형식, 소요 시간 등을 확인하고 추가 자료 및 유의 사항을 적어달라고 요청해 봅시다.

수업 단계	교수-학습 활동	소요 시간	자료 및 유의사항
도입	- 수업 목표 설명	5분	- "What's your favorite subject?" 질문 소개
	- 학생들의 관심을 끌기 위한 동기부여		
전개	제시 (Presentation)	15분	- 학생들에게 좋아하는 과목에 대한 표현 제시
	- 모범 답변 및 다양한 예시 제공		
	연습 (Practice)	20분	- 학생들끼리 서로 질문하고 답변하며 대화하는 연습
	- 그룹 또는 짝을 지어 활동 진행		
표현	표현 (Production)	15분	- 전체 학급 대화를 통한 의사소통 및 의견 표현
	- 각 학생들에게 질문 및 응답 요청		
정리	- 수업 내용 요약 및 복습	5분	- 학생들의 인사이트 및 학습 결과에 대한 이야기 유도
	- 다음 수업 소개 및 마무리		

이전 대화를 기억하고 수업단계는 잘 구성하였으나, 위의 긴 글을 표에 담기는 부족했는지 많이 요약해서 나타낸 것을 볼 수 있습니다.

자료 및 유의사항에는 교수-학습 활동에 들어갈 법한 내용이 적혀있습니다. 간단하게 정리가 필요할 때는 좋겠지만 여전히 우리가 원하는 교수학습과정안의 형태를 갖추기에는 무리가 있어 보입니다.

수업 전개 부분에서 사용할 대화문 만들기

형식적인 부분이 아닌 내용적인 부분도 다듬어보려고 합니다. 전개 중 제시(Presentation)단계에서 교과서에 나온 대화문이 아닌 다른 예시 대화문을 만들어 봅시다.

질문 | 이번에는 듣기 활동에 들어갈 만한 dialogue를 작성해주세요. 핵심 표현은 반드시 들어가야 하며, 외국어로서의 영어교육을 받는 한국의 초등학생인 점을 감안해주세요.

 | Dialogue:

Teacher: Hi, everyone! Today, let's talk about our favorite subjects. Sarah, what's your favorite subject?

Sarah: My favorite subject is English. I like learning new words and speaking in English.

Teacher: That's great, Sarah! English can be a lot of fun. How about you, Daniel? What's your favorite subject?

Daniel: My favorite subject is math. I enjoy solving problems and working with numbers.

Teacher: Excellent choice, Daniel! Math can be challenging, but it's rewarding when you solve those tricky problems. Now, let's ask Jenny. Jenny, what's your favorite subject?

Jenny: My favorite subject is science. I love conducting experiments and learning about how things work.

Teacher: Wonderful, Jenny! Science is all about exploring and discovering new things. Now, let's hear from Mark. Mark, what's your favorite subject?

Mark: My favorite subject is physical education. I like playing sports and being active.

Teacher: That's fantastic, Mark! Physical education is a great way to stay fit and have fun at the same time. Thank you, everyone, for sharing your favorite subjects.

이 dialogue에서는 "What's your favorite subject?"와 "My favorite subject is..." 같은 핵심 표현을 사용하였습니다. 또한, 각 학생들이 좋아하는 과목과 관련된 표현과 활동을 소개하였습니다. 이러한 dialogue를 활용하여 학생들이 좋아하는 과목에 대해 이야기하고 영어로 표현하는 연습을 할 수 있습니다.

---

a lot of, challenging, rewarding, tricky, conduct, explore, discover 등 다소 어려운 단어와 표현을 사용하고 있습니다. 또한 초등학생 듣기 수준에 맞게 문장의 길이를 짧게 조절할 필요가 있습니다.

질문 | 사용한 단어가 너무 어렵습니다. 쉬운 단어와 표현들로 구성해주세요. 또, 문장이 너무 많습니다.

Dialogue:

Teacher: Hi, everyone! Let's talk about our favorite subjects. Sarah, what's your favorite subject?

Sarah: I like English. I enjoy learning new words and speaking in English.

Teacher: Great, Sarah! How about you, Daniel? What's your favorite subject?

Daniel: Math. I like solving problems and working with numbers.

Teacher: Excellent, Daniel! Now, Jenny, what's your favorite subject?

Jenny: Science. I love doing experiments and learning how things work.

Teacher: Wonderful, Jenny! And Mark, how about you?

Mark: Physical education. I enjoy playing sports and being active.

Teacher: That's fantastic, Mark! Thanks, everyone, for sharing your favorite subjects.

Q ChatGPT와 음성으로 대화가 가능한가요?

A ChatGPT는 기본적으로 텍스트 기반의 대화(Chat)가 주기능입니다. 즉, ChatGPT에게 문자를 입력하고 사용자는 문자로 응답을 받습니다. 자체적으로는 음성 기능을 따로 제공하고 있지는 않지만, 텍스트를 음성으로 변환하는 확장 프로그램을 사용하면 음성 대화도 가능합니다. 또한 이미 공개된 음성 대화가 가능한 챗봇(보이스봇)도 많이 있으니 이를 활용하는 것도 좋겠습니다. 여기서는 ChatGPT와 보이스 채팅이 가능한 확장 프로그램을 소개하겠습니다.

위 확장 프로그램을 Google chrome, MS Edge, Naver Whale 등에 추가해 보세요. ChatGPT 화면 우측 상단에 위와 같은 그림이 생겼다면, 정상적으로 사용할 준비가 된 것입니다(모양은 버전에 따라 다를 수 있습니다). 왼쪽부터 (ChatGPT에게)말하기, (ChatGPT의 답변)듣기, (ChatGPT 답변)스킵, 설정 버튼이 있습니다. 회색 바가 빨간색으로 바뀌면 ChatGPT가 듣고 있다는 뜻이며, 초록색으로 바뀌면 ChatGPT가 말하고 있다는 뜻입니다. "Talk-To-ChatGPT"는 Google chrome의 음성 인식과 텍스트 음성 변환 기능을 사용하므로, 맨 오른쪽 설정 버튼을 눌러서 언어·속도·높낮이 등을 바꿀 수 있습니다.

수업 전개 부분에서 사용할 게임 아이디어 얻기

이번에는 수업에 활용할 듣기 게임 활동을 추천받으려고 합니다. 교과서에 나온 게임 활동이 다소 아쉬울 때 활동을 재구성할 수 있습니다.

질문 | 전개 단계의 표현(Production)단계에서 간단한 듣기 게임 활동을 넣고 싶습니다. 좋은 게임 활동을 추천해 주세요.

 | 제안드릴 듣기 게임 활동은 'Listen and Match'입니다.

1. 게임 준비:
- 학생들에게 그림 카드 세트를 나눠줍니다. 각 카드에는 다양한 주제의 그림이 그려져 있어야 합니다.
- 선생님은 학생들에게 듣기 내용을 준비하고, 그림 카드와 연결될 문장을 작성합니다.
2. 게임 진행:
- 선생님은 듣기 내용을 소리내어 읽습니다. 문장을 잘 듣고 이해할 수 있도록 반복해주세요.
- 학생들은 듣는 동안 자신의 그림 카드 중에서 해당하는 그림을 선택합니다.
- 듣기가 끝나면 학생들은 자신이 선택한 그림 카드를 보여주고 설명합니다.
- 다른 학생들은 그림 카드를 보며 들은 내용과 일치하는지 확인합니다.
- 정답을 맞춘 학생들은 점수를 받거나 재미 요소를 도입하여 게임을 활성화할 수 있습니다.

이 게임은 학생들이 들은 내용을 이해하고 적절한 그림을 선택하여 연결하는 활동입니다. 예를 들어, "I like playing soccer."라는 문장을 들은 후 학생들은 'soccer' 그림 카드를 선택합니다. 같은 방식으로 다른 문장과 그림을 매치할 수 있습니다.

게임 활동에 필요한 준비물을 요청해 봅시다.

질문 | Listen and Match 게임에 사용할 만한 "듣기 내용"을 작성해 주세요. 또, 그림카드 세트에는 어떤 그림이 있어야 하는지 알려주세요.

 | 드릴 수 있는 듣기 내용:

1. I like playing soccer.
2. My favorite animal is a cat.
3. I enjoy swimming in the ocean.
4. I love eating pizza.
5. I am good at playing the guitar.

6. My favorite fruit is an apple.

7. I like reading books.

8. I enjoy painting pictures.

9. I love going to the beach.

10. My favorite color is blue.

그림 카드 세트:

1. Soccer ball

2. Cat

3. Swimming goggles

4. Pizza slice

5. Guitar

6. Apple

7. Book

8. Paintbrush and palette

9. Beach umbrella

10. Blue color swatch

예시문을 10개씩 제안해주었으며, 듣기 문장과 그림 카드가 잘 매칭되어 있는 것을 확인할 수 있습니다. 그러나 게임을 준비하기 위해서는 적당한 그림도 필요합니다. 그림을 그려줄 수 있는지 요청해 봅시다.

질문 | 그림을 그려줄 수는 없나요?

 저는 텍스트 기반의 AI 모델이기 때문에 그림을 그려드리는 기능은 제공할 수 없습니다. 하지만 간단한 그림을 그리는 데 도움이 되는 온라인 그림 도구나 그림 카드 세트를 구매할 수 있는 온라인 마켓플레이스를 활용하시면 됩니다.

온라인 그림 도구를 사용하면 컴퓨터나 태블릿에서 간단한 그림을 그릴 수 있습니다. 그림을 그리는 도중에 색을 칠하거나 도구를 변경하여 다양한 그림을 만들 수도 있습니다. 대표적인 온라인 그림 도구로는 "Sketchpad"나 "Paint.NET" 등이 있습니다.

또는 온라인 마켓플레이스에서 그림 카드 세트를 구매할 수 있습니다. 이러한 카드 세트는 다양한 주제의 그림이 포함되어 있어 듣기 게임이나 언어 활동에 활용할 수 있습니다. 온라인 마켓플레이스에서 "vocabulary flashcards"나 "picture cards for language learning"와 같은 키워드로 검색해보시면 다양한 옵션을 찾을 수 있습니다.

"Sketchpad"나 "Paint.NET" 두 프로그램 모두 사용 가능한 온라인 그림 프로그램입니다. 그러나 ChatGPT는 그림 카드를 어떻게 구하는지 방법만 설명할 뿐 구체적인 그림은 그려주지 않고 있습니다.

ChatGPT를 이용해 그림을 그릴 경우 아래 3가지 방법을 사용할 수 있습니다.

❶ ChatGPT가 말한 대로 인터넷 검색하기
❷ 다른 프로그램 사용하기 (Bing Chat, Bard, AskUp, DALL−E, StableDiffusion 등)
❸ ChatGPT에 이미지 API를 불러와 사용하기

Q	그림까지 그려주는 방법은 없나요?

A 그림 카드도 만들어줬으면 좋겠는데 ChatGPT가 사과를 하며 못한다고 하나요? 방법이 있습니다. 아래 3가지 방법 중 하나를 선택해주세요.

❶ ChatGPT가 제시한 대로 인터넷 검색하기
종전에 우리가 사용하던 방법입니다. 저작권 걱정 없는 무료 이미지 사이트를 Pngwing, Unsplash, Pixabay 등을 활용하는 방법이죠. 단, 이미지의 품질에 따라 사용 여부가 달라지니 꼭 확인해주세요.

❷ 다른 AI 챗봇을 활용하기
OpenAI의 ChatGPT처럼 챗봇 형식의 다른 인공지능 프로그램을 사용하는 방법입니다. MS 엣지에 내장된 Bing Chat, Upstage의 AskUp(아숙업), Google Bard 등은 그림을 찾아주거나, 생성해주는 등의 이미지도 다루는 챗봇입니다. 각 프로그램의 특징이 모두 달라 무엇이 좋다고 말할 수는 없지만, 그림이 필요하다면 다른 챗봇을 같이 활용하는 것도 좋은 방법입니다.
현재 기준 Bing Chat은 OpenAI의 DALL−E 모델을 통해 이미지를 4개씩 생성하거나, Bing에서 이미지를 9개씩 검색하여 나타낼 수 있습니다. 참고로 한 번에 하나의 그림을 요청하는 것이 좋습니다.

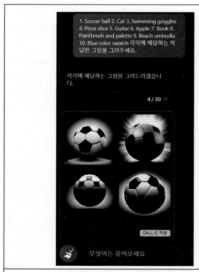	
"~을 그려주세요." 출처: DALL−E 제공 (작성자: Bing Image Creator)	"~을 찾아주세요." 출처: Bing에 올라온 다양한 출처

현재 기준 AskUp은 Upstage의 업스케치 모델을 통해 그림을 1개씩 생성거나, 외부 사이트에서 이미지를 검색하여 링크를 제공합니다. AskUp도 역시 한 번에 하나의 그림만 요청하는 것이 좋습니다.

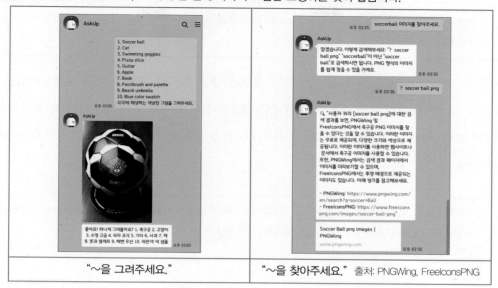

"~을 그려주세요."	"~을 찾아주세요." 출처: PNGWing, FreeIconsPNG

현재 기준 Bard는 이모티콘 수준의 그림(⚽)을 그려주고 있으나, 곧 Adobe의 파이어플라이 모델을 통해 그림도 생성해줄 것으로 보입니다.

Bard(바드)	출처: Adobe Blog

❸ ChatGPT에 이미지 API를 불러와 사용하기

ChatGPT 안에서 이미지를 검색하여 바로 보여주도록 하는 방법입니다. 이미지 사이트에서 제공하는 무료 API를 이용해 이미지를 찾아달라고 요청합니다. 사용자 검색 → ChatGPT → 외부 API → ChatGPT → 사용자에게 보여주는 방식이므로 너무 자주 사용하면 ChatGPT를 잠시 사용하지 못하게 될 수 있습니다. 또한 만족하지 못하는 결과를 얻을 수도 있음을 참고해주세요.

Unsplash 사이트 바로가기

[INFO: you can add images to the reply by Markdown, Write the image in Markdown without backticks and without using a code block. Use the Unsplash API (https://source.unsplash.com/800x640/?). the query is just some tags that describe the image] ## DO NOT RESPOND TO INFO BLOCK##

한국어로 적어도 되지만, 이해하지 못하는 경우가 종종 있으니 영어로 쓰는 것을 추천합니다. 800×600, 1600×900 등의 원하는 사진 크기로 설정합니다. 축구공만 나와야 하는데, 축구공을 잡은 사람의 그림을 보여 줍니다. 정보를 요청하는 query를 통제하기 힘들어 생각보다 만족스러운 결과는 못 얻을 수도 있습니다.

질문 | 아래에 코드 없이 마크다운 형식으로 이미지를 더해주세요. Unsplash API(https://source.unsplash.com/400x300/?)을 사용하며, query는 이미지를 묘사하는 태그입니다.
1. Soccer ball
2. Cat

 | 아래에 요청한 이미지를 마크다운 형식으로 제공합니다.

1. Soccer ball:

출처: Unsplash의 Lars Bo Nielsen 사진

사진 확인 QR 코드

2. Cat:

출처: Unsplash의 Lars Bo Nielsen 사진

사진 확인 QR 코드

또한 여기서 보여주는 그림은 Unsplash API를 통해 검색한 그림이므로 저작권 또한 Unsplash에게 있습니다.

바로 전 과정에서 만든 대화문과 게임 활동까지 추가해서 교수학습과정안을 다시 작성해달라고 요청해 봅시다. 위에서 만든 교수학습과정안을 잊지는 않았는지 확인해 봅시다.

질문 | 위의 작성해준 교수학습과정안에 방금 대화문과 Production 단계에 듣기 게임 활동을 추가해서 다시 교수학습과정안을 작성해주세요.

 | 교수학습과정안:
1차시: 듣기 활동 – 좋아하는 과목에 대한 대화 및 'Listen and Match' 게임

1. 도입:
- 학생들과 인사를 나누고 간단히 나의 즐겨하는 과목에 대해 이야기합니다.
- "What's your favorite subject?"라는 질문을 이용하여 학생들의 의견을 듣고 공감합니다.

2. 전개:
 1) 제시 (Presentation):
- 캡슐 대화를 통해 좋아하는 과목에 대한 대화를 진행합니다.
  - Teacher: Hi, everyone! Let's talk about our favorite subjects. Sarah, what's your favorite subject?
  - Sarah: I like English. I enjoy learning new words and speaking in English.
  - Teacher: That's great, Sarah! How about you, Daniel? What's your favorite subject?
  - Daniel: Math. I like solving problems and working with numbers.
  - ...
 2) 연습 (Practice):
- 학생들은 듣기를 통해 문장을 이해하고 자신의 그림 카드 중에서 해당하는 그림을 선택합니다.
- 각 학생들은 선택한 그림에 대해 간단한 설명을 합니다.
- 다른 학생들은 들은 내용과 일치하는지 확인하고 토의합니다.
 3) 표현 (Production):
- 학생들은 듣기 게임을 통해 나온 문장을 활용하여 자신의 즐겨하는 과목에 대한 문장을 만듭니다.
- "My favorite subject is..."와 "I like to..."를 활용하여 문장을 완성합니다.
- 각 학생들은 자신의 문장을 공유하고 다른 학생들은 질문을 하거나 공감의 표현을 사용하여 소통합니다.

게임 활동 – 'Listen and Match':
- 선생님은 듣기 내용을 소리내어 읽습니다. 학생들은 듣는 동안 자신의 그림 카드 중에서 해당하는 그림을 선택합니다.
- 예를 들어, 선생님이 "I like playing soccer"라고 읽는다면, 학생들은 "Soccer ball" 그림 카드를 선택합니다.
- 듣기가 끝나면 학생들은 자신이 선택한 그림 카드를 보여주고 간단한 문장으로 그림을 설명합니다. 예를 들어, "I like playing soccer. I play soccer with my friends every weekend."

3. 정리:
- 학생들의 참여와 생각을 공유합니다.
- "What did you learn today?"와 같은 질문을 통해 학생들이 오늘의 학습 내용을 돌아보고 정리합니다.

Teaching English in English 수업을 위한 교사의 영어 대본 만들기

질문 | 위 수업을 위한 교사의 시나리오 대본을 적어 주세요.

 | 교사의 시나리오 대본:

[도입]

교사: Hi, everyone! How are you today?

학생들: Hi, Teacher! We're good, thank you!

교사: I'm glad to hear that. So, today let's talk about our favorite subjects. Sarah, what's your favorite subject?

[전개 – 제시 (Presentation)]

Sarah: I like English. I enjoy learning new words and speaking in English.

교사: That's great, Sarah! How about you, Daniel? What's your favorite subject?

Daniel: Math. I like solving problems and working with numbers.

[전개 – 연습 (Practice)]

교사: Now, we're going to play a game called "Listen and Match". I will say some sentences, and you need to choose the matching picture card from your set.

(교사이자 학생들에게 듣기 내용을 읽어줍니다. 학생들은 그림 카드 중에서 해당하는 그림을 선택합니다.)

[전개 – 표현 (Production)]

교사: Great job, everyone! Now, let's use the sentences from the game to talk about our favorite subjects. Complete the sentences with your favorite subjects and share with the class.

(학생들은 자신의 즐겨하는 과목을 문장에 채워 말하고 다른 학생들은 질문을 하거나 공감의 표현을 사용하여 소통합니다.)

[게임 활동 – Listen and Match]

교사: Let's play the "Listen and Match" game. I will read some sentences, and you need to choose the matching picture card from your set.

(교사는 듣기 내용을 소리내어 읽습니다. 학생들은 듣는 동안 자신의 그림 카드 중에서 해당하는 그림을 선택합니다.)

교사: Okay, now show me the card you chose and tell us a sentence about it.

(학생들은 자신이 선택한 그림 카드를 보여주고 그림에 대해 간단한 문장을 말합니다.)

[정리]

교사: Well done, everyone! Today, we talked about our favorite subjects, played the "Listen and Match" game, and practiced expressing our preferences. Let's take a moment to reflect on what we learned today. What did you learn about your classmates' favorite subjects?

활동 방법을 설명하는 부분도 사용자의 대본이 필요하니 이 부분을 추가해 달라고 요청해 봅시다.

질문 | 게임 활동을 설명하는 부분도 추가해 주세요.

 교사의 시나리오 대본 (수정):

[도입]

교사: Hi, everyone! How are you today?

학생들: Hi, Teacher! We're good, thank you!

교사: I'm glad to hear that. So, today let's talk about our favorite subjects. Sarah, what's your favorite subject?

[전개 – 제시 (Presentation)]

Sarah: I like English. I enjoy learning new words and speaking in English.

교사: That's great, Sarah! How about you, Daniel? What's your favorite subject?

Daniel: Math. I like solving problems and working with numbers.

[전개 – 연습 (Practice)]

교사: Now, we're going to play a game called "Listen and Match". I will say some sentences, and you need to choose the matching picture card from your set.

(교사이자 학생들에게 듣기 내용을 읽어줍니다. 학생들은 그림 카드 중에서 해당하는 그림을 선택합니다.)

교사: After you choose the card, practice a sentence using the picture card you picked.

[표현 – Production]

교사: Great job, everyone! Now, let's use the sentences from the game to talk about our favorite subjects. Complete the sentences with your favorite subjects and share with the class.

(학생들은 자신의 즐겨하는 과목을 문장에 채워 말하고 다른 학생들은 질문을 하거나 공감의 표현을 사용하여 소통합니다.)

[게임 활동 – Listen and Match]

교사: Now, I will read some sentences. Listen carefully and choose the picture card that matches each sentence from your set.

(교사는 듣기 내용을 소리내어 읽습니다. 학생들은 듣는 동안 자신의 그림 카드 중에서 해당하는 그림을 선택합니다.)

교사: Okay, now show me the card you chose and tell us a sentence about it.

(학생들은 자신이 선택한 그림 카드를 보여주고 그림에 대해 간단한 문장을 말합니다.)

[정리]

교사: Well done, everyone! Today, we talked about our favorite subjects, played the "Listen and Match" game, and practiced expressing our preferences. Let's take a moment to reflect on what we learned today. What did you learn about your classmates' favorite subjects?

학습에 대한 내용 평가계획 세우기

질문 | 위 교수학습과정안을 바탕으로 평가 계획도 세우고 싶습니다. 평가 기준, 평가 방법, 평가 척도 등을 작성해주세요.

평가 기준:

1. 올바른 문장 구성과 표현: 학생들이 적절한 문장 구조를 사용하여 자신의 관심사와 즐겨하는 과목에 대해 표현할 수 있는지 확인합니다.

2. 듣기 이해력: 학생들이 듣기 활동에서 선생님의 읽기 내용을 이해하고, 그에 맞는 그림 카드를 선택할 수 있는지 확인합니다.

3. 게임 참여: 학생들이 게임 활동에 적극적으로 참여하고, 선택한 그림 카드를 사용하여 문장을 만들 수 있는지 확인합니다.

평가 방법:

1. 학생의 발언 평가: 학생들의 문장 구성과 표현, 듣기 이해력을 평가하기 위해 학생들의 발언을 개별적으로 평가합니다.

2. 게임 참여 평가: 학생들이 게임 활동에 적극적으로 참여하고, 선택한 그림 카드를 사용하여 문장을 만들 수 있는지 관찰하여 평가합니다.

평가 척도:

1. 올바른 문장 구성과 표현:
- 우수 (4점): 문장 구조와 표현이 매우 정확하고 다양하며, 적절한 단어와 표현을 사용함.
- 우수 (3점): 대부분의 문장 구조와 표현이 정확하고 다양하며, 일부 단어와 표현이 조금 부족함.
- 보통 (2점): 일부 문장 구조와 표현이 정확하지 않거나 반복적이며, 단어와 표현의 다양성이 부족함.
- 미흡 (1점): 문장 구조와 표현이 대부분 부정확하고 단순하며, 단어와 표현이 제한적임.

2. 듣기 이해력:
- 이해 잘함 (4점): 대부분의 듣기 활동에서 정확하게 그림 카드를 선택함.
- 이해 양호 (3점): 대부분의 듣기 활동에서 대부분 정확하게 그림 카드를 선택함.
- 이해 보통 (2점): 일부 듣기 활동에서 그림 카드 선택이 부정확함.
- 이해 부족 (1점): 대부분의 듣기 활동에서 그림 카드 선택이 부정확함.

3. 게임 참여:
- 적극적으로 참여 (2점): 게임 활동에 적극적으로 참여하여 게임 규칙을 이해하고 게임 진행에 적극적으로 참여함.
- 참여함 (1점): 게임 활동에 참여하지만 비교적 수동적이거나 일부분만 참여함.
- 참여 부족 (0점): 게임 활동에 참여하지 않거나 거의 참여하지 않음.

전체를 10점 만점으로 기준을 세운 것일까요? 보통 학교에서 많이 하는 각 영역 당 3점 척도로 수정해 봅시다.

질문 │ 각 평가 항목은 3점 척도입니다. 이를 수정하여 위 내용을 표로 작성해주세요.

 │ 평가 척도:

평가 항목	3점	2점	1점
올바른 문장 구성과 표현	구조와 표현이 매우 정확하고 다양함	일부 구조와 표현이 정확하지 않거나 다양성이 부족함	구조와 표현이 대부분 부정확하고 단순함
듣기 이해력	대부분 정확하게 그림 카드를 선택함	대부분 정확하게 그림 카드를 선택하지만 일부 오류가 있음	그림 카드 선택이 대부분 부정확함
게임 참여	적극적으로 참여함	게임 활동에 참여하지만 비교적 수동적이거나 일부분만 참여함	게임 활동에 참여하지 않거나 거의 참여하지 않음

수업 전개 부분에서 역할극을 위한 이야기 글 만들기

교수학습과정안을 작성하는 것은 위에서 다루었으니 바로 학습 목표 달성을 위한 활동 아이디어를 얻으려고 합니다. 수업을 구성하다 보면 적당한 예문을 찾기 어려운 경우가 있습니다. ChatGPT에게 도움을 요청합니다.

질문 │ 이번에는 같은 단원 4차시에서는 "이야기를 읽고 줄거리를 파악하며, 중심 내용을 이해할 수 있다. 또, 규칙을 찾아서 문장을 완성하며, 역할 놀이를 할 수 있다"가 학습 목표입니다. 이때 사용할 만한 이야기가 있는 짧은 글을 10~15문장 정도로 작성해주세요.

 │ 이야기: "The Magic Garden"

1. Once upon a time, in a small village, there was a magical garden.

2. The garden was filled with beautiful flowers of all colors and shapes.

3. The villagers believed that anyone who entered the garden would have their wishes come true.

4. One day, a little girl named Lily found a hidden entrance to the magical garden.

5. Excitedly, she stepped inside and was amazed by the enchanting beauty around her.

6. As she explored the garden, she noticed a sign that read, "Make a wish and complete the rhyme."

7. Curious, Lily read the rhyme written on the sign: "Stars above, shining bright. Make a wish upon the _____."

8. Lily thought for a moment and completed the rhyme, "night."

9. Suddenly, a shooting star streaked across the sky, and Lily's wish came true.

10. She wished for a basket full of her favorite fruits, and it appeared before her eyes.

11. Overjoyed, Lily shared the fruits with her friends and family in the village.

12. News of the magical garden spread, and soon many villagers visited to make their wishes.

13. Each person had to complete a different rhyme to make their wish come true.

14. Some wished for love, others for success, and some for peace in the world.

15. The garden became a place of happiness and hope for everyone in the village.

10~15문장으로 작성해달라고 했더니 딱 15문장을 작성했습니다. 좋아하는 과목을 묻고 답하는 이야기를 원했지만, 위에서 제시한 핵심 표현은 사용하지 않고 학습 목표인 줄거리를 파악하기 위한 예시를 보여 줍니다. 핵심 표현을 한 번 더 언급하고, 조건을 자세히 설명하여 다시 한 번 요청하는 것이 좋겠습니다.

질문 | 위 교수학습과정안에 작성했던 것과 같은 단원입니다. "What's your favorite subject?, My favorite subject is ~, I like ~" 핵심 표현을 사용해 짧은 역할극을 할 수 있도록 다시 작성해주세요.

 | 역할극: "Classroom Conversations"

캐릭터:

- Sarah: 학생
- Peter: 학생

대본:

[학생들이 교실에 모여 앉아 있습니다.]

Sarah: Hi, Peter! What's your favorite subject?

Peter: Hi, Sarah! My favorite subject is math. I like solving problems and working with numbers. What about you?

Sarah: Oh, I see. Math is interesting, but my favorite subject is English. I enjoy reading and writing stories.

Peter: That's cool! I also like English. It's fun to learn new words and express myself through writing.

Sarah: Yeah, it really is. By the way, do you like any other subjects?

Peter: Yes, I also like science. I find it fascinating to learn about the world around us and conduct experiments.

Sarah: That sounds exciting! I should give science a try too.

Peter: Definitely! It's always great to explore different subjects and discover new interests.

질문 | 학생들이 보기 편하도록 한국어 해석을 추가해서 영어 대사(한국어 해석) 형식으로 작성해주세요.

 | 역할극: "Classroom Conversations"

캐릭터:

- Sarah: 학생
- Peter: 학생

대본:
[학생들이 교실에 모여 앉아 있습니다.]

Sarah: Hi, Peter! What's your favorite subject? (안녕, Peter! 너의 좋아하는 과목은 뭐야?)

Peter: Hi, Sarah! My favorite subject is math. I like solving problems and working with numbers. What about you? (안녕, Sarah! 내가 좋아하는 과목은 수학이야. 문제를 풀고 숫자와 함께 작업하는 것을 좋아해. 너는 어때?)

Sarah: Oh, I see. Math is interesting, but my favorite subject is English. I enjoy reading and writing stories. (아, 알겠어. 수학은 흥미로운데, 내가 좋아하는 과목은 영어야. 읽고 이야기를 쓰는 것을 즐겨해.)

Peter: That's cool! I also like English. It's fun to learn new words and express myself through writing. (멋져! 나도 영어를 좋아해. 새로운 단어를 배우고 글쓰기를 통해 자신을 표현하는 것이 재밌어.)

Sarah: Yeah, it really is. By the way, do you like any other subjects? (그래, 정말 그래. 그런데, 다른 과목도 좋아하니?)

Peter: Yes, I also like science. I find it fascinating to learn about the world around us and conduct experiments. (응, 나는 과학도 좋아해. 우리 주변 세상에 대해 배우고 실험을 진행하는 것이 흥미로워.)

Sarah: That sounds exciting! I should give science a try too. (재밌게 들리네! 나도 과학을 한 번 시도해봐야겠다.)

Peter: Definitely! It's always great to explore different subjects and discover new interests. (확실히! 다른 과목을 탐험하고 새로운 관심사를 발견하는 것은 항상 좋아.)

보통 한 모둠은 4~6명으로 구성되어 있으므로 이에 맞게 등장인물을 늘려 대본을 작성해달라고 요청해 봅시다.

질문 | "What's your favorite subject?, My favorite subject is ~, I like ~"을 사용해서 조금 더 흥미로운 이야기로, 4명이 할 수 있는 역할극 대본을 다시 작성해주세요.

 | 역할극: "Amazing Adventures"

캐릭터:
- Alex: 학생
- Emma: 학생
- Lily: 학생
- Max: 학생

대본:
[Alex, Emma, Lily, and Max are sitting together at the park.]

Alex: Hey, guys! Let's imagine we're superheroes. What's your favorite subject? (안녕, 친구들! 우리가 슈퍼 히어로라고 상상해봐요. 너희가 좋아하는 과목은 뭐야?)

Emma: Hi, Alex! My favorite subject is science. I can create amazing inventions and explore the mysteries of the universe. (안녕, Alex! 내가 좋아하는 과목은 과학이야. 멋진 발명품을 만들고 우주의 수수께끼를 탐험할 수 있어.)

Lily: Hi, everyone! My favorite subject is history. I love learning about the past and discovering ancient civilizations. (안녕, 여러분! 내가 좋아하는 과목은 역사야. 과거에 대해 배우고 고대 문명을 발견하는 걸 좋아해.)

Max: Hey, guys! My favorite subject is English. I can communicate with people from different countries and go on exciting adventures through books. (안녕, 친구들! 내가 좋아하는 과목은 영어야. 다른 나라 사람들과 소통하고 책을 통해 재미있는 모험을 할 수 있어.)

Alex: Awesome choices, everyone! My favorite subject is physical education. I can use my super strength and agility to save the day❶. (멋진 선택이야, 모두들! 내가 좋아하는 과목은 체육이야. 내 슈퍼 힘과 민첩성으로 날 구하러 가야겠어.)

Emma: We all have unique superpowers, and together, we can form an unbeatable team. (우리 모두는 각자 특별한 슈퍼파워가 있고, 함께하면 이길 수 없는 팀이 될 수 있어.)

Lily: Absolutely! Let's embark on amazing adventures and use our knowledge to solve challenges along the way. (정말 그래! 멋진 모험을 떠나서 우리의 지식을 활용해 도전을 해결해보자.)

Max: I can't wait to explore new worlds and save the day with all of you! (나는 너희들과 함께 새로운 세계를 탐험하고 모두를 구하는 일을 할 수 있을 때가 기다려져!)

[Alex, Emma, Lily, and Max stand up, strike superhero poses, and embark on their imaginary adventure.]

---

❶ the day를 날, 하루, 일(日)로 직역을 하여 "날 구하러 가야겠어"로 적힌 듯 보입니다. 이와 같이 한국어 번역이 매끄럽게 안 될 수 있으므로 사용 전 확인 작업을 거치는 것이 좋습니다.

수업 전개 부분에서 작문 활동을 위한 짧은 예시 글 만들기

마지막으로 학생들의 작문을 위한 짧은 예문 작성을 요청해 봅시다.

질문 | 이번에는 같은 단원 5차시에서는 "문장을 읽고 규칙을 발견하여 좋아하는 활동을 나타내는 짧은 글을 완성할 수 있다"가 학습 목표입니다. 이때 사용할 만한 예시 글을 5~7문장 정도로 작성해주세요.

 | 예시 글:

1. I like to play soccer with my friends. We run on the field and kick the ball into the goal.
(나는 친구들과 축구를 하는 것을 좋아해. 우리는 필드에서 뛰고 골대로 공을 차.)
2. My favorite activity is painting. I use colorful brushes to create beautiful pictures on the canvas.
(내가 가장 좋아하는 활동은 그림 그리기야. 난 다채로운 붓을 사용해서 캔버스에 아름다운 그림을 그려.)

3. I enjoy reading books. When I open a book, I enter a whole new world filled with adventures and mysteries.
(나는 책 읽는 것을 즐겨. 책을 열면, 모험과 신비로 가득한 새로운 세계로 들어가.)

4. Cooking is my passion. I like to mix different ingredients and create delicious meals for my family.
(요리는 나의 열정이야. 다양한 재료를 섞어 가족들을 위해 맛있는 음식을 만드는 것을 좋아해.)

5. I love playing the guitar. The sound of the strings brings joy and rhythm to my life.
(나는 기타 연주를 사랑해. 줄의 소리가 나의 삶에 기쁨과 리듬을 선사해.)

위에서 역할극 대본을 작성해달라고 할 때 한국어 번역을 괄호 안에 넣어달라고 요청했습니다. 그 형식을 그대로 유지하며 짧은 글을 써주고 있음을 확인할 수 있습니다.

그러나 핵심 표현이 잊혀진 듯합니다. 또, 초등학생에게 어려운 문장 구성과 단어를 사용하고 있으며, ChatGPT가 예시 글을 5개로 나타내주었지만 실제로는 10문장을 제시하고 있습니다. 이 부분을 수정해 봅시다.

핵심 표현은 "What's your favorite subject?, My favorite subject is~, I like ~"입니다. 단어와 문장을 조금 더 쉽고 간결하게 작성하되, 총 5~7문장으로 짧은 글을 작성해주세요.

 예시 글:

1. I love math! Numbers and equations make my brain happy.
(나는 수학을 너무 좋아해! 숫자와 방정식이 내 뇌를 행복하게 만들어.)

2. My favorite subject is art. I enjoy painting and making colorful drawings.
(내가 가장 좋아하는 과목은 미술이야. 그림 그리고 다채로운 그림을 만드는 걸 즐겨.)

3. Science is awesome! I like doing experiments and learning about plants and animals.
(과학은 멋져! 실험을 하고 식물과 동물에 대해 배우는 걸 좋아해.)

4. I really enjoy reading. Books take me to magical places and let my imagination run wild.
(나는 독서를 정말 즐겨. 책은 나를 마법 같은 곳으로 데려가고 상상력을 자유롭게 펼칠 수 있게 해줘.)

5. Playing sports is my thing! I like running, jumping, and being part of a team.
(운동하기가 내 스타일이야! 달리기, 뛰기, 그리고 팀 활동을 하는 걸 좋아해.)

핵심 표현을 잘 반영하지 못한 듯 보이며, 여전히 문장의 형식이 어렵습니다.

이번에는 형식을 정해주고 다시 요청해 봅시다. 빈칸으로 두는 형식을 정해주니 꽤 잘 작성해줍니다.

질문 | 아래 형식을 반영하여 다시 예시 글을 작성해주세요.
My favorite ~~~ is ~~. I like ~~~.

 예시 글:

1. My favorite animal is a dog. I like their wagging tails and friendly nature.
(내가 가장 좋아하는 동물은 개야. 꼬리를 흔들고 친근한 성격을 좋아해.)

2. My favorite food is pizza. I like the gooey cheese and delicious toppings.
(내가 가장 좋아하는 음식은 피자야. 녹슬고 맛있는 치즈와 토핑을 좋아해.)

3. My favorite hobby is drawing. I like to create colorful pictures with my crayons.
(내가 가장 좋아하는 취미는 그리기야. 크레용으로 다채로운 그림을 그리는 걸 좋아해.)

4. My favorite season is summer. I like the warm weather and going swimming at the beach.
(내가 가장 좋아하는 계절은 여름이야. 따뜻한 날씨와 해변에서 수영하는 걸 좋아해.)

5. My favorite game is soccer. I like kicking the ball and scoring goals with my friends.
(내가 가장 좋아하는 게임은 축구야. 친구들과 함께 공을 차고 득점하는 걸 좋아해.)

new ChatGPT와 ChatGPT에서 만든 교수학습과정안 비교하기

영어 교수학습과정안 QR코드

위 교수학습과정안을 작성하는 마지막 단계에 표로 만들어 달라고 했기 때문에 또다시 표로 만들어줄 가능성이 높습니다. 따라서 "줄글로" 라는 조건을 추가했습니다.

질문 | – 과목: 영어

– 대상: 한국 초등 5학년 학생

– 주요 표현: What's your favorite subject? My favorite subject is ∼. I like ∼.

– 학습 목표: 좋아하는 과목을 묻고 답하는 말과 좋아하는 활동을 나타내는 말을 듣고 이해할 수 있다.

– 수업 시간: 40분(1차시)

위 수업에 해당하는 교수학습과정안을 줄글로 작성해주세요.

---

1. 도입 (5분):
- 학생들에게 인사하고 간단하게 자기 소개를 한다.
- 학생들에게 "What's your favorite subject?""라는 질문을 하며 그림 카드를 보여준다.
- 몇 명의 학생들에게 질문에 답하도록 하고, 다른 학생들도 듣고 대답할 수 있도록 유도한다.

2. 제시 (10분):
- "My favorite subject is ∼"와 "I like ∼"라는 문장을 소개하고 설명한다.
- 화이트보드나 슬라이드 등을 사용하여 예시 문장을 작성하고 발음과 의미를 설명한다.
- 학생들에게 예시 문장을 반복하도록 유도하며, 발음과 억양에 주의하도록 한다.

3. 연습 (20분):
- 학생들을 조 그룹으로 나눈다.
- 각 조마다 하나의 주제를 주고, 그 주제에 대한 대화를 진행하도록 한다.
- 각 조에서 한 명씩 순서대로 말하도록 지시하고, 다른 조원들은 주제에 대한 추가 의견을 제시하거나 질문을 할 수 있다.
- 교사는 각 조의 발표를 주시하며 필요한 피드백과 지도를 제공한다.

4. 표현 (5분):
- 학생들을 전체로 모아서 각 조의 발표를 공유한다.
- 각 조의 대표 학생들이 자신들의 주제에 대한 발표를 하며 "My favorite subject is ∼"와 "I like ∼"라는 표현을 사용한다.
- 교사는 학생들의 발표를 듣고 올바른 문장 표현과 발음에 대한 피드백을 제공한다.

5. 정리 (5분):
- 학생들에게 오늘의 수업 내용을 간단하게 정리하고 핵심 문장을 다시 한 번 반복한다.
- 마지막으로 학생들의 질문이나 의견을 듣고 이에 대해 대화하며 수업을 마무리한다.

6. 평가 (5분):

- 학생들의 평가를 위해 간단한 평가 시트를 제공한다. (예: "My favorite subject is _____."라는 문장을 완성하세요. "I like _____."라는 문장을 완성하세요.)
- 학생들은 주어진 문장을 채우고 완성된 문장을 제출한다.
- 교사는 제출된 문장을 평가하고 각 학생의 이해도와 정확성을 평가한다.
- 평가 결과를 토대로 학생들의 이해도를 파악하고 필요한 부분을 개선할 수 있는 방법을 고려한다.

7. 자료 및 유의사항:

- What's your favorite subject? (당신이 가장 좋아하는 과목은 무엇인가요?)
- My favorite subject is ~. (제가 가장 좋아하는 과목은 ~입니다.)
- I like ~. (제가 좋아하는 활동은 ~입니다.)
- 학생들이 발음과 억양에 주의하여 문장을 반복하도록 유도한다.
- 활동에 필요한 그림 카드 세트를 준비해야 한다. 각 카드에는 다양한 과목과 활동이 그려져 있어야 한다.
- 평가 시트를 미리 준비하여 학생들에게 나누어 준다.
- 학생들의 발표와 평가 과정에서 적절한 피드백을 제공하여 학생들의 학습 동기를 높이고 개선할 수 있는 기회를 제공한다.

새로운 채팅창을 열어 위와 같은 요청을 해보았습니다. ChatGPT와 함께 만든 교수학습과정안과 new ChatGPT가 만든 교수학습과정안은 어떻게 다른지 확인해 봅시다.

질문 │ – 과목: 영어

– 대상: 한국 초등 5학년 학생

– 주요 표현: What's your favorite subject? My favorite subject is ~. I like ~.

– 학습 목표: 좋아하는 과목을 묻고 답하는 말과 좋아하는 활동을 나타내는 말을 듣고 이해할 수 있다.

– 수업 시간: 40분(1차시)

 │ 교수학습과정안: 영어 수업 (초등 5학년, 40분)

목표: 학생들이 좋아하는 과목과 그 과목에서 좋아하는 활동을 나타내는 표현을 이해하고 사용할 수 있다.

1. 시작 (5분)

- 학생들을 환영하고 간단한 대화를 나누어 관심을 끌어옵니다.
- 학생들에게 "What's your favorite subject?"라는 질문을 던져봅니다. 그 후, 몇 명의 학생들에게 대답을 듣고 나머지 학생들에게 대답을 할 차례가 있다는 사실을 알려줍니다

2. 대화 및 모델링 (10분)

- 학생들을 대상으로 "What's your favorite subject?"라는 질문을 다시 던져봅니다.
- 학생들 중 한 명을 선택하여 대화하는 모델로 사용합니다.
- 모델 학생에게 "What's your favorite subject?"라고 묻고, 그의 답변을 듣습니다. 예를 들어, "My favorite subject is English."라고 답변한다고 가정합니다.
- 모델 학생의 대답을 듣고 학생들에게 그 대답을 해석해주고, "I like English."라는 표현의 의미를 설명합니다.
- 학생들에게 "What's your favorite subject?"라는 질문을 다시 던져봅니다. 학생들 중 하나를 선택하여 질문에 답하도록 유도합니다. 그리고 그 학생의 답을 듣고 "I like ~."라는 표현으로 요약해 줍니다. 예를 들어, 학생이 "My favorite subject is math."라고 답변하면 "I like math."라고 요약해 줍니다.
- 이 과정을 몇 번 반복하여 학생들이 질문과 대답 패턴을 익히도록 합니다.

3. 실전 연습 (20분)

- 학생들에게 "What's your favorite subject?"라는 질문을 다시 던져봅니다.
- 학생들 각각에게 차례대로 대답할 기회를 주고, 각 학생의 대답을 " like ~."라는 표현으로 요약해 줍니다.
- 학생들이 질문에 대답할 때 자신의 관심사나 좋아하는 활동을 언급하도록 유도합니다. 예를 들어, "My favorite subject is P.E. I like playing soccer."라는 대답을 들었다면, 'I like P.E. I like playing soccer.'라고 요약해줍니다.

4. 정리 및 복습 (5분)

- 학생들에게 오늘 배운 표현을 다시 한 번 복습하도록 유도합니다.
- "What's your favorite subject?"라는 질문에 대한 올바른 대답인 "My favorite subject is ~."와 "I like ~."라는 표현을 상기시키며, 몇몇 학생들에게 다시 한 번 질문을 해봅니다.

5. 마무리 (5분)

- 학생들에게 오늘의 수업 내용에 대한 피드백을 요청합니다. 어떤 과목이 가장 좋아하는지 물어보고, 간단히 그 이유를 설명하도록 유도합니다.
- 마지막으로, 학생들에게 새로운 표현과 질문을 연습하는 데 도움이 될 수 있는 과제를 내줍니다. 예를 들어, "Write down three sentences about your favorite subject and activities you enjoy in that subject."라는 문제를 주고 다음 수업 시간에 함께 나누도록 안내합니다.

챗GPT & AI 관련 추천도서

챗GPT 실전 활용 보고서
장문철, 박준원 공저 | 208쪽 | 15,500원

챗GPT를 활용한 아두이노 입문
장문철, 박준원 공저 | 244쪽 | 17,700원

챗GPT를 활용한
40가지 파이썬 프로그램 만들기
장문철 저 | 252쪽 | 17,700원

챗GPT&AI 31가지 실전 활용
권지선, 박지해, 서산화, 한지아 공저
216쪽 | 17,700원

챗GPT&AI를 활용한
인공지능 그림 그리기 실전
장문철, 주현민 공저 | 204쪽 | 15,500원

모두가 할 수 있는
인공지능으로 그림 그리기
장문철, 주현민 공저 | 212쪽 | 14,400원